TRANZLATY

La Langue est pour tout le Monde

Kieli kuuluu kaikille

L'appel de la forêt

Erämaan kutsu

Jack London

Français / Suomi

Copyright © 2025 Tranzlaty
All rights reserved
Published by Tranzlaty
ISBN: 978-1-80572-829-0
Original text by Jack London
The Call of the Wild
First published in 1903
www.tranzlaty.com

Dans le primitif
Alkeelliseen maailmaan

Buck ne lisait pas les journaux.
Buck ei lukenut sanomalehtiä.
S'il avait lu les journaux, il aurait su que des problèmes se préparaient.
Jos hän olisi lukenut sanomalehtiä, hän olisi tiennyt, että ongelmia oli kytemässä.
Il y avait des problèmes non seulement pour lui-même, mais pour tous les chiens de la marée.
Ongelmia oli paitsi hänellä itsellään, myös jokaisella vuorovesikoiralla.
Tout chien musclé et aux poils longs et chauds allait avoir des ennuis.
Jokainen lihaksikas ja lämmin, pitkäkarvainen koira joutuisi pulaan.
De Puget Bay à San Diego, aucun chien ne pouvait échapper à ce qui allait arriver.
Puget Baystä San Diegoon yksikään koira ei voinut paeta sitä, mitä oli tulossa.
Des hommes, tâtonnant dans l'obscurité de l'Arctique, avaient trouvé un métal jaune.
Arktisen pimeyden keskellä hapuillen miehet olivat löytäneet keltaista metallia.
Les compagnies de navigation et de transport étaient à la recherche de cette découverte.
Höyrylaiva- ja kuljetusyhtiöt jahtasivat löytöä.
Des milliers d'hommes se précipitaient vers le Nord.
Tuhannet miehet ryntäsivät Pohjolaan.
Ces hommes voulaient des chiens, et les chiens qu'ils voulaient étaient des chiens lourds.
Nämä miehet halusivat koiria, ja koirat, joita he halusivat, olivat painavia koiria.
Chiens dotés de muscles puissants pour travailler.
Koirat, joilla on vahvat lihakset raatamiseen.

Chiens avec des manteaux de fourrure pour les protéger du gel.
Koirat, joilla on karvainen turkki suojaksi pakkaselta.

Buck vivait dans une grande maison dans la vallée ensoleillée de Santa Clara.
Buck asui suuressa talossa auringon suutelemassa Santa Claran laaksossa.

La maison du juge Miller s'appelait ainsi.
Tuomari Millerin paikka, hänen taloaan kutsuttiin.

Sa maison se trouvait en retrait de la route, à moitié cachée parmi les arbres.
Hänen talonsa seisoi hieman syrjässä tiestä, puoliksi piilossa puiden joukossa.

On pouvait apercevoir la large véranda qui courait autour de la maison.
Talon ympäri kulkevasta leveästä verannasta saattoi nähdä vilauksia.

On accédait à la maison par des allées gravillonnées.
Taloa lähestyttiin sorapäällysteisiä ajoväyliä pitkin.

Les sentiers serpentaient à travers de vastes pelouses.
Polut kiemurtelivat laajojen nurmikoiden halki.

Au-dessus de nos têtes se trouvaient les branches entrelacées de grands peupliers.
Yläpuolella lomittuivat korkeiden poppelien oksat.

À l'arrière de la maison, les choses étaient encore plus spacieuses.
Talon takaosassa oli vieläkin tilavampaa.

Il y avait de grandes écuries, où une douzaine de palefreniers discutaient
Siellä oli suuria talleja, joissa tusina sulhasta jutteli

Il y avait des rangées de maisons de serviteurs recouvertes de vigne
Siellä oli rivejä viiniköynnösten peittämiä palvelijoiden mökkejä

Et il y avait une gamme infinie et ordonnée de toilettes extérieures

Ja siellä oli loputon ja järjestetty joukko ulkorakennuksia
Longues tonnelles de vigne, pâturages verts, vergers et parcelles de baies.
Pitkät viiniköynnösmetsät, vihreät laitumet, hedelmätarhat ja marjapellot.
Ensuite, il y avait l'usine de pompage du puits artésien.
Sitten oli arteesisen kaivon pumppaamo.
Et il y avait le grand réservoir en ciment rempli d'eau.
Ja siellä oli iso sementtisäiliö täynnä vettä.
C'est ici que les garçons du juge Miller ont fait leur plongeon matinal.
Tässä tuomari Millerin pojat ottivat aamupulahduksensa.
Et ils se sont rafraîchis là-bas aussi dans l'après-midi chaud.
Ja ne viilentyivät siellä myös kuumana iltapäivänä.
Et sur ce grand domaine, Buck était celui qui régnait sur tout.
Ja tätä suurta aluetta hallitsi Buck kokonaan.
Buck est né sur cette terre et y a vécu toutes ses quatre années.
Buck syntyi tällä maalla ja asui täällä kaikki neljä vuotta.
Il y avait bien d'autres chiens, mais ils n'avaient pas vraiment d'importance.
Oli kyllä muitakin koiria, mutta niillä ei oikeastaan ollut väliä.
D'autres chiens étaient attendus dans un endroit aussi vaste que celui-ci.
Muita koiria odotettiin näin valtavassa paikassa.
Ces chiens allaient et venaient, ou vivaient à l'intérieur des chenils très fréquentés.
Nämä koirat tulivat ja menivät, tai asuivat kiireisissä kenneleissä.
Certains chiens vivaient cachés dans la maison, comme Toots et Ysabel.
Jotkut koirat asuivat piilossa talossa, kuten Toots ja Ysabel.
Toots était un carlin japonais, Ysabel un chien nu mexicain.
Toots oli japanilainen mopsi, Ysabel meksikolainen karvaton koira.
Ces étranges créatures sortaient rarement de la maison.

Nämä oudot olennot harvoin astuivat ulos talosta.
Ils n'ont pas touché le sol, ni respiré l'air libre à l'extérieur.
Ne eivät koskeneet maahan eivätkä nuuhkineet ulkoilmaa.
Il y avait aussi les fox-terriers, au moins une vingtaine.
Siellä oli myös kettuterriereitä, ainakin kaksikymmentä.
Ces terriers aboyaient férocement sur Toots et Ysabel à l'intérieur.
Nämä terrierit haukkuivat rajusti Tootsille ja Ysabelille sisällä.
Toots et Ysabel sont restés derrière les fenêtres, à l'abri du danger.
Toots ja Ysabel pysyttelivät ikkunoiden takana turvassa.
Ils étaient gardés par des domestiques munies de balais et de serpillères.
Heitä vartioivat kotiapulaiset luudilla ja mopeilla.
Mais Buck n'était pas un chien de maison, et il n'était pas non plus un chien de chenil.
Mutta Buck ei ollut mikään sisäkoira, eikä se ollut myöskään kennelkoira.
L'ensemble de la propriété appartenait à Buck comme son royaume légitime.
Koko omaisuus kuului Buckille hänen laillisena valtakuntanaan.
Buck nageait dans le réservoir ou partait à la chasse avec les fils du juge.
Buck ui akvaariossa tai kävi metsästämässä tuomarin poikien kanssa.
Il marchait avec Mollie et Alice tôt ou tard le soir.
Hän käveli Mollien ja Alicen kanssa aamuvarhain tai myöhään.
Lors des nuits froides, il s'allongeait devant le feu de la bibliothèque avec le juge.
Kylminä öinä hän makasi kirjaston takan ääressä tuomarin kanssa.
Buck a promené les petits-fils du juge sur son dos robuste.
Buck ratsasti tuomarin pojanpojille vahvalla selällään.
Il roula dans l'herbe avec les garçons, les surveillant de près.

Hän kieriskeli ruohikossa poikien kanssa ja vartioi heitä tarkasti.
Ils s'aventurèrent jusqu'à la fontaine et même au-delà des champs de baies.
He uskaltautuivat suihkulähteelle ja jopa marjapeltojen ohi.
Parmi les fox terriers, Buck marchait toujours avec une fierté royale.
Kettuterrierien joukossa Buck käveli aina kuninkaallisen ylpeänä.
Il ignora Toots et Ysabel, les traitant comme s'ils étaient de l'air.
Hän jätti Tootsin ja Ysabelin huomiotta ja kohteli heitä kuin ilmaa.
Buck régnait sur toutes les créatures vivantes sur les terres du juge Miller.
Buck hallitsi kaikkia eläviä olentoja tuomari Millerin mailla.
Il régnait sur les animaux, les insectes, les oiseaux et même les humains.
Hän hallitsi eläimiä, hyönteisiä, lintuja ja jopa ihmisiä.
Le père de Buck, Elmo, était un énorme et fidèle Saint-Bernard.
Buckin isä Elmo oli ollut valtava ja uskollinen bernhardiinikoira.
Elmo n'a jamais quitté le juge et l'a servi fidèlement.
Elmo ei koskaan jättänyt tuomarin viertä ja palveli häntä uskollisesti.
Buck semblait prêt à suivre le noble exemple de son père.
Buck näytti olevan valmis seuraamaan isänsä jaloa esimerkkiä.
Buck n'était pas aussi gros, pesant cent quarante livres.
Buck ei ollut aivan yhtä suuri, painoi sata neljäkymmentä paunaa.
Sa mère, Shep, était un excellent chien de berger écossais.
Hänen äitinsä, Shep, oli ollut hieno skotlanninpaimenkoira.
Mais même avec ce poids, Buck marchait avec une présence royale.
Mutta jopa tuosta painosta huolimatta Buck käveli majesteettisesti.

Cela venait de la bonne nourriture et du respect qu'il recevait toujours.
Tämä johtui hyvästä ruoasta ja siitä kunnioituksesta, jota hän aina sai.
Pendant quatre ans, Buck a vécu comme un noble gâté.
Neljä vuotta Buck oli elänyt kuin hemmoteltu aatelismies.
Il était fier de lui, et même légèrement égoïste.
Hän oli ylpeä itsestään ja jopa hieman itsekeskeinen.
Ce genre de fierté était courant chez les seigneurs des régions reculées.
Tuollainen ylpeys oli yleistä syrjäisten maaseudun herrojen keskuudessa.
Mais Buck s'est sauvé de devenir un chien de maison choyé.
Mutta Buck säästi itsensä joutumasta hemmotelluksi kotikoiraksi.
Il est resté mince et fort grâce à la chasse et à l'exercice.
Hän pysyi hoikkana ja vahvana metsästyksen ja liikunnan avulla.
Il aimait profondément l'eau, comme les gens qui se baignent dans les lacs froids.
Hän rakasti vettä syvästi, kuten ihmiset, jotka kylpevät kylmissä järvissä.
Cet amour pour l'eau a gardé Buck fort et en très bonne santé.
Tämä rakkaus veteen piti Buckin vahvana ja erittäin terveenä.
C'était le chien que Buck était devenu à l'automne 1897.
Tämä oli koira, joksi Buckista oli tullut syksyllä 1897.
Lorsque la découverte du Klondike a attiré des hommes vers le Nord gelé.
Kun Klondiken isku veti miehet jäiseen pohjoiseen.
Des gens du monde entier se sont précipités vers ce pays froid.
Ihmiset ryntäsivät kaikkialta maailmasta kylmään maahan.
Buck, cependant, ne lisait pas les journaux et ne comprenait pas les nouvelles.
Buck ei kuitenkaan lukenut lehtiä eikä ymmärtänyt uutisia.

Il ne savait pas que Manuel était un homme désagréable à fréquenter.
Hän ei tiennyt, että Manuelin seurassa oli huono olla.
Manuel, qui aidait au jardin, avait un problème grave.
Manuelilla, joka auttoi puutarhassa, oli syvä ongelma.
Manuel était accro aux jeux de loterie chinois.
Manuel oli riippuvainen uhkapelaamisesta kiinalaisessa lottopelissä.
Il croyait également fermement en un système fixe pour gagner.
Hän uskoi myös vahvasti kiinteään voittojärjestelmään.
Cette croyance rendait son échec certain et inévitable.
Tuo uskomus teki hänen epäonnistumisestaan varmaa ja väistämätöntä.
Jouer un système exige de l'argent, ce qui manquait à Manuel.
Systeemin pelaaminen vaatii rahaa, jota Manuelilta puuttui.
Son salaire suffisait à peine à subvenir aux besoins de sa femme et de ses nombreux enfants.
Hänen palkkansa tuskin riitti elättämään hänen vaimoaan ja monia lapsiaan.
La nuit où Manuel a trahi Buck, les choses étaient normales.
Sinä yönä, jona Manuel petti Buckin, kaikki oli normaalia.
Le juge était présent à une réunion de l'Association des producteurs de raisins secs.
Tuomari oli rusinaviljelijöiden yhdistyksen kokouksessa.
Les fils du juge étaient alors occupés à former un club d'athlétisme.
Tuomarin pojat olivat tuolloin kiireisiä perustamassa urheiluseuraa.
Personne n'a vu Manuel et Buck sortir par le verger.
Kukaan ei nähnyt Manuelia ja Buckia poistumassa hedelmätarhan kautta.
Buck pensait que cette promenade n'était qu'une simple promenade nocturne.
Buck luuli tämän kävelyn olevan vain yksinkertainen yöllinen kävelyretki.

Ils n'ont rencontré qu'un seul homme à la station du drapeau, à College Park.
He tapasivat vain yhden miehen lippuasemalla College Parkissa.
Cet homme a parlé à Manuel et ils ont échangé de l'argent.
Tuo mies puhui Manuelille, ja he vaihtoivat rahaa.
« Emballez les marchandises avant de les livrer », a-t-il suggéré.
"Pakkaa tavarat ennen kuin toimitat ne", hän ehdotti.
La voix de l'homme était rauque et impatiente lorsqu'il parlait.
Miehen ääni oli käheä ja kärsimätön hänen puhuessaan.
Manuel a soigneusement attaché une corde épaisse autour du cou de Buck.
Manuel sitoi varovasti paksun köyden Buckin kaulaan.
« Tournez la corde et vous l'étoufferez abondamment »
"Väännä köyttä, niin kuristat hänet kunnolla"
L'étranger émit un grognement, montrant qu'il comprenait bien.
Muukalainen murahti osoittaen ymmärtävänsä hyvin.
Buck a accepté la corde avec calme et dignité tranquille ce jour-là.
Buck otti köyden vastaan tyynesti ja hiljaisen arvokkaasti sinä päivänä.
C'était un acte inhabituel, mais Buck faisait confiance aux hommes qu'il connaissait.
Se oli epätavallinen teko, mutta Buck luotti miehiin, jotka hän tunsi.
Il croyait que leur sagesse allait bien au-delà de sa propre pensée.
Hän uskoi, että heidän viisautensa ylitti hänen oman ajattelunsa rajat.
Mais ensuite la corde fut remise entre les mains de l'étranger.
Mutta sitten köysi annettiin muukalaisen käsiin.
Buck émit un grognement sourd qui avertissait avec une menace silencieuse.

Buck murahti matalasti, varoittaen hiljaisella uhkauksella.
Il était fier et autoritaire, et voulait montrer son
mécontentement.
Hän oli ylpeä ja käskevä, ja aikoi osoittaa
tyytymättömyytensä.
Buck pensait que son avertissement serait compris comme
un ordre.
Buck uskoi, että hänen varoituksensa ymmärrettäisiin
käskyksi.
À sa grande surprise, la corde se resserra rapidement autour
de son cou épais.
Hänen järkytykseksen köysi kiristyi tiukasti hänen paksun
kaulansa ympärille.
Son air fut coupé et il commença à se battre dans une rage
soudaine.
Hänen ilmansa salpautui ja hän alkoi äkillisesti raivoissaan
taistella.
Il s'est jeté sur l'homme, qui a rapidement rencontré Buck en
plein vol.
Hän hyökkäsi miehen kimppuun, joka kohtasi nopeasti
Buckin ilmassa.
L'homme attrapa Buck par la gorge et le fit habilement
tourner dans les airs.
Mies tarttui Buckin kurkkuun ja väänsi tätä taitavasti ilmassa.
Buck a été violemment projeté au sol, atterrissant à plat sur
le dos.
Buck paiskautui kovaa maahan selälleen.
La corde l'étranglait alors cruellement tandis qu'il donnait
des coups de pied sauvages.
Köysi kuristi häntä nyt julmasti hänen potkiessaan villisti.
Sa langue tomba, sa poitrine se souleva, mais il ne reprit pas
son souffle.
Hänen kielensä putosi ulos, rintakehä kohosi, mutta hän ei
saanut henkeä.
Il n'avait jamais été traité avec une telle violence de sa vie.
Häntä ei ollut koskaan elämässään kohdeltu niin
väkivaltaisesti.

Il n'avait jamais été rempli d'une fureur aussi profonde auparavant.
Hän ei myöskään ollut koskaan aiemmin tuntenut niin syvää raivoa.
Mais le pouvoir de Buck s'est estompé et ses yeux sont devenus vitreux.
Mutta Buckin voima hiipui ja hänen silmänsä lasittuivat.
Il s'est évanoui juste au moment où un train s'arrêtait à proximité.
Hän pyörtyi juuri kun lähistöllä olevaa junaa pysäytettiin.
Les deux hommes le jetèrent alors rapidement dans le fourgon à bagages.
Sitten kaksi miestä heittivät hänet nopeasti matkatavaravaunuun.
La chose suivante que Buck ressentit fut une douleur dans sa langue enflée.
Seuraavaksi Buck tunsi kipua turvonneessa kielellään.
Il se déplaçait dans un chariot tremblant, à peine conscient.
Hän liikkui tärisevissä kärryissä, vain hämärästi tajuissaan.
Le cri aigu d'un sifflet de train indiqua à Buck où il se trouvait.
Junan pillin terävä kirkaisu kertoi Buckille hänen sijaintinsa.
Il avait souvent roulé avec le juge et connaissait ce sentiment.
Hän oli usein ratsastanut Tuomarin kanssa ja tiesi tunteen.
C'était le choc unique de voyager à nouveau dans un fourgon à bagages.
Se oli ainutlaatuinen järkytys matkustaa jälleen matkatavaravaunussa.
Buck ouvrit les yeux et son regard brûla de rage.
Buck avasi silmänsä ja hänen katseensa paloi raivosta.
C'était la colère d'un roi fier déchu de son trône.
Tämä oli ylpeän kuninkaan viha, joka syöstiin valtaistuimeltaan.
Un homme a tenté de l'attraper, mais Buck a frappé en premier.

Mies ojensi kätensä tarttuakseen häneen, mutta Buck iski ensin.
Il enfonça ses dents dans la main de l'homme et la serra fermement.
Hän upotti hampaansa miehen käteen ja puristi sitä lujasti.
Il ne l'a pas lâché jusqu'à ce qu'il s'évanouisse une deuxième fois.
Hän ei päästänyt irti ennen kuin menetti tajuntansa toisen kerran.
« Ouais, il a des crises », murmura l'homme au bagagiste.
"Jep, saa kouristuskohtauksia", mies mutisi matkatavaramiehelle.
Le bagagiste avait entendu la lutte et s'était approché.
Matkatavaramies oli kuullut kamppailun ja tullut lähemmäs.
« Je l'emmène à Frisco pour le patron », a expliqué l'homme.
– Vien hänet Friscoon pomon luo, mies selitti.
« Il y a un excellent vétérinaire qui dit pouvoir les guérir. »
"Siellä on hyvä koiralääkäri, joka sanoo voivansa parantaa ne."
Plus tard dans la soirée, l'homme a donné son propre récit complet.
Myöhemmin samana iltana mies antoi oman täyden kertomuksensa.
Il parlait depuis un hangar derrière un saloon sur les quais.
Hän puhui vajasta sataman saluunan takaa.
« Tout ce qu'on m'a donné, c'était cinquante dollars », se plaignit-il au vendeur du saloon.
"Minulle annettiin vain viisikymmentä dollaria", hän valitti saluunanpitäjälle.
« Je ne le referais pas, même pour mille dollars en espèces. »
"En tekisi sitä uudestaan, en edes tuhannesta eurosta käteisenä."
Sa main droite était étroitement enveloppée dans un tissu ensanglanté.
Hänen oikea kätensä oli tiukasti veriseen kankaaseen kääritty.
Son pantalon était déchiré du genou au pied.
Hänen housunlahkeensa oli repeytynyt auki polvesta varpaaseen.

« Combien a été payé l'autre idiot ? » demanda le vendeur du saloon.
"Paljonko se toinen muki sai palkkaa?" kysyi kapakkamies.
« Cent », répondit l'homme, « il n'accepterait pas un centime de moins. »
– Sata, mies vastasi, hän ei ottaisi senttiäkään vähempää.
« Cela fait cent cinquante », dit le vendeur du saloon.
– Se tekee sataviisikymmentä, sanoi kapakkamies.
« Et il vaut tout ça, sinon je ne suis pas meilleur qu'un imbécile. »
"Ja hän on kaiken sen arvoinen, tai en ole yhtään idioottia parempi."
L'homme ouvrit les emballages pour examiner sa main.
Mies avasi kääreet tutkiakseen kättään.
La main était gravement déchirée et couverte de sang séché.
Käsi oli pahasti repeytynyt ja kuivuneen veren peitossa.
« Si je n'ai pas l' hydrophobie... » commença-t-il à dire.
"Jos en saa hydrofobiaa..." hän aloitti sanomaan.
« Ce sera parce que tu es né pour être pendu », dit-il en riant.
"Se johtuu siitä, että olet syntynyt hirttäytymään", kuului nauru.
« Viens m'aider avant de partir », lui a-t-on demandé.
"Tule auttamaan minua ennen kuin lähdet", häntä pyydettiin.
Buck était dans un état second à cause de la douleur dans sa langue et sa gorge.
Buck oli täysin sekaisin kielen ja kurkun kivusta.
Il était à moitié étranglé et pouvait à peine se tenir debout.
Hän oli puoliksi kuristunut, eikä pystynyt juurikaan seisomaan pystyssä.
Pourtant, Buck essayait de faire face aux hommes qui l'avaient blessé ainsi.
Silti Buck yritti kohdata miehet, jotka olivat satuttaneet häntä niin paljon.
Mais ils le jetèrent à terre et l'étranglèrent une fois de plus.
Mutta he heittivät hänet alas ja kuristivat hänet uudelleen.
Ce n'est qu'à ce moment-là qu'ils ont pu scier son lourd collier de laiton.

Vasta sitten he saattoivat sahata irti hänen raskaan messinkikauluksensa.
Ils ont retiré la corde et l'ont poussé dans une caisse.
He irrottivat köyden ja työnsivät hänet laatikkoon.
La caisse était petite et avait la forme d'une cage en fer brut.
Laatikko oli pieni ja muodoltaan kuin karkea rautahäkki.
Buck resta allongé là toute la nuit, rempli de colère et d'orgueil blessé.
Buck makasi siinä koko yön, täynnä vihaa ja haavoittunutta ylpeyttä.
Il ne pouvait pas commencer à comprendre ce qui lui arrivait.
Hän ei voinut alkaa ymmärtää, mitä hänelle tapahtui.
Pourquoi ces hommes étranges le gardaient-ils dans cette petite caisse ?
Miksi nämä oudot miehet pitivät häntä tässä pienessä häkissä?
Que voulaient-ils de lui et pourquoi cette cruelle captivité ?
Mitä he häneltä halusivat, ja miksi hän oli näin julma vankeudessa?
Il ressentait une pression sombre, un sentiment de catastrophe qui se rapprochait.
Hän tunsi synkän paineen; lähestyvän katastrofin tunteen.
C'était une peur vague, mais elle pesait lourdement sur son esprit.
Se oli epämääräinen pelko, mutta se painautui voimakkaasti hänen mieleensä.
Il a sursauté à plusieurs reprises lorsque la porte du hangar a claqué.
Useita kertoja hän hyppäsi ylös, kun vajan ovi helisi.
Il s'attendait à ce que le juge ou les garçons apparaissent et le sauvent.
Hän odotti tuomarin tai poikien ilmestyvän ja pelastavan hänet.
Mais à chaque fois, seul le gros visage du tenancier de bar apparaissait à l'intérieur.
Mutta joka kerta vain kapakonpitäjän paksu naama kurkisti sisään.

Le visage de l'homme était éclairé par la faible lueur d'une bougie de suif.
Miehen kasvoja valaisi talikynttilän himmeä valo.
À chaque fois, l'aboiement joyeux de Buck se transformait en un grognement bas et colérique.
Joka kerta Buckin iloinen haukunta muuttui matalaksi, vihaiseksi murahdukseksi.

Le tenancier du saloon l'a laissé seul pour la nuit dans la caisse
Kapakanpitäjä jätti hänet yksin yöksi häkkiin
Mais quand il se réveilla le matin, d'autres hommes arrivèrent.
Mutta kun hän aamulla heräsi, lisää miehiä oli tulossa.
Quatre hommes sont venus et ont ramassé la caisse avec précaution, sans un mot.
Neljä miestä tuli ja nosti varovasti laatikon sanomatta sanaakaan.
Buck comprit immédiatement dans quelle situation il se trouvait.
Buck tajusi heti, missä tilanteessa hän oli.
Ils étaient d'autres bourreaux qu'il devait combattre et craindre.
Ne olivat lisää kiusaajia, joita vastaan hänen täytyi taistella ja pelätä.
Ces hommes avaient l'air méchants, en haillons et très mal soignés.
Nämä miehet näyttivät ilkeiltä, repaleisilta ja erittäin huonosti hoidetuilta.
Buck grogna et se jeta férocement sur eux à travers les barreaux.
Buck murahti ja syöksyi raivokkaasti heidän kimppuunsa kaltereiden välistä.
Ils se sont contentés de rire et de le frapper avec de longs bâtons en bois.
He vain nauroivat ja tökkivät häntä pitkillä puisilla kepeillä.

Buck a mordu les bâtons, puis s'est rendu compte que c'était ce qu'ils aimaient.
Buck puri keppejä ja tajusi sitten, että siitä ne pitivät.
Il s'allongea donc tranquillement, maussade et brûlant d'une rage silencieuse.
Niinpä hän makasi hiljaa maassa, synkkänä ja hiljaisesta raivosta hehkuen.
Ils ont soulevé la caisse dans un chariot et sont partis avec lui.
He nostivat laatikon vankkureihin ja ajoivat hänen kanssaan pois.
La caisse, avec Buck enfermé à l'intérieur, changeait souvent de mains.
Laatikko, jonka sisällä Buck oli lukittuna, vaihtoi usein omistajaa.
Les employés du bureau express ont pris les choses en main et l'ont traité brièvement.
Pikatoimiston virkailijat ottivat ohjat käsiinsä ja hoitivat hänet lyhyesti.
Puis un autre chariot transporta Buck à travers la ville bruyante.
Sitten toiset vankkurit kuljettivat Buckin meluisan kaupungin poikki.
Un camion l'a emmené avec des cartons et des colis sur un ferry.
Kuorma-auto vei hänet laatikoiden ja pakettien kanssa lautalle.
Après la traversée, le camion l'a déchargé dans un dépôt ferroviaire.
Ylityksen jälkeen kuorma-auto purki hänet rautatievarikolla.
Finalement, Buck fut placé dans une voiture express en attente.
Viimein Buck sijoitettiin odottavaan pikajunaan.
Pendant deux jours et deux nuits, les trains ont emporté la voiture express.
Kahden päivän ja yön ajan junat vetivät pikavaunua pois.
Buck n'a ni mangé ni bu pendant tout le douloureux voyage.

Buck ei syönyt eikä juonut koko tuskallisen matkan aikana.
Lorsque les messagers express ont essayé de l'approcher, il a grogné.
Kun pikaviestijät yrittivät lähestyä häntä, hän murahti.
Ils ont réagi en se moquant de lui et en le taquinant cruellement.
He vastasivat pilkkaamalla ja kiusoittelemalla häntä julmasti.
Buck se jeta sur les barreaux, écumant et tremblant
Buck heittäytyi kaltereihin vaahtoaen ja täristen
ils ont ri bruyamment et l'ont raillé comme des brutes de cour d'école.
he nauroivat äänekkäästi ja pilkkasivat häntä kuin koulukiusaajat.
Ils aboyaient comme de faux chiens et battaient des bras.
Ne haukkuivat kuin feikkikoirat ja räpyttelivät käsiään.
Ils ont même chanté comme des coqs juste pour le contrarier davantage.
Ne jopa kiekaisivat kuin kukot vain ärsyttääkseen häntä lisää.
C'était un comportement stupide, et Buck savait que c'était ridicule.
Se oli typerää käytöstä, ja Buck tiesi sen olevan naurettavaa.
Mais cela n'a fait qu'approfondir son sentiment d'indignation et de honte.
Mutta se vain syvensi hänen häpeänsä ja närkästyksensä tunnetta.
Il n'a pas été trop dérangé par la faim pendant le voyage.
Nälkä ei häntä matkan aikana juurikaan vaivannut.
Mais la soif provoquait une douleur aiguë et une souffrance insupportable.
Mutta jano toi mukanaan terävää kipua ja sietämätöntä kärsimystä.
Sa gorge sèche et enflammée et sa langue brûlaient de chaleur.
Hänen kuiva, tulehtunut kurkkunsa ja kielensä polttivat kuumuudesta.
Cette douleur alimentait la fièvre qui montait dans son corps fier.

Tämä kipu ruokki kuumetta, joka nousi hänen ylpeässä ruumiissaan.
Buck était reconnaissant pour une seule chose au cours de ce procès.
Buck oli kiitollinen yhdestä asiasta tämän oikeudenkäynnin aikana.
La corde avait été retirée de son cou épais.
Köysi oli poistettu hänen paksun kaulansa ympäriltä.
La corde avait donné à ces hommes un avantage injuste et cruel.
Köysi oli antanut noille miehille epäreilun ja julman edun.
Maintenant, la corde avait disparu et Buck jura qu'elle ne reviendrait jamais.
Nyt köysi oli poissa, ja Buck vannoi, ettei se koskaan palaisi.
Il a décidé qu'aucune corde ne passerait plus jamais autour de son cou.
Hän päätti, ettei hänen kaulansa ympärille enää koskaan kierrettäisi köyttä.
Pendant deux longs jours et deux longues nuits, il souffrit sans nourriture.
Kaksi pitkää päivää ja yötä hän kärsi ilman ruokaa.
Et pendant ces heures, il a développé une énorme rage en lui.
Ja noina tunteina hänessä kasvoi valtava raivo.
Ses yeux sont devenus injectés de sang et sauvages à cause d'une colère constante.
Hänen silmänsä muuttuivat verestäväksi ja villiksi jatkuvasta vihasta.
Il n'était plus Buck, mais un démon aux mâchoires claquantes.
Hän ei ollut enää Buck, vaan demoni napsuvine leukoineen.
Même le juge n'aurait pas reconnu cette créature folle.
Edes tuomari ei olisi tunnistanut tätä hullua olentoa.
Les messagers express ont soupiré de soulagement lorsqu'ils ont atteint Seattle
Pikaviestimet huokaisivat helpotuksesta saapuessaan Seattleen

Quatre hommes ont soulevé la caisse et l'ont amenée dans une cour arrière.
Neljä miestä nosti laatikon ja kantoi sen takapihalle.
La cour était petite, entourée de murs hauts et solides.
Piha oli pieni, korkeiden ja jykevien muurien ympäröimä.
Un grand homme sortit, vêtu d'un pull rouge affaissé.
Iso mies astui ulos roikkuvassa punaisessa neulepaidassa.
Il a signé le carnet de livraison d'une écriture épaisse et audacieuse.
Hän allekirjoitti toimituskirjan paksulla ja rohkealla käsialalla.
Buck sentit immédiatement que cet homme était son prochain bourreau.
Buck aavisti heti, että tämä mies oli hänen seuraava kiusaajansa.
Il se jeta violemment sur les barreaux, les yeux rouges de fureur.
Hän syöksyi rajusti kaltereita kohti, silmät raivosta punaisena.
L'homme sourit simplement sombrement et alla chercher une hachette.
Mies vain hymyili synkästi ja meni hakemaan kirvestä.
Il portait également une massue dans sa main droite épaisse et forte.
Hän toi mukanaan myös mailan paksussa ja vahvassa oikeassa kädessään.
« Tu vas le sortir maintenant ? » demanda le chauffeur, inquiet.
"Aiotko viedä hänet nyt?" kuljettaja kysyi huolestuneena.
« Bien sûr », dit l'homme en enfonçant la hachette dans la caisse comme levier.
– Totta kai, mies sanoi ja iski kirveen laatikkoon vivuksi.
Les quatre hommes se dispersèrent instantanément et sautèrent sur le mur de la cour.
Neljä miestä hajaantuivat välittömästi ja hyppäsivät pihan muurille.
Depuis leurs endroits sûrs, ils attendaient d'assister au spectacle.

Turvallisista paikoistaan ylhäältä he odottivat nähdäkseen näytelmän.
Buck se jeta sur le bois éclaté, le mordant et le secouant violemment.
Buck syöksyi sirpaleisen puun kimppuun purren ja täristen rajusti.
Chaque fois que la hachette touchait la cage, Buck était là pour l'attaquer.
Joka kerta, kun kirves osui häkkiin, Buck oli paikalla hyökkäämässä sitä vastaan.
Il grogna et claqua des dents avec une rage folle, impatient d'être libéré.
Hän murahti ja tiuskaisi villin raivon vallassa, haluten päästä vapaaksi.
L'homme dehors était calme et stable, concentré sur sa tâche.
Ulkona oleva mies oli rauhallinen ja vakaa, keskittynyt tehtäväänsä.
« Bon, alors, espèce de diable aux yeux rouges », dit-il lorsque le trou fut grand.
"Niinpä sitten, punasilmäinen paholainen", hän sanoi, kun reikä oli jo suuri.
Il laissa tomber la hachette et prit le gourdin dans sa main droite.
Hän pudotti kirveen ja otti pailan oikeaan käteensä.
Buck ressemblait vraiment à un diable ; les yeux injectés de sang et flamboyants.
Buck näytti todellakin paholaiselta; silmät verestävät ja hehkuvat.
Son pelage se hérissait, de la mousse s'échappait de sa bouche, ses yeux brillaient.
Hänen takkinsa pystyi, vaahtoa nousi suussa ja silmät loistivat.
Il rassembla ses muscles et se jeta directement sur le pull rouge.
Hän jännitti lihaksensa ja ryntäsi suoraan punaisen villapaidan kimppuun.

Cent quarante livres de fureur s'abattèrent sur l'homme calme.
Sata neljäkymmentä kiloa raivoa sinkoutui tyyntä miestä kohti.
Juste avant que ses mâchoires ne se referment, un coup terrible le frappa.
Juuri ennen kuin hänen leukansa sulkeutuivat, häntä iski hirvittävä isku.
Ses dents claquèrent l'une contre l'autre, rien d'autre que l'air
Hänen hampaansa napsahtivat yhteen pelkästä ilmasta
une secousse de douleur résonna dans son corps
tuskanjyrähdys kaikui hänen kehossaan
Il a fait un saut périlleux en plein vol et s'est écrasé sur le dos et sur le côté.
Hän pyörähti ilmassa ja kaatui selälleen ja kyljelleen.
Il n'avait jamais ressenti auparavant le coup d'un gourdin et ne pouvait pas le saisir.
Hän ei ollut koskaan ennen tuntenut pailan iskua eikä pystynyt tarttumaan siihen.
Avec un grognement strident, mi-aboiement, mi-cri, il bondit à nouveau.
Kirkuvan murahduksen, osaksi haukkumisen, osaksi kirkaisun saattelemana se hyppäsi uudelleen.
Un autre coup brutal le frappa et le projeta au sol.
Toinen raju isku osui häneen ja paiskasi hänet maahan.
Cette fois, Buck comprit : c'était la lourde massue de l'homme.
Tällä kertaa Buck ymmärsi – se oli miehen painava nuija.
Mais la rage l'aveuglait, et il n'avait aucune idée de retraite.
Mutta raivo sokaisi hänet, eikä hän ajatellutkaan perääntymistä.
Douze fois il s'est lancé et douze fois il est tombé.
Kaksitoista kertaa hän syöksyi karkuun ja kaksitoista kertaa putosi.
Le gourdin en bois le frappait à chaque fois avec une force impitoyable et écrasante.

Puinen nuija iski häntä joka kerta armottomalla, murskaavalla voimalla.
Après un coup violent, il se releva en titubant, étourdi et lent.
Yhden rajua iskua jälkeen hän horjahti jaloilleen, hämmentyneenä ja hitaasti.
Du sang coulait de sa bouche, de son nez et même de ses oreilles.
Verta valui hänen suustaan, nenästään ja jopa korvistaan.
Son pelage autrefois magnifique était maculé de mousse sanglante.
Hänen kerran niin kaunis turkkinsa oli tahriintunut verisestä vaahdosta.
Alors l'homme s'est avancé et a donné un coup violent au nez.
Sitten mies astui esiin ja iski ilkeän iskun nenään.
L'agonie était plus vive que tout ce que Buck avait jamais ressenti.
Tuska oli ankarampaa kuin mikään, mitä Buck oli koskaan tuntenut.
Avec un rugissement plus bête que chien, il bondit à nouveau pour attaquer.
Karjuen, joka oli enemmän petomainen kuin koiran, hän hyppäsi jälleen hyökkäämään.
Mais l'homme attrapa sa mâchoire inférieure et la tourna vers l'arrière.
Mutta mies otti kiinni alaleuastaan ja käänsi sen taaksepäin.
Buck fit un saut périlleux et s'écrasa à nouveau violemment.
Buck pyörähti korviaan myöten ja kaatui jälleen rajusti.
Une dernière fois, Buck se précipita sur lui, maintenant à peine capable de se tenir debout.
Vielä kerran Buck hyökkäsi hänen kimppuunsa, nyt tuskin pystyen seisomaan.
L'homme a frappé avec un timing expert, délivrant le coup final.
Mies iski asiantuntevasti ajoitettuna ja antoi viimeisen iskun.
Buck s'est effondré, inconscient et immobile.

Buck lysähti kasaksi, tajuttomana ja liikkumattomana.
« Il n'est pas mauvais pour dresser les chiens, c'est ce que je dis », a crié un homme.
"Hän ei ole mikään laiska koirien rikkomisessa, sitä minä sanon", mies huusi.
« Druther peut briser la volonté d'un chien n'importe quel jour de la semaine. »
"Druther voi murtaa ajokoiran tahdon minä tahansa viikonpäivänä."
« Et deux fois un dimanche ! » a ajouté le chauffeur.
"Ja kahdesti sunnuntaina!" kuljettaja lisäsi.
Il monta dans le chariot et fit claquer les rênes pour partir.
Hän kiipesi vankkureihin ja napsautti ohjaksia lähteäkseen.
Buck a lentement repris le contrôle de sa conscience
Buck sai hitaasti tajuntansa hallintaansa takaisin.
mais son corps était encore trop faible et brisé pour bouger.
mutta hänen ruumiinsa oli vielä liian heikko ja rikki liikkuakseen.
Il resta allongé là où il était tombé, regardant l'homme au pull rouge.
Hän makasi siinä, mihin oli kaatunut, ja katseli punavillaista miestä.
« Il répond au nom de Buck », dit l'homme en lisant à haute voix.
– Hän vastaa nimelle Buck, mies sanoi lukiessaan ääneen.
Il a cité la note envoyée avec la caisse de Buck et les détails.
Hän lainasi Buckin laatikon mukana lähetettyä viestiä ja tietoja.
« Eh bien, Buck, mon garçon », continua l'homme d'un ton amical,
"No niin, Buck, poikani", mies jatkoi ystävälliseen sävyyn,
« Nous avons eu notre petite dispute, et maintenant c'est fini entre nous. »
"Meillä oli pieni riitamme, ja nyt se on ohi meidän välillämme."
« Tu as appris à connaître ta place, et j'ai appris à connaître la mienne », a-t-il ajouté.

"Sinä olet oppinut paikkasi, ja minä olen oppinut omani", hän lisäsi.

« Sois sage, tout ira bien et la vie sera agréable. »

"Ole kiltti, niin kaikki menee hyvin ja elämä on ihanaa."

« Mais sois méchant, et je te botterai les fesses, compris ? »

"Mutta ole tuhma, niin hakkaan sinut kuoliaaksi, ymmärrätkö?"

Tandis qu'il parlait, il tendit la main et tapota la tête douloureuse de Buck.

Puhuessaan hän ojensi kätensä ja taputti Buckin kipeää päätä.

Les cheveux de Buck se dressèrent au contact de l'homme, mais il ne résista pas.

Buckin hiukset nousivat pystyyn miehen kosketuksesta, mutta hän ei vastustellut.

L'homme lui apporta de l'eau, que Buck but à grandes gorgées.

Mies toi hänelle vettä, jota Buck joi suurin kulauksin.

Puis vint la viande crue, que Buck dévora morceau par morceau.

Sitten tuli raakaa lihaa, jota Buck ahmi pala palalta.

Il savait qu'il était battu, mais il savait aussi qu'il n'était pas brisé.

Hän tiesi olevansa lyöty, mutta tiesi myös, ettei ollut murtunut.

Il n'avait aucune chance contre un homme armé d'une matraque.

Hänellä ei ollut mitään mahdollisuuksia pamppua aseistautunutta miestä vastaan.

Il avait appris la vérité et il n'a jamais oublié cette leçon.

Hän oli oppinut totuuden, eikä hän koskaan unohtanut sitä läksyä.

Cette arme était le début de la loi dans le nouveau monde de Buck.

Tuo ase oli lain alku Buckin uudessa maailmassa.

C'était le début d'un ordre dur et primitif qu'il ne pouvait nier.

Se oli alku ankaralle, alkeelliselle järjestykselle, jota hän ei voinut kieltää.

Il accepta la vérité ; ses instincts sauvages étaient désormais éveillés.

Hän hyväksyi totuuden; hänen villit vaistonsa olivat nyt hereillä.

Le monde était devenu plus dur, mais Buck l'a affronté avec courage.

Maailma oli käynyt ankarammaksi, mutta Buck kohtasi sen rohkeasti.

Il a affronté la vie avec une prudence, une ruse et une force tranquille nouvelles.

Hän kohtasi elämän uudella varovaisuudella, oveluudella ja hiljaisella voimalla.

D'autres chiens sont arrivés, attachés dans des cordes ou des caisses comme Buck l'avait été.

Lisää koiria saapui, köysiin tai laatikoihin sidottuina, kuten Buck oli ollut.

Certains chiens sont venus calmement, d'autres ont fait rage et se sont battus comme des bêtes sauvages.

Jotkut koirat tulivat rauhallisesti, toiset raivosivat ja taistelivat kuin villipedot.

Ils furent tous soumis au règne de l'homme au pull rouge.

Heidät kaikki saatettiin punavillaisen miehen vallan alle.

À chaque fois, Buck regardait et voyait la même leçon se dérouler.

Joka kerta Buck katseli ja näki saman opetuksen avautuvan.

L'homme avec la massue était la loi, un maître à obéir.

Mies pamppuineen oli laki; isäntä, jota piti totella.

Il n'avait pas besoin d'être aimé, mais il fallait qu'on lui obéisse.

Häntä ei tarvinnut pitää, mutta häntä piti totella.

Buck ne s'est jamais montré flatteur ni n'a remué la queue comme le faisaient les chiens plus faibles.

Buck ei koskaan imarrellut tai heiluttanut itseään niin kuin heikommat koirat tekivät.

Il a vu des chiens qui avaient été battus et qui continuaient à lécher la main de l'homme.
Hän näki hakattuja koiria, jotka silti nuolivat miehen kättä.
Il a vu un chien qui refusait d'obéir ou de se soumettre du tout.
Hän näki yhden koiran, joka ei totellut eikä alistunut lainkaan.
Ce chien s'est battu jusqu'à ce qu'il soit tué dans la bataille pour le contrôle.
Tuo koira taisteli, kunnes se kuoli vallasta käydyssä taistelussa.
Des étrangers venaient parfois voir l'homme au pull rouge.
Muukalaiset tulivat joskus katsomaan punavillaista miestä.
Ils parlaient sur un ton étrange, suppliant, marchandant et riant.
He puhuivat oudolla äänellä, aneleen, neuvotellen ja nauraen.
Lors de l'échange d'argent, ils partaient avec un ou plusieurs chiens.
Kun rahaa vaihdettiin, he lähtivät yhden tai useamman koiran kanssa.
Buck se demandait où étaient passés ces chiens, car aucun n'était jamais revenu.
Buck ihmetteli, minne nämä koirat olivat menneet, sillä yksikään ei koskaan palannut.
la peur de l'inconnu envahissait Buck chaque fois qu'un homme étrange venait
Tuntemattoman pelko täytti Buckin joka kerta, kun vieras mies tuli
il était content à chaque fois qu'un autre chien était pris, plutôt que lui-même.
Hän oli iloinen joka kerta, kun otettiin joku toinen koira itsensä sijaan.
Mais finalement, le tour de Buck arriva avec l'arrivée d'un homme étrange.
Mutta lopulta Buckin vuoro koitti oudon miehen saapuessa.
Il était petit, nerveux, parlait un anglais approximatif et jurait.
Hän oli pieni, jäntevä ja puhui murteella englannilla ja kiroili.

« Sacré-Dam ! » hurla-t-il en posant les yeux sur le corps de Buck.
"Pyhä päivä!" hän huusi nähdessään Buckin rungon.
« C'est un sacré chien tyrannique ! Hein ? Combien ? » demanda-t-il à voix haute.
"Onpa tuo yksi pirun kiusaaja! Häh? Paljonko?" hän kysyi ääneen.
« Trois cents, et c'est un cadeau à ce prix-là. »
"Kolmesataa, ja hän on lahja tuolla hinnalla,"
« Puisque c'est de l'argent du gouvernement, tu ne devrais pas te plaindre, Perrault. »
"Koska kyse on valtion rahasta, sinun ei pitäisi valittaa, Perrault."
Perrault sourit à l'idée de l'accord qu'il venait de conclure avec cet homme.
Perrault virnisti juuri miehen kanssa tekemälleen sopimukselle.
Le prix des chiens a grimpé en flèche en raison de la demande soudaine.
Koirien hinnat olivat nousseet pilviin äkillisen kysynnän vuoksi.
Trois cents dollars, ce n'était pas injuste pour une si belle bête.
Kolmesataa dollaria ei ollut epäreilua noin hienolle eläimelle.
Le gouvernement canadien ne perdrait rien dans cet accord
Kanadan hallitus ei menettäisi sopimuksessa mitään
Leurs dépêches officielles ne seraient pas non plus retardées en transit.
Eivätkä heidän viralliset lähetyksensä viivästyisi kuljetuksen aikana.
Perrault connaissait bien les chiens et pouvait voir que Buck était quelque chose de rare.
Perrault tunsi koirat hyvin ja näki Buckin olevan ainutlaatuinen.
« Un sur dix dix mille », pensa-t-il en étudiant la silhouette de Buck.

"Yksi kymmenestä kymmenestätuhannesta", hän ajatteli tarkastellessaan Buckin vartaloa.

Buck a vu l'argent changer de mains, mais n'a montré aucune surprise.

Buck näki rahojen vaihtavan omistajaa, mutta ei osoittanut yllätystä.

Bientôt, lui et Curly, un gentil Terre-Neuve, furent emmenés.

Pian hänet ja Kihara, lempeä newfoundlandinkoira, vietiin pois.

Ils suivirent le petit homme depuis la cour du pull rouge.

He seurasivat pientä miestä punaisen villapaidan pihalta.

Ce fut la dernière fois que Buck vit l'homme avec la massue en bois.

Se oli viimeinen kerta, kun Buck näki puisen kepin miehen.

Depuis le pont du Narval, il regardait Seattle disparaître au loin.

Narwhalin kannelta hän katseli Seattlen katoavan kaukaisuuteen.

C'était aussi la dernière fois qu'il voyait le chaud Southland.

Se oli myös viimeinen kerta, kun hän näki lämpimän Etelän.

Perrault les emmena sous le pont et les laissa à François.

Perrault vei heidät kannen alapuolelle ja jätti heidät François'n huostaan.

François était un géant au visage noir, aux mains rugueuses et calleuses.

François oli mustakasvoinen jättiläinen, jolla oli karheat, kovettuneet kädet.

Il était brun et basané; un métis franco-canadien.

Hän oli tumma ja tummaihoinen; puoliverinen ranskalais-kanadalainen.

Pour Buck, ces hommes étaient d'un genre qu'il n'avait jamais vu auparavant.

Buckille nämä miehet olivat sellaisia, joita hän ei ollut koskaan ennen nähnyt.

Il allait connaître beaucoup d'autres hommes de ce genre dans les jours qui suivirent.

Hän tulisi tutustumaan moniin tällaisiin miehiin tulevina päivinä.
Il ne s'est pas attaché à eux, mais il a appris à les respecter.
Hän ei kiintynyt heihin, mutta hän oppi kunnioittamaan heitä.
Ils étaient justes et sages, et ne se laissaient pas facilement tromper par un chien.
Ne olivat oikeudenmukaisia ja viisaita, eikä mikään koira voinut niitä helposti hämätä.
Ils jugeaient les chiens avec calme et ne les punissaient que lorsqu'ils le méritaient.
He tuomitsivat koirat rauhallisesti ja rankaisivat vain ansaitusti.
Sur le pont inférieur du Narwhal, Buck et Curly ont rencontré deux chiens.
Narwhalin alakannella Buck ja Kihara tapasivat kaksi koiraa.
L'un d'eux était un grand chien blanc venu du lointain et glacial Spitzberg.
Yksi oli suuri valkoinen koira kaukaisesta, jäisestä Huippuvuorten alueelta.
Il avait autrefois navigué avec un baleinier et rejoint un groupe d'enquête.
Hän oli kerran purjehtinut valaanpyyntialuksen kanssa ja liittynyt tutkimusryhmään.
Il était amical d'une manière sournoise, sournoise et rusée.
Hän oli ystävällinen ovelalla, salakavalalla ja viekkaalla tavalla.
Lors de leur premier repas, il a volé un morceau de viande dans la poêle de Buck.
Ensimmäisellä aterillaan hän varasti palan lihaa Buckin pannulta.
Buck sauta pour le punir, mais le fouet de François frappa en premier.
Buck hyppäsi rangaistakseen häntä, mutta François'n ruoska osui ensin.
Le voleur blanc hurla et Buck récupéra l'os volé.
Valkoinen varas kiljaisi, ja Buck sai varastetun luun takaisin.

Cette équité impressionna Buck, et François gagna son respect.
Tuo oikeudenmukaisuus teki vaikutuksen Buckiin, ja François ansaitsi hänen kunnioituksensa.
L'autre chien ne lui a pas adressé de salut et n'en a pas voulu en retour.
Toinen koira ei tervehtinyt eikä halunnutkaan tervehdystä vastapalvelukseen.
Il ne volait pas de nourriture et ne reniflait pas les nouveaux arrivants avec intérêt.
Hän ei varastanut ruokaa eikä nuuhkinut tulokkaita kiinnostuneena.
Ce chien était sinistre et calme, sombre et lent.
Tämä koira oli synkkä ja hiljainen, synkkä ja hidasliikkeinen.
Il a averti Curly de rester à l'écart en la regardant simplement.
Hän varoitti Kiharaa pysymään poissa tuijottamalla tätä vihaisesti.
Son message était clair : laissez-moi tranquille ou il y aura des problèmes.
Hänen viestinsä oli selvä: jätä minut rauhaan tai tulee ongelmia.
Il s'appelait Dave et il remarquait à peine son environnement.
Häntä kutsuttiin Daveksi, ja hän tuskin huomasi ympäristöään.
Il dormait souvent, mangeait tranquillement et bâillait de temps en temps.
Hän nukkui usein, söi hiljaa ja haukotteli silloin tällöin.

Le navire ronronnait constamment avec le battement de l'hélice en dessous.
Laiva humisi jatkuvasti alapuolellaan hakkaavan potkurin kanssa.
Les jours passèrent sans grand changement, mais le temps devint plus froid.
Päivät kuluivat lähes muuttumattomina, mutta sää kylmeni.

Buck pouvait le sentir dans ses os et remarqua que les autres le faisaient aussi.
Buck tunsi sen luissaan ja huomasi muidenkin tekevän niin.
Puis un matin, l'hélice s'est arrêtée et tout est redevenu calme.
Sitten eräänä aamuna potkuri pysähtyi ja kaikki oli tyyntä.
Une énergie parcourut le vaisseau ; quelque chose avait changé.
Energia pyyhkäisi läpi aluksen; jokin oli muuttunut.
François est descendu, les a attachés en laisse et les a remontés.
François tuli alas, laittoi ne hihnaan ja nosti ne ylös.
Buck sortit et trouva le sol doux, blanc et froid.
Buck astui ulos ja huomasi maan olevan pehmeä, valkoinen ja kylmä.
Il sursauta en arrière, alarmé, et renifla, totalement confus.
Hän hyppäsi taaksepäin säikähtäneenä ja murahti täysin hämmentyneenä.
Une étrange substance blanche tombait du ciel gris.
Harmaalta taivaalta putosi outoa valkoista ainetta.
Il se secoua, mais les flocons blancs continuaient à atterrir sur lui.
Hän ravisteli itseään, mutta valkoiset hiutaleet laskeutuivat yhä uudelleen hänen päälleen.
Il renifla soigneusement la substance blanche et lécha quelques morceaux glacés.
Hän nuuhki valkoista ainetta varovasti ja nuoli muutaman jäisen palan.
La poudre brûla comme du feu, puis disparut de sa langue.
Jauhe poltti kuin tuli ja katosi sitten suoraan hänen kielellään.
Buck essaya à nouveau, intrigué par l'étrange froideur qui disparaissait.
Buck yritti uudelleen, hämmentyneenä oudon katoavan kylmyyden vuoksi.
Les hommes autour de lui rirent et Buck se sentit gêné.
Miehet hänen ympärillään nauroivat, ja Buck tunsi olonsa noloksi.

Il ne savait pas pourquoi, mais il avait honte de sa réaction.
Hän ei tiennyt miksi, mutta hän häpesi reaktiotaan.
C'était sa première expérience avec la neige, et cela le
dérouta.
Se oli hänen ensimmäinen kokemuksensa lumen kanssa, ja se
hämmensi häntä.

La loi du gourdin et des crocs
Keila ja kulmahammas -laki

Le premier jour de Buck sur la plage de Dyea ressemblait à un terrible cauchemar.
Buckin ensimmäinen päivä Dyean rannalla tuntui kamalalta painajaiselta.

Chaque heure apportait de nouveaux chocs et des changements inattendus pour Buck.
Jokainen tunti toi Buckille uusia yllätyksiä ja odottamattomia muutoksia.

Il avait été arraché à la civilisation et jeté dans un chaos sauvage.
Hänet oli vedetty irti sivilisaatiosta ja heitetty villiin kaaokseen.

Ce n'était pas une vie ensoleillée et paresseuse, faite d'ennui et de repos.
Tämä ei ollut aurinkoista, laiskaa elämää tylsistyneenä ja levollisena.

Il n'y avait pas de paix, pas de repos, et pas un instant sans danger.
Ei ollut rauhaa, ei lepoa, eikä hetkeäkään ilman vaaraa.

La confusion régnait sur tout et le danger était toujours proche.
Hämmennys hallitsi kaikkea, ja vaara oli aina lähellä.

Buck devait rester vigilant car ces hommes et ces chiens étaient différents.
Buckin täytyi pysyä valppaana, koska nämä miehet ja koirat olivat erilaisia.

Ils n'étaient pas originaires des villes ; ils étaient sauvages et sans pitié.
He eivät olleet kotoisin kaupungeista; he olivat villejä ja armottomia.

Ces hommes et ces chiens ne connaissaient que la loi du gourdin et des crocs.
Nämä miehet ja koirat tunsivat vain kepin ja hampaiden lain.

Buck n'avait jamais vu de chiens se battre comme ces huskies sauvages.
Buck ei ollut koskaan nähnyt koirien taistelevan niin kuin nämä villit huskyt.
Sa première expérience lui a appris une leçon qu'il n'oublierait jamais.
Ensimmäinen kokemus opetti hänelle läksyn, jota hän ei koskaan unohtaisi.
Il a eu de la chance que ce ne soit pas lui, sinon il serait mort aussi.
Hän oli onnekas, ettei se ollut hän, tai hänkin olisi kuollut.
Curly était celui qui souffrait tandis que Buck regardait et apprenait.
Kihara kärsi, kun taas Buck katseli ja oppi.
Ils avaient installé leur campement près d'un magasin construit en rondins.
He olivat pystyttäneet leirin hirsistä rakennetun varaston lähelle.
Curly a essayé d'être amical avec un grand husky ressemblant à un loup.
Kihara yritti olla ystävällinen suurelle, suden kaltaiselle huskylle.
Le husky était plus petit que Curly, mais avait l'air sauvage et méchant.
Husky oli Kiharaa pienempi, mutta näytti villiltä ja ilkeältä.
Sans prévenir, il a sauté et lui a ouvert le visage.
Yhtäkkiä hän hyppäsi ja viilsi naisen kasvot auki.
Ses dents lui coupèrent l'œil jusqu'à sa mâchoire en un seul mouvement.
Hänen hampaansa leikkasivat yhdellä liikkeellä naisen silmästä leukaan.
C'est ainsi que les loups se battaient : ils frappaient vite et sautaient loin.
Näin sudet taistelivat – iskivät nopeasti ja hyppäsivät karkuun.
Mais il y avait plus à apprendre que de cette seule attaque.

Mutta opittavaa oli enemmän kuin vain tuosta yhdestä hyökkäyksestä.
Des dizaines de huskies se sont précipités et ont formé un cercle silencieux.
Kymmeniä huskyja ryntäsi sisään ja teki hiljaisen piirin.
Ils regardaient attentivement et se léchaient les lèvres avec faim.
He katselivat tarkasti ja nuolivat huuliaan nälkäisinä.
Buck ne comprenait pas leur silence ni leurs regards avides.
Buck ei ymmärtänyt heidän hiljaisuuttaan eikä heidän innokkaita katseitaan.
Curly s'est précipité pour attaquer le husky une deuxième fois.
Kihara ryntäsi hyökkäämään huskyn kimppuun toisen kerran.
Il a utilisé sa poitrine pour la renverser avec un mouvement puissant.
Hän käytti rintaansa lyödäkseen hänet kumoon voimakkaalla liikkeellä.
Elle est tombée sur le côté et n'a pas pu se relever.
Hän kaatui kyljelleen eikä päässyt enää ylös.
C'est ce que les autres attendaient depuis le début.
Sitähän muut olivat odottaneet koko ajan.
Les huskies ont sauté sur elle, hurlant et grognant avec frénésie.
Huskyt hyppäsivät hänen kimppuunsa raivokkaasti ulvoen ja muristen.
Elle a crié alors qu'ils l'enterraient sous un tas de chiens.
Hän huusi, kun hänet haudattiin koirakasan alle.
L'attaque fut si rapide que Buck resta figé sur place sous le choc.
Hyökkäys oli niin nopea, että Buck jähmettyi paikoilleen järkytyksestä.
Il vit Spitz tirer la langue d'une manière qui ressemblait à un rire.
Hän näki Spitzin työntävän kieltään ulos tavalla, joka kuulosti naurulta.

François a attrapé une hache et a couru droit vers le groupe de chiens.
François nappasi kirveen ja juoksi suoraan koiraparven kimppuun.
Trois autres hommes ont utilisé des gourdins pour aider à repousser les huskies.
Kolme muuta miestä käyttivät nuijia apunaan ajaakseen huskyt pois.
En seulement deux minutes, le combat était terminé et les chiens avaient disparu.
Vain kahdessa minuutissa taistelu oli ohi ja koirat olivat poissa.
Curly gisait morte dans la neige rouge et piétinée, son corps déchiré.
Kihara makasi kuolleena punaisessa, tallatussa lumessa, hänen ruumiinsa oli revitty kappaleiksi.
Un homme à la peau sombre se tenait au-dessus d'elle, maudissant la scène brutale.
Tummaihoinen mies seisoi hänen yläpuolellaan ja kirosi julmaa näkyä.
Le souvenir est resté avec Buck et a hanté ses rêves la nuit.
Muisto jäi Buckin mieleen ja kummitteli hänen unissaan öisin.
C'était comme ça ici : pas d'équité, pas de seconde chance.
Näin se täällä oli; ei reilua, ei toista mahdollisuutta.
Une fois qu'un chien tombait, les autres le tuaient sans pitié.
Kun koira kaatui, muut tappoivat sen armotta.
Buck décida alors qu'il ne se permettrait jamais de tomber.
Buck päätti silloin, ettei hän koskaan antaisi itsensä kaatua.
Spitz tira à nouveau la langue et rit du sang.
Spitz työnsi taas kielensä ulos ja nauroi verelle.
À partir de ce moment-là, Buck détesta Spitz de tout son cœur.
Siitä hetkestä lähtien Buck vihasi Spitziä koko sydämestään.

Avant que Buck ne puisse se remettre de la mort de Curly, quelque chose de nouveau s'est produit.

Ennen kuin Buck ehti toipua Kiharan kuolemasta, tapahtui jotain uutta.
François s'est approché et a attaché quelque chose autour du corps de Buck.
François tuli paikalle ja sitoi jotakin Buckin ympärille.
C'était un harnais comme ceux utilisés sur les chevaux du ranch.
Ne olivat samanlaiset valjaat kuin ne, joita käytetään hevosilla maatilalla.
Comme Buck avait vu les chevaux travailler, il devait maintenant travailler aussi.
Niin kuin Buck oli nähnyt hevosten työskentelevän, nyt hänetkin pakotettiin työskentelemään.
Il a dû tirer François sur un traîneau dans la forêt voisine.
Hänen täytyi vetää François reellä läheiseen metsään.
Il a ensuite dû ramener une lourde charge de bois de chauffage.
Sitten hänen täytyi vetää takaisin kuorma raskasta polttopuuta.
Buck était fier, donc cela lui faisait mal d'être traité comme un animal de travail.
Buck oli ylpeä, joten häntä satutti, että häntä kohdeltiin kuin työeläintä.
Mais il était sage et n'a pas essayé de lutter contre la nouvelle situation.
Mutta hän oli viisas eikä yrittänyt taistella uutta tilannetta vastaan.
Il a accepté sa nouvelle vie et a donné le meilleur de lui-même dans chaque tâche.
Hän hyväksyi uuden elämän ja antoi kaikkensa jokaisessa tehtävässä.
Tout ce qui concernait ce travail lui était étrange et inconnu.
Kaikki työssä oli hänelle outoa ja tuntematonta.
François était strict et exigeait l'obéissance sans délai.
François oli tiukka ja vaati tottelevaisuutta viipymättä.
Son fouet garantissait que chaque ordre soit exécuté immédiatement.

Hänen ruoskansa varmisti, että jokaista käskyä noudatettiin välittömästi.
Dave était le conducteur du traîneau, le chien le plus proche du traîneau derrière Buck.
Dave oli reenkuljettaja, koira lähimpänä rekeä Buckin takana.
Dave mordait Buck sur les pattes arrière s'il faisait une erreur.
Dave puri Buckia takajalkoihin, jos tämä oli tehnyt virheen.
Spitz était le chien de tête, compétent et expérimenté dans ce rôle.
Spitz oli johtava koira, taitava ja kokenut roolissaan.
Spitz ne pouvait pas atteindre Buck facilement, mais il le corrigea quand même.
Spitz ei päässyt helposti Buckin luo, mutta oikaisi häntä silti.
Il grognait durement ou tirait le traîneau d'une manière qui enseignait à Buck.
Hän murahti karkeasti tai veti rekeä tavoilla, jotka opettivat Buckia.
Grâce à cette formation, Buck a appris plus vite que ce qu'ils avaient imaginé.
Tämän koulutuksen avulla Buck oppi nopeammin kuin kukaan heistä odotti.
Il a travaillé dur et a appris de François et des autres chiens.
Hän työskenteli ahkerasti ja oppi sekä François'lta että muilta koirilta.
À leur retour, Buck connaissait déjà les commandes clés.
Palatessaan Buck oli jo osannut tärkeimmät komennot.
Il a appris à s'arrêter au son « ho » de François.
Hän oppi pysähtymään François'n kuullessa "ho".
Il a appris quand il a dû tirer le traîneau et courir.
Hän oppi, kun hänen piti vetää rekeä ja juosta.
Il a appris à tourner largement dans les virages du sentier sans difficulté.
Hän oppi kääntymään leveälle polun mutkissa ilman vaikeuksia.
Il a également appris à éviter Dave lorsque le traîneau descendait rapidement.

Hän oppi myös väistelemään Davea, kun kelkka meni nopeasti alamäkeen.

« Ce sont de très bons chiens », dit fièrement François à Perrault.

– Ne ovat oikein kilttejä koiria, François sanoi ylpeänä Perraultille.

« Ce Buck tire comme un dingue, je lui apprends vite fait. »

"Tuo Buck vetää kuin hemmetti – minä opetan hänelle kuin heinänteko."

Plus tard dans la journée, Perrault est revenu avec deux autres chiens husky.

Myöhemmin samana päivänä Perrault palasi kahden muun huskykoiran kanssa.

Ils s'appelaient Billee et Joe, et ils étaient frères.

Heidän nimensä olivat Billee ja Joe, ja he olivat veljeksiä.

Ils venaient de la même mère, mais ne se ressemblaient pas du tout.

He tulivat samasta äidistä, mutta eivät olleet lainkaan samanlaisia.

Billee était de nature douce et très amicale avec tout le monde.

Billee oli suloinen ja liian ystävällinen kaikkia kohtaan.

Joe était tout le contraire : calme, en colère et toujours en train de grogner.

Joe oli päinvastainen – hiljainen, vihainen ja aina muriseva.

Buck les a accueillis de manière amicale et s'est montré calme avec eux deux.

Buck tervehti heitä ystävällisesti ja oli rauhallinen molempia kohtaan.

Dave ne leur prêta aucune attention et resta silencieux comme d'habitude.

Dave ei kiinnittänyt heihin huomiota ja pysyi hiljaa kuten tavallista.

Spitz a attaqué d'abord Billee, puis Joe, pour montrer sa domination.

Spitz hyökkäsi ensin Billeen ja sitten Joen kimppuun osoittaakseen ylivoimansa.

Billee remua la queue et essaya d'être amical avec Spitz.
Billee heilutti häntäänsä ja yritti olla ystävällinen Spitzille.

Lorsque cela n'a pas fonctionné, il a essayé de s'enfuir à la place.
Kun sekään ei toiminut, hän yritti sen sijaan paeta.

Il a pleuré tristement lorsque Spitz l'a mordu fort sur le côté.
Hän itki surullisesti, kun Spitz puri häntä lujaa kylkeen.

Mais Joe était très différent et refusait d'être intimidé.
Mutta Joe oli hyvin erilainen eikä antanut kiusaamisen tulla hoidetuksi.

Chaque fois que Spitz s'approchait, Joe se retournait pour lui faire face rapidement.
Joka kerta kun Spitz tuli lähelle, Joe pyörähti nopeasti häntä kohti.

Sa fourrure se hérissa, ses lèvres se retroussèrent et ses dents claquèrent sauvagement.
Hänen turkkinsa nousi pystyyn, huulet käpertyivät ja hampaat napsahtivat villisti.

Les yeux de Joe brillaient de peur et de rage, défiant Spitz de frapper.
Joen silmät loistivat pelosta ja raivosta, kun hän uhkasi Spitziä iskemään.

Spitz abandonna le combat et se détourna, humilié et en colère.
Spitz luovutti taistelun ja kääntyi poispäin, nöyryytettynä ja vihaisena.

Il a déversé sa frustration sur le pauvre Billee et l'a chassé.
Hän purkasi turhautumistaan raukaan Billeeen ja ajoi tämän pois.

Ce soir-là, Perrault ajouta un chien de plus à l'équipe.
Sinä iltana Perrault lisäsi joukkueeseen yhden koiran lisää.

Ce chien était vieux, maigre et couvert de cicatrices de guerre.
Tämä koira oli vanha, laiha ja täynnä taisteluarpia.

L'un de ses yeux manquait, mais l'autre brillait de puissance.
Toinen hänen silmästään puuttui, mutta toinen loisti voimakkaasti.
Le nom du nouveau chien était Solleks, ce qui signifiait « celui qui est en colère ».
Uuden koiran nimi oli Solleks, joka tarkoitti Vihaista.
Comme Dave, Solleks ne demandait rien aux autres et ne donnait rien en retour.
Daven tavoin Solleks ei pyytänyt mitään muilta eikä antanut mitään takaisin.
Lorsque Solleks entra lentement dans le camp, même Spitz resta à l'écart.
Kun Solleks käveli hitaasti leiriin, jopa Spitz pysyi poissa.
Il avait une étrange habitude que Buck a eu la malchance de découvrir.
Hänellä oli outo tapa, jonka Buck valitettavasti löysi.
Solleks détestait qu'on l'approche du côté où il était aveugle.
Solleks vihasi sitä, että häntä lähestyttiin siltä puolelta, jolla hän oli sokea.
Buck ne le savait pas et a fait cette erreur par accident.
Buck ei tiennyt tätä ja teki tuon virheen vahingossa.
Solleks se retourna et frappa l'épaule de Buck profondément et rapidement.
Solleks pyörähti ympäri ja viilsi Buckin olkapäätä syvään ja nopeasti.
À partir de ce moment, Buck ne s'est plus jamais approché du côté aveugle de Solleks.
Siitä hetkestä lähtien Buck ei koskaan päässyt Solleksin sokkopuolelle.
Ils n'ont plus jamais eu de problèmes pendant le reste de leur temps ensemble.
Heillä ei ollut enää koskaan ongelmia loppuaikanaan yhdessä.
Solleks voulait seulement être laissé seul, comme le calme Dave.
Solleks halusi vain olla rauhassa, kuten hiljainen Dave.

Mais Buck apprendra plus tard qu'ils avaient chacun un autre objectif secret.
Mutta Buck saisi myöhemmin tietää, että heillä molemmilla oli toinen salainen tavoite.
Cette nuit-là, Buck a dû faire face à un nouveau défi troublant : comment dormir.
Sinä yönä Buck kohtasi uuden ja häiritsevän haasteen – miten nukkua.
La tente brillait chaleureusement à la lumière des bougies dans le champ enneigé.
Teltta hohti lämpimästi kynttilänvalossa lumisilla niityillä.
Buck entra, pensant qu'il pourrait se reposer là comme avant.
Buck käveli sisään ajatellen, että hän voisi levätä siellä kuten ennenkin.
Mais Perrault et François lui criaient dessus et lui jetaient des casseroles.
Mutta Perrault ja François huusivat hänelle ja heittelivät pannuja.
Choqué et confus, Buck s'est enfui dans le froid glacial.
Järkyttyneenä ja hämmentyneenä Buck juoksi ulos jäätävään kylmyyteen.
Un vent glacial piquait son épaule blessée et lui gelait les pattes.
Karva tuuli kirpaisi hänen haavoittunutta olkapäätään ja jäädytti hänen tassunsa.
Il s'est allongé dans la neige et a essayé de dormir à la belle étoile.
Hän makasi lumessa ja yritti nukkua ulkona.
Mais le froid l'obligea bientôt à se relever, tremblant terriblement.
Mutta kylmyys pakotti hänet pian nousemaan takaisin ylös, täristen pahasti.
Il erra dans le camp, essayant de trouver un endroit plus chaud.
Hän vaelteli leirin läpi yrittäen löytää lämpimämpää paikkaa.
Mais chaque coin était aussi froid que le précédent.

Mutta jokainen nurkka oli yhtä kylmä kuin edellinen.
Parfois, des chiens sauvages sautaient sur lui dans l'obscurité.
Joskus villikoirat hyppäsivät hänen kimppuunsa pimeydestä.
Buck hérissa sa fourrure, montra ses dents et grogna en signe d'avertissement.
Buck nosti turkkinsa pystyyn, paljasti hampaansa ja murahti varoittavasti.
Il apprenait vite et les autres chiens reculaient rapidement.
Hän oppi nopeasti, ja muut koirat perääntyivät nopeasti.
Il n'avait toujours pas d'endroit où dormir et ne savait pas quoi faire.
Silti hänellä ei ollut paikkaa nukkua, eikä aavistustakaan, mitä tehdä.
Finalement, une pensée lui vint : aller voir ses coéquipiers.
Viimein hänelle tuli mieleen ajatus – tarkistaa joukkuetoverinsa.
Il est retourné dans leur région et a été surpris de les trouver partis.
Hän palasi heidän alueelleen ja yllättyi huomatessaan heidän lähteneen.
Il chercha à nouveau dans le camp, mais ne parvint toujours pas à les trouver.
Hän etsi leiriä uudelleen, mutta ei vieläkään löytänyt heitä.
Il savait qu'ils ne pouvaient pas être dans la tente, sinon il le serait aussi.
Hän tiesi, etteivät he voisivat olla teltassa, tai hänkin olisi.
Alors, où étaient passés tous les chiens dans ce camp gelé ?
Minne kaikki koirat olivat menneet tässä jäätyneessä leirissä?
Buck, froid et misérable, tournait lentement autour de la tente.
Kylmänä ja kurjana Buck kiersi hitaasti teltan ympäri.
Soudain, ses pattes avant s'enfoncèrent dans la neige molle et le surprit.
Yhtäkkiä hänen etujalkansa upposivat pehmeään lumeen ja säikäyttivät hänet.

Quelque chose se tortilla sous ses pieds et il sursauta en arrière, effrayé.
Jokin värähti hänen jalkojensa alla, ja hän hyppäsi peloissaan taaksepäin.
Il grogna et grogna, ne sachant pas ce qui se cachait sous la neige.
Hän murahti ja ärähti tietämättä, mitä lumen alla oli.
Puis il entendit un petit aboiement amical qui apaisa sa peur.
Sitten hän kuuli ystävällisen pienen haukun, joka lievitti hänen pelkoaan.
Il renifla l'air et s'approcha pour voir ce qui était caché.
Hän nuuhki ilmaa ja tuli lähemmäs nähdäkseen, mitä piilossa oli.
Sous la neige, recroquevillée en boule chaude, se trouvait la petite Billee.
Lumen alla, lämpimäksi palloksi käpertyneenä, oli pieni Billee.
Billee remua la queue et lécha le visage de Buck pour le saluer.
Billee heilutti häntäänsä ja nuoli Buckin kasvoja tervehtiäkseen tätä.
Buck a vu comment Billee avait fabriqué un endroit pour dormir dans la neige.
Buck näki, kuinka Billee oli tehnyt nukkumapaikan lumeen.
Il avait creusé et utilisé sa propre chaleur pour rester au chaud.
Hän oli kaivanut alas ja käyttänyt omaa lämpöään pysyäkseen lämpimänä.
Buck avait appris une autre leçon : c'est ainsi que les chiens dormaient.
Buck oli oppinut taas läksyn – näin koirat nukkuivat.
Il a choisi un endroit et a commencé à creuser son propre trou dans la neige.
Hän valitsi paikan ja alkoi kaivaa kuoppaa lumeen.
Au début, il bougeait trop et gaspillait de l'énergie.
Aluksi hän liikkui liikaa ja tuhlasi energiaa.

Mais bientôt son corps réchauffa l'espace et il se sentit en sécurité.
Mutta pian hänen kehonsa lämmitti tilan, ja hän tunsi olonsa turvalliseksi.
Il se recroquevilla étroitement et, peu de temps après, il s'endormit profondément.
Hän käpertyi tiukasti kasaan ja unessa pian.
La journée avait été longue et dure, et Buck était épuisé.
Päivä oli ollut pitkä ja raskas, ja Buck oli uupunut.
Il dormait profondément et confortablement, même si ses rêves étaient fous.
Hän nukkui sikeästi ja mukavasti, vaikka hänen unensa olivatkin villejä.
Il grognait et aboyait dans son sommeil, se tordant pendant qu'il rêvait.
Hän murisi ja haukkui unissaan, vääntäen itseään unissaan.

Buck ne s'est réveillé que lorsque le camp était déjà en train de prendre vie.
Buck ei herännyt ennen kuin leiri oli jo heräämässä eloon.
Au début, il ne savait pas où il était ni ce qui s'était passé.
Aluksi hän ei tiennyt missä oli tai mitä oli tapahtunut.
La neige était tombée pendant la nuit et avait complètement enseveli son corps.
Yön aikana satoi lunta, joka hautasi hänen ruumiinsa kokonaan alleen.
La neige se pressait autour de lui, serrée de tous côtés.
Lumi painautui tiukasti hänen ympärilleen joka puolelta.
Soudain, une vague de peur traversa tout le corps de Buck.
Yhtäkkiä pelon aalto pyyhkäisi Buckin läpi koko kehon.
C'était la peur d'être piégé, une peur venue d'instincts profonds.
Se oli pelko jäädä loukkuun, syvistä vaistoista kumpuava pelko.
Bien qu'il n'ait jamais vu de piège, la peur vivait en lui.
Vaikka hän ei ollut koskaan nähnyt ansaa, pelko asui hänen sisällään.

C'était un chien apprivoisé, mais maintenant ses vieux instincts sauvages se réveillaient.
Hän oli kesy koira, mutta nyt hänen vanhat villit vaistonsa olivat heräämässä.
Les muscles de Buck se tendirent et sa fourrure se dressa sur tout son dos.
Buckin lihakset jännittyivät ja hänen karvansa nousi pystyyn kaikkialle selkään.
Il grogna férocement et bondit droit dans la neige.
Hän murahti raivokkaasti ja hyppäsi suoraan ylös lumen läpi.
La neige volait dans toutes les directions alors qu'il faisait irruption dans la lumière du jour.
Lumi lensi joka suuntaan hänen syöksyessään päivänvaloon.
Avant même d'atterrir, Buck vit le camp s'étendre devant lui.
Jo ennen maihinnousua Buck näki leirin levittäytyvän edessään.
Il se souvenait de tout ce qui s'était passé la veille, d'un seul coup.
Hän muisti kaiken edelliseltä päivältä, kaikki kerralla.
Il se souvenait d'avoir flâné avec Manuel et d'avoir fini à cet endroit.
Hän muisti kävelyretkensä Manuelin kanssa ja päätyneensä tähän paikkaan.
Il se souvenait avoir creusé le trou et s'être endormi dans le froid.
Hän muisti kaivaneensa kuopan ja nukahtaneensa kylmään.
Maintenant, il était réveillé et le monde sauvage qui l'entourait était clair.
Nyt hän oli hereillä, ja villi maailma hänen ympärillään oli selkeä.
Un cri de François salua l'apparition soudaine de Buck.
François'n huuto tervehti Buckin äkillistä ilmestymistä.
« Qu'est-ce que j'ai dit ? » cria le conducteur du chien à Perrault.
"Mitä minä sanoin?" koirankuljettaja huusi äänekkäästi Perraultille.
« Ce Buck apprend vraiment très vite », a ajouté François.

"Tuo Buck oppii kyllä todella nopeasti", François lisäsi.
Perrault hocha gravement la tête, visiblement satisfait du résultat.
Perrault nyökkäsi vakavasti, selvästi tyytyväisenä lopputulokseen.
En tant que courrier pour le gouvernement canadien, il transportait des dépêches.
Kanadan hallituksen kuriirina hän kuljetti lähetyksiä.
Il était impatient de trouver les meilleurs chiens pour son importante mission.
Hän halusi kovasti löytää parhaat koirat tärkeään tehtäväänsä varten.
Il se sentait particulièrement heureux maintenant que Buck faisait partie de l'équipe.
Hän oli nyt erityisen iloinen siitä, että Buck oli osa joukkuetta.
Trois autres huskies ont été ajoutés à l'équipe en une heure.
Tunnin sisällä joukkueeseen lisättiin kolme huskya lisää.
Cela porte le nombre total de chiens dans l'équipe à neuf.
Tämä nosti joukkueen koirien kokonaismäärän yhdeksään.
En quinze minutes, tous les chiens étaient dans leurs harnais.
Viidentoista minuutin kuluessa kaikki koirat olivat valjaissaan.
L'équipe de traîneaux remontait le sentier en direction du canyon de Dyea.
Rekikunta keinui polkua pitkin kohti Dyea Cañonia.
Buck était heureux de partir, même si le travail à venir était difficile.
Buck oli iloinen päästessään lähtemään, vaikka edessä oleva työ olikin raskasta.
Il s'est rendu compte qu'il ne détestait pas particulièrement le travail ou le froid.
Hän huomasi, ettei erityisesti halveksinut työtä tai kylmyyttä.
Il a été surpris par l'empressement qui a rempli toute l'équipe.
Hän yllättyi innosta, joka täytti koko joukkueen.

Encore plus surprenant fut le changement qui s'était produit chez Dave et Solleks.
Vielä yllättävämpää oli muutos, joka oli tapahtunut Davelle ja Solleksille.
Ces deux chiens étaient complètement différents lorsqu'ils étaient attelés.
Nämä kaksi koiraa olivat täysin erilaisia valjaina.
Leur passivité et leur manque d'intérêt avaient complètement disparu.
Heidän passiivisuutensa ja välinpitämättömyytensä olivat täysin kadonneet.
Ils étaient alertes et actifs, et désireux de bien faire leur travail.
He olivat valppaita ja aktiivisia ja innokkaita tekemään työnsä hyvin.
Ils s'irritaient violemment à tout ce qui pouvait provoquer un retard ou une confusion.
He ärtyivät rajusti kaikesta, mikä aiheutti viivästystä tai hämmennystä.
Le travail acharné sur les rênes était le centre de tout leur être.
Ohjien parissa tehty kova työ oli niiden koko olemuksen keskipiste.
Tirer un traîneau semblait être la seule chose qu'ils appréciaient vraiment.
Pulkanveto tuntui olevan ainoa asia, josta he todella nauttivat.
Dave était à l'arrière du groupe, le plus proche du traîneau lui-même.
Dave oli ryhmän takana, lähimpänä itse rekeä.
Buck a été placé devant Dave, et Solleks a dépassé Buck.
Buck asetettiin Daven eteen, ja Solleks veti Buckin edelle.
Le reste des chiens était aligné devant eux en file indienne.
Loput koirat ajettiin eteenpäin yhtenä jonona.
La position de tête à l'avant était occupée par Spitz.
Johtoaseman eturintamassa täytti Spitz.
Buck avait été placé entre Dave et Solleks pour l'instruction.
Buck oli asetettu Daven ja Solleksin väliin opetusta varten.

Il apprenait vite et ils étaient des professeurs fermes et compétents.
Hän oppi nopeasti, ja he olivat lujia ja kyvykkäitä opettajia.
Ils n'ont jamais permis à Buck de rester longtemps dans l'erreur.
He eivät koskaan antaneet Buckin pysyä harhakuvitelmissa pitkään.
Ils ont enseigné leurs leçons avec des dents acérées quand c'était nécessaire.
He opettivat läksyjään terävillä hampailla tarvittaessa.
Dave était juste et faisait preuve d'une sagesse calme et sérieuse.
Dave oli oikeudenmukainen ja osoitti hiljaista, vakavaa viisautta.
Il n'a jamais mordu Buck sans une bonne raison de le faire.
Hän ei koskaan purrut Buckia ilman hyvää syytä.
Mais il n'a jamais manqué de mordre lorsque Buck avait besoin d'être corrigé.
Mutta hän puri aina, kun Buck tarvitsi ojennusta.
Le fouet de François était toujours prêt et soutenait leur autorité.
François'n ruoska oli aina valmiina ja tuki heidän auktoriteettiaan.
Buck a vite compris qu'il valait mieux obéir que riposter.
Buck huomasi pian, että oli parempi totella kuin taistella vastaan.
Un jour, lors d'un court repos, Buck s'est emmêlé dans les rênes.
Kerran lyhyen lepotauon aikana Buck sotkeutui ohjaksiin.
Il a retardé le départ et a perturbé le mouvement de l'équipe.
Hän viivästytti lähtöä ja sekoitti joukkueen liikkeen.
Dave et Solleks se sont jetés sur lui et lui ont donné une raclée.
Dave ja Solleks hyökkäsivät hänen kimppuunsa ja antoivat hänelle rajuja selkäsaunoja.
L'enchevêtrement n'a fait qu'empirer, mais Buck a bien appris sa leçon.

Tilanne vain paheni, mutta Buck oppi läksynsä hyvin.
Dès lors, il garda les rênes tendues et travailla avec soin.
Siitä lähtien hän piti ohjat kireinä ja työskenteli huolellisesti.
Avant la fin de la journée, Buck avait maîtrisé une grande partie de sa tâche.
Ennen päivän päättymistä Buck oli jo hallinnut suuren osan tehtävästään.
Ses coéquipiers ont presque arrêté de le corriger ou de le mordre.
Hänen joukkuetoverinsa melkein lakkasivat korjaamasta tai puremasta häntä.
Le fouet de François claquait de moins en moins souvent dans l'air.
François'n ruoska rätisi ilmassa yhä harvemmin.
Perrault a même soulevé les pieds de Buck et a soigneusement examiné chaque patte.
Perrault jopa nosti Buckin jalat ja tutki huolellisesti jokaista käpälää.
Cela avait été une journée de course difficile, longue et épuisante pour eux tous.
Se oli ollut rankka juoksupäivä, pitkä ja uuvuttava heille kaikille.
Ils remontèrent le Cañon, traversèrent Sheep Camp et passèrent devant les Scales.
He kulkivat Cañonia ylös, Sheep Campin läpi ja Scalesin ohi.
Ils ont traversé la limite des forêts, puis des glaciers et des congères de plusieurs mètres de profondeur.
He ylittivät metsänrajan, sitten jäätiköt ja monien metrien syvyiset kinokset.
Ils ont escaladé la grande et froide chaîne de montagnes Chilkoot Divide.
He kiipesivät suuren kylmän ja luotaantyöntävän Chilkootin kuilun yli.
Cette haute crête se dressait entre l'eau salée et l'intérieur gelé.
Tuo korkea harjanne seisoi suolaisen veden ja jäätyneen sisämaan välissä.

Les montagnes protégeaient le Nord triste et solitaire avec de la glace et des montées abruptes.
Vuoret vartioivat surullista ja yksinäistä pohjoista jään ja jyrkkien nousujen avulla.
Ils ont parcouru à bon rythme une longue chaîne de lacs en aval de la ligne de partage des eaux.
He etenivät hyvää vauhtia pitkää järviketjua pitkin vedenjakajan alapuolella.
Ces lacs remplissaient les anciens cratères de volcans éteints.
Nuo järvet täyttivät sammuneiden tulivuorten muinaiset kraatterit.
Tard dans la nuit, ils atteignirent un grand camp au bord du lac Bennett.
Myöhään sinä iltana he saapuivat suureen leiriin Bennett-järvellä.
Des milliers de chercheurs d'or étaient là, construisant des bateaux pour le printemps.
Tuhansia kullankaivajia oli siellä rakentamassa veneitä kevääksi.
La glace allait bientôt se briser et ils devaient être prêts.
Jäät lähtisivät pian, ja heidän oli oltava valmiita.
Buck creusa son trou dans la neige et tomba dans un profond sommeil.
Buck kaivoi kuoppansa lumeen ja vaipui syvään uneen.
Il dormait comme un ouvrier, épuisé par une dure journée de travail.
Hän nukkui kuin työmies, uupunut raskaan työpäivän jälkeen.
Mais trop tôt dans l'obscurité, il fut tiré de son sommeil.
Mutta liian aikaisin pimeydessä hänet revittiin unesta.
Il fut à nouveau attelé avec ses compagnons et attaché au traîneau.
Hänet valjastettiin jälleen tovereidensa kanssa ja kiinnitettiin rekeen.
Ce jour-là, ils ont parcouru quarante milles, car la neige était bien battue.

Sinä päivänä he kulkivat neljäkymmentä mailia, koska lumi
oli hyvin tallattua.
**Le lendemain, et pendant plusieurs jours après, la neige était
molle.**
Seuraavana päivänä ja monta päivää sen jälkeen lumi oli
pehmeää.
**Ils ont dû faire le chemin eux-mêmes, en travaillant plus dur
et en avançant plus lentement.**
Heidän täytyi itse kulkea polku, työskennellä kovemmin ja
liikkua hitaammin.
**Habituellement, Perrault marchait devant l'équipe avec des
raquettes palmées.**
Yleensä Perrault käveli joukkueen edellä räpylöillä
varustetuissa lumikengissä.
**Ses pas ont compacté la neige, facilitant ainsi le déplacement
du traîneau.**
Hänen askeleensa pakkasivat lumen, mikä helpotti kelkan
liikkumista.
François, qui dirigeait depuis le mât, prenait parfois le relais.
François, joka ohjasi ohjaustangosta, otti joskus ohjat käsiinsä.
Mais il était rare que François prenne les devants
Mutta oli harvinaista, että François otti johdon
parce que Perrault était pressé de livrer les lettres et les colis.
koska Perraultilla oli kiire toimittaa kirjeet ja paketit.
**Perrault était fier de sa connaissance de la neige, et surtout
de la glace.**
Perrault oli ylpeä lumen ja erityisesti jään tuntemuksestaan.
**Cette connaissance était essentielle, car la glace d'automne
était dangereusement mince.**
Tuo tieto oli välttämätöntä, koska syksyn jää oli vaarallisen
ohutta.
**Là où l'eau coulait rapidement sous la surface, il n'y avait
pas du tout de glace.**
Siellä missä vesi virtasi nopeasti pinnan alla, ei ollut lainkaan
jäätä.

Jour après jour, la même routine se répétait sans fin.

Päivästä toiseen sama rutiini toistui loputtomasti.
Buck travaillait sans relâche sur les rênes, de l'aube jusqu'à la nuit.
Buck uurasti loputtomasti ohjaksissa aamusta iltaan.
Ils quittèrent le camp dans l'obscurité, bien avant le lever du soleil.
He lähtivät leiristä pimeässä, kauan ennen auringonnousua.
Au moment où le jour se leva, ils avaient déjà parcouru de nombreux kilomètres.
Päivän koittaessa oli jo monta kilometriä takana päin.
Ils ont installé leur campement après la tombée de la nuit, mangeant du poisson et creusant dans la neige.
He pystyttivät leirin pimeän tultua, söivät kalaa ja kaivautuivat lumeen.
Buck avait toujours faim et n'était jamais vraiment satisfait de sa ration.
Buck oli aina nälkäinen eikä koskaan täysin tyytyväinen annokseensa.
Il recevait une livre et demie de saumon séché chaque jour.
Hän sai puolitoista paunaa kuivattua lohta joka päivä.
Mais la nourriture semblait disparaître en lui, laissant la faim derrière elle.
Mutta ruoka tuntui haihtuvan hänen sisältä, jättäen jälkeensä nälän.
Il souffrait constamment de la faim et rêvait de plus de nourriture.
Hän kärsi jatkuvasta nälän tunteesta ja haaveili lisää ruoasta.
Les autres chiens n'ont pris qu'une livre, mais ils sont restés forts.
Muut koirat saivat vain puoli kiloa ruokaa, mutta ne pysyivät vahvoina.
Ils étaient plus petits et étaient nés dans le mode de vie du Nord.
He olivat pienempiä ja syntyneet pohjoiseen elämään.
Il perdit rapidement la méticulosité qui avait marqué son ancienne vie.

Hän menetti nopeasti sen pikkumaisuuden, joka oli leimannut hänen vanhaa elämäänsä.
Il avait été un mangeur délicat, mais maintenant ce n'était plus possible.
Hän oli ollut herkkusuu, mutta nyt se ei ollut enää mahdollista.
Ses camarades ont terminé premiers et lui ont volé sa ration inachevée.
Hänen toverinsa söivät ensin ja ryöstivät häneltä hänen keskeneräisen annoksensa.
Une fois qu'ils ont commencé, il n'y avait aucun moyen de défendre sa nourriture contre eux.
Kun he olivat alkaneet, ei ollut mitään keinoa puolustaa hänen ruokaansa heiltä.
Pendant qu'il combattait deux ou trois chiens, les autres volaient le reste.
Hänen torjuessaan kaksi tai kolme koiraa, muut varastivat loput.
Pour résoudre ce problème, il a commencé à manger aussi vite que les autres.
Korjatakseen tämän hän alkoi syödä yhtä nopeasti kuin muutkin.
La faim le poussait tellement qu'il prenait même de la nourriture qui n'était pas la sienne.
Nälkä ajoi häntä niin kovasti, että hän otti jopa ruokaa, joka ei ollut hänen omaansa.
Il observait les autres et apprenait rapidement de leurs actions.
Hän tarkkaili muita ja oppi nopeasti heidän teoistaan.
Il a vu Pike, un nouveau chien, voler une tranche de bacon à Perrault.
Hän näki Piken, uuden koiran, varastavan pekonisiivun Perraultilta.
Pike avait attendu que Perrault ait le dos tourné pour voler le bacon.
Pike oli odottanut, kunnes Perrault olisi kääntänyt selkänsä, ennen kuin varasti pekonin.

Le lendemain, Buck a copié Pike et a volé tout le morceau.
Seuraavana päivänä Buck matki Piken ja varasti koko möykyn.
Un grand tumulte s'ensuivit, mais Buck ne fut pas suspecté.
Seurasi suuri meteli, mutta Buckia ei epäilty.
Dub, un chien maladroit qui se faisait toujours prendre, a été puni à la place.
Dub, kömpelö koira, joka aina jäi kiinni, rangaistiin sen sijaan.
Ce premier vol a fait de Buck un chien apte à survivre dans le Nord.
Tuo ensimmäinen varkaus teki Buckin koiraksi, joka selviää Pohjoisessa.
Il a montré qu'il pouvait s'adapter à de nouvelles conditions et apprendre rapidement.
Hän osoitti kykynsä sopeutua uusiin olosuhteisiin ja oppia nopeasti.
Sans une telle adaptabilité, il serait mort rapidement et gravement.
Ilman tällaista sopeutumiskykyä hän olisi kuollut nopeasti ja pahasti.
Cela a également marqué l'effondrement de sa nature morale et de ses valeurs passées.
Se merkitsi myös hänen moraalisen luonteensa ja aiempien arvojensa romahtamista.
Dans le Southland, il avait vécu sous la loi de l'amour et de la bonté.
Etelämaissa hän oli elänyt rakkauden ja ystävällisyyden lain alaisena.
Là, il était logique de respecter la propriété et les sentiments des autres chiens.
Siellä oli järkevää kunnioittaa omaisuutta ja muiden koirien tunteita.
Mais le Northland suivait la loi du gourdin et la loi du croc.
Mutta Pohjola noudatti nuijan ja hampaiden lakia.
Quiconque respectait les anciennes valeurs ici était stupide et échouerait.

Se, joka täällä kunnioitti vanhoja arvoja, oli tyhmä ja epäonnistuisi.
Buck n'a pas réfléchi à tout cela dans son esprit.
Buck ei ollut miettinyt kaikkea tätä mielessään.
Il était en forme et s'est donc adapté sans avoir besoin de réfléchir.
Hän oli hyvässä kunnossa, joten hän sopeutui ajattelematta.
De toute sa vie, il n'avait jamais fui un combat.
Koko elämänsä aikana hän ei ollut koskaan paennut taistelua.
Mais la massue en bois de l'homme au pull rouge a changé cette règle.
Mutta punapaitaisen miehen puinen nuija muutti tuon säännön.
Il suivait désormais un code plus profond et plus ancien, inscrit dans son être.
Nyt hän noudatti syvempää, vanhempaa olemukseensa kirjoitettua koodia.
Il ne volait pas par plaisir, mais par faim.
Hän ei varastanut nautinnosta, vaan nälän tuskasta.
Il n'a jamais volé ouvertement, mais il a volé avec ruse et prudence.
Hän ei koskaan ryöstänyt avoimesti, vaan varasti ovelasti ja varovasti.
Il a agi par respect pour la massue en bois et par peur du croc.
Hän toimi kunnioituksesta puista nuijaa kohtaan ja pelosta hampaita kohtaan.
En bref, il a fait ce qui était plus facile et plus sûr que de ne pas le faire.
Lyhyesti sanottuna hän teki sen, mikä oli helpompaa ja turvallisempaa kuin tekemättä jättäminen.
Son développement – ou peut-être son retour à ses anciens instincts – fut rapide.
Hänen kehityksensä – tai kenties paluunsa vanhoihin vaistoihinsa – oli nopeaa.
Ses muscles se durcirent jusqu'à devenir aussi forts que du fer.

Hänen lihaksensa kovettuivat, kunnes ne tuntuivat raudan vahvoilta.
Il ne se souciait plus de la douleur, à moins qu'elle ne soit grave.
Hän ei enää välittänyt kivusta, ellei se ollut vakavaa.
Il est devenu efficace à l'intérieur comme à l'extérieur, ne gaspillant rien du tout.
Hänestä tuli tehokas sekä sisäisesti että ulkoisesti, eikä hän tuhlannut mitään.
Il pouvait manger des choses viles, pourries ou difficiles à digérer.
Hän saattoi syödä pahaa, mätää tai vaikeasti sulavaa ruokaa.
Quoi qu'il mange, son estomac utilisait jusqu'au dernier morceau de valeur.
Mitä tahansa hän söi, hänen vatsansa käytti loppuun viimeisenkin arvokkaan palan.
Son sang transportait les nutriments loin dans son corps puissant.
Hänen verensä kuljetti ravinteet pitkälle hänen voimakkaassa kehossaan.
Cela a créé des tissus solides qui lui ont donné une endurance incroyable.
Tämä rakensi vahvoja kudoksia, jotka antoivat hänelle uskomattoman kestävyyden.
Sa vue et son odorat sont devenus beaucoup plus sensibles qu'avant.
Hänen näkönsä ja hajuaistinsa herkistyivät huomattavasti.
Son ouïe est devenue si fine qu'il pouvait détecter des sons faibles pendant son sommeil.
Hänen kuulonsa terävöityi niin paljon, että hän pystyi kuulemaan heikkoja ääniä unissaan.
Il savait dans ses rêves si les sons signifiaient sécurité ou danger.
Hän tiesi unissaan, merkitsivätkö äänet turvallisuutta vai vaaraa.
Il a appris à mordre la glace entre ses orteils avec ses dents.
Hän oppi puremaan hampaillaan jäätä varpaidensa välissä.

Si un point d'eau gelait, il brisait la glace avec ses jambes.
Jos vesikuoppa jäätyi umpeen, hän rikkoi jään jaloillaan.
Il se cabra et frappa violemment la glace avec ses membres antérieurs raides.
Hän nousi selkäänsä ja iski jäykillä etujaloillaan lujaa jäätä vasten.
Sa capacité la plus frappante était de prédire les changements de vent pendant la nuit.
Hänen huomattavin kykynsä oli ennustaa tuulen muutoksia yön aikana.
Même lorsque l'air était calme, il choisissait des endroits abrités du vent.
Vaikka ilma oli tyyni, hän valitsi tuulelta suojaisia paikkoja.
Partout où il creusait son nid, le vent du lendemain le passait à côté de lui.
Minne ikinä hän pesänsä kaivoikin, seuraavan päivän tuuli puhalsi hänen ohitseen.
Il finissait toujours par se blottir et se protéger, sous le vent.
Hän päätyi aina mukavaan ja suojaiseen paikkaan, tuulensuojaan.
Buck n'a pas seulement appris par l'expérience : son instinct est également revenu.
Buck ei oppinut ainoastaan kokemuksen kautta – myös hänen vaistonsa palasivat.
Les habitudes des générations domestiquées ont commencé à disparaître.
Kesytettyjen sukupolvien tavat alkoivat hiipua.
De manière vague, il se souvenait des temps anciens de sa race.
Hän muisti hämärästi rotunsa menneet ajat.
Il repensa à l'époque où les chiens sauvages couraient en meute dans les forêts.
Hän muisteli aikaa, jolloin villikoirat juoksivat laumoina metsien halki.
Ils avaient poursuivi et tué leur proie en la poursuivant.
Ne olivat jahdanneet ja tappaneet saaliinsa juostessaan sitä pitkin.

Il était facile pour Buck d'apprendre à se battre avec force et rapidité.
Buckin oli helppo oppia taistelemaan hampaiden ja nopeuden voimin.
Il utilisait des coupures, des entailles et des coups rapides, tout comme ses ancêtres.
Hän käytti viiltoja, viiltoja ja nopeita iskuja aivan kuten esi-isänsä.
Ces ancêtres se sont réveillés en lui et ont réveillé sa nature sauvage.
Nuo esi-isät liikkuivat hänen sisällään ja herättivät hänen villin luontonsa.
Leurs anciennes compétences lui avaient été transmises par le sang.
Heidän vanhat taitonsa olivat siirtyneet häneen suvun kautta.
Leurs tours étaient désormais à lui, sans besoin de pratique ni d'effort.
Heidän temppunsa olivat nyt hänen, ilman harjoittelua tai vaivannäköä.

Lors des nuits calmes et froides, Buck levait le nez et hurlait.
Tyyninä, kylminä öinä Buck nosti kuonoaan ja ulvoi.
Il hurla longuement et profondément, comme le faisaient les loups autrefois.
Hän ulvoi pitkään ja syvään, aivan kuten sudet olivat tehneet kauan sitten.
À travers lui, ses ancêtres morts pointaient leur nez et hurlaient.
Hänen kauttaan hänen kuolleet esi-isänsä osoittivat nenäänsä ja ulvoivat.
Ils ont hurlé à travers les siècles avec sa voix et sa forme.
Ne ulvoivat läpi vuosisatojen hänen äänellään ja hahmollaan.
Ses cadences étaient les leurs, de vieux cris qui parlaient de chagrin et de froid.
Hänen rytminsä oli heidän, vanhoja huutoja, jotka kertoivat surusta ja kylmyydestä.
Ils chantaient l'obscurité, la faim et le sens de l'hiver.

He lauloivat pimeydestä, nälästä ja talven merkityksestä.
Buck a prouvé que la vie est façonnée par des forces qui nous dépassent.
Buck todisti, kuinka elämää muokkaavat ihmisen itsensä ulkopuolella olevat voimat,
L'ancienne chanson s'éleva à travers Buck et s'empara de son âme.
Muinainen laulu kohosi Buckin läpi ja valtasi hänen sielunsa.
Il s'est retrouvé parce que les hommes avaient trouvé de l'or dans le Nord.
Hän löysi itsensä, koska miehet olivat löytäneet kultaa pohjoisesta.
Et il s'est retrouvé parce que Manuel, l'aide du jardinier, avait besoin d'argent.
Ja hän huomasi olevansa tässä tilanteessa, koska puutarhurin apulainen Manuel tarvitsi rahaa.

La Bête Primordiale Dominante
Hallitseva alkukantainen peto

La bête primordiale dominante était aussi forte que jamais en Buck.
Hallitseva alkukantainen peto oli Buckissa yhtä vahva kuin aina ennenkin.
Mais la bête primordiale dominante sommeillait en lui.
Mutta hallitseva alkukantainen peto oli uinunut hänessä.
La vie sur le sentier était dure, mais elle renforçait la bête qui sommeillait en Buck.
Polkuelämä oli ankaraa, mutta se vahvisti Buckin sisällä olevaa petoa.
Secrètement, la bête devenait de plus en plus forte chaque jour.
Salaa peto vahvistui päivä päivältä vahvemmaksi ja vahvemmaksi.
Mais cette croissance intérieure est restée cachée au monde extérieur.
Mutta tuo sisäinen kasvu pysyi piilossa ulkomaailmalta.
Une force primordiale, calme et tranquille, se construisait à l'intérieur de Buck.
Hiljainen ja tyyni alkukantainen voima rakentui Buckin sisällä.
Une nouvelle ruse a donné à Buck l'équilibre, le calme, le contrôle et l'équilibre.
Uusi viekkaus antoi Buckille tasapainoa, tyyneyttä ja itsevarmuutta.
Buck s'est concentré sur son adaptation, sans jamais se sentir complètement détendu.
Buck keskittyi kovasti sopeutumiseen, eikä koskaan tuntenut oloaan täysin rentoutuneeksi.
Il évitait les conflits, ne déclenchait jamais de bagarres et ne cherchait jamais les ennuis.
Hän vältti konflikteja, ei koskaan aloittanut tappeluita eikä etsinyt ongelmia.

Une réflexion lente et constante façonnait chaque mouvement de Buck.
Hidas, tasainen harkitsevaisuus muovasi Buckin jokaista liikettä.
Il évitait les choix irréfléchis et les décisions soudaines et imprudentes.
Hän vältti harkitsemattomia valintoja ja äkkipikaisia, harkitsemattomia päätöksiä.
Bien que Buck détestait profondément Spitz, il ne lui montrait aucune agressivité.
Vaikka Buck vihasi Spitziä syvästi, hän ei osoittanut hänelle aggressiivisuutta.
Buck n'a jamais provoqué Spitz et a gardé ses actions contenues.
Buck ei koskaan provosoinut Spitziä ja piti toimintansa hillittyä.
Spitz, de son côté, sentait le danger grandissant chez Buck.
Spitz puolestaan aisti Buckissa kasvavan vaaran.
Il considérait Buck comme une menace et un sérieux défi à son pouvoir.
Hän näki Buckin uhkana ja vakavana haasteena vallalleen.
Il profitait de chaque occasion pour grogner et montrer ses dents acérées.
Hän käytti jokaisen tilaisuuden murahtaakseen ja näyttääkseen terävät hampaansa.
Il essayait de déclencher le combat mortel qui devait avoir lieu.
Hän yritti aloittaa kuolettavan taistelun, jonka oli määrä tulla.
Au début du voyage, une bagarre a failli éclater entre eux.
Matkan alussa heidän välilleen melkein puhkesi tappelu.
Mais un accident inattendu a empêché le combat d'avoir lieu.
Mutta odottamaton onnettomuus esti taistelun.
Ce soir-là, ils installèrent leur campement sur le lac Le Barge, extrêmement froid.
Sinä iltana he pystyttivät leirin purevan kylmälle Le Barge - järvelle.

La neige tombait fort et le vent soufflait comme un couteau.
Lunta satoi kovaa ja tuuli viilsi kuin veitsi.
La nuit était venue trop vite et l'obscurité les entourait.
Yö oli tullut liian nopeasti, ja pimeys ympäröi heidät.
Ils n'auraient pas pu choisir un pire endroit pour se reposer.
He tuskin olisivat voineet valita huonompaa lepopaikkaa.
Les chiens cherchaient désespérément un endroit où se coucher.
Koirat etsivät epätoivoisesti paikkaa, johon voisivat levätä.
Un haut mur de roche s'élevait abruptement derrière le petit groupe.
Korkea kallioseinämä kohosi jyrkästi pienen ryhmän takana.
La tente avait été laissée à Dyea pour alléger la charge.
Teltta oli jätetty Dyeaan kuorman keventämiseksi.
Ils n'avaient pas d'autre choix que d'allumer le feu sur la glace elle-même.
Heillä ei ollut muuta vaihtoehtoa kuin tehdä tuli itse jäälle.
Ils étendent leurs robes de nuit directement sur le lac gelé.
He levittivät makuuvaatteensa suoraan jäätyneelle järvelle.
Quelques bâtons de bois flotté leur ont donné un peu de feu.
Muutama ajopuun oksa antoi heille hieman tulta.
Mais le feu s'est allumé sur la glace et a fondu à travers elle.
Mutta tuli tehtiin jään päälle ja sulatettiin sen läpi.
Finalement, ils mangeaient leur dîner dans l'obscurité.
Lopulta he söivät illallistaan pimeässä.
Buck s'est recroquevillé près du rocher, à l'abri du vent froid.
Buck käpertyi kallion viereen suojaan kylmältä tuulelta.
L'endroit était si chaud et sûr que Buck détestait déménager.
Paikka oli niin lämmin ja turvallinen, että Buck vihasi muuttaa pois.
Mais François avait réchauffé le poisson et distribuait les rations.
Mutta François oli lämmittänyt kalat ja jakoi annoksia.
Buck finit de manger rapidement et retourna dans son lit.
Buck söi nopeasti loppuun ja palasi sänkyynsä.
Mais Spitz était maintenant allongé là où Buck avait fait son lit.

Mutta Spitz makasi nyt siinä paikassa, johon Buck oli tehnyt vuoteensa.
Un grognement sourd avertit Buck que Spitz refusait de bouger.
Matala murahdus varoitti Buckia, että Spitz kieltäytyi liikkumasta.
Jusqu'à présent, Buck avait évité ce combat avec Spitz.
Tähän asti Buck oli välttellyt tätä taistelua Spitzin kanssa.
Mais au plus profond de Buck, la bête s'est finalement libérée.
Mutta syvällä Buckin sisällä peto lopulta pääsi valloilleen.
Le vol de son lieu de couchage était trop difficile à tolérer.
Hänen nukkumapaikkansa varastaminen oli liikaa siedettäväksi.
Buck se lança sur Spitz, plein de colère et de rage.
Buck syöksyi Spitziä kohti täynnä vihaa ja raivoa.
Jusqu'à présent, Spitz pensait que Buck n'était qu'un gros chien.
Siihen asti Spitz oli pitänyt Buckia vain isona koirana.
Il ne pensait pas que Buck avait survécu grâce à son esprit.
Hän ei uskonut Buckin selvinneen hengissä.
Il s'attendait à la peur et à la lâcheté, pas à la fureur et à la vengeance.
Hän odotti pelkoa ja pelkuruutta, ei raivoa ja kostoa.
François regarda les deux chiens sortir du nid en ruine.
François tuijotti, kun molemmat koirat syöksyivät ulos raunioituneesta pesästä.
Il comprit immédiatement ce qui avait déclenché cette lutte sauvage.
Hän ymmärsi heti, mikä oli aloittanut villin taistelun.
« Aa-ah ! » s'écria François en soutien au chien brun.
"Aa-ah!" François huudahti ruskean koiran tueksi.
« Frappez-le ! Par Dieu, punissez ce voleur sournois ! »
"Antakaa hänelle selkäsauna! Jumalan nimeen, rankaiskaa tuota salakavalaa varasta!"
Spitz a montré une volonté égale et une impatience folle de se battre.

Spitz osoitti yhtäläistä taisteluvalmiutta ja villiä taisteluintoa.
Il cria de rage tout en tournant rapidement en rond, cherchant une ouverture.
Hän huusi raivoissaan kiertäen nopeasti ympäri etsien aukkoa.
Buck a montré la même soif de combat et la même prudence.
Buck osoitti samaa taistelunhalua ja samaa varovaisuutta.
Il a également encerclé son adversaire, essayant de prendre le dessus dans la bataille.
Hän kiersi myös vastustajansa ympäri yrittäen saada yliotteen taistelussa.
Puis quelque chose d'inattendu s'est produit et a tout changé.
Sitten tapahtui jotain odottamatonta ja muutti kaiken.
Ce moment a retardé l'éventuelle lutte pour le leadership.
Tuo hetki viivästytti lopullista taistelua johtajuudesta.
De nombreux kilomètres de piste et de lutte attendaient encore avant la fin.
Monta kilometriä polkua ja kamppailua odotti vielä ennen loppua.
Perrault cria un juron tandis qu'une massue frappait un os.
Perrault kirosi, kun nuija osui luuhun.
Un cri aigu de douleur suivit, puis le chaos explosa tout autour.
Seurasi terävä tuskan kiljahdus, minkä jälkeen ympärillä räjähti kaaos.
Des formes sombres se déplaçaient dans le camp ; des huskies sauvages, affamés et féroces.
Tummia hahmoja liikkui leirissä; villejä huskyjä, nälkäisiä ja raivokkaita.
Quatre ou cinq douzaines de huskies avaient reniflé le camp de loin.
Neljä tai viisi tusinaa huskya oli nuuhkinut leirin kaukaa.
Ils s'étaient glissés discrètement pendant que les deux chiens se battaient à proximité.
Ne olivat hiipineet sisään hiljaa kahden koiran tapellessa lähistöllä.

François et Perrault chargèrent en brandissant des massues sur les envahisseurs.
François ja Perrault hyökkäsivät hyökkääjiä kohti heilutellen nuijia.
Les huskies affamés ont montré les dents et ont riposté avec frénésie.
Nälkäiset huskyt näyttivät hampaitaan ja taistelivat raivokkaasti takaisin.
L'odeur de la viande et du pain les avait chassés de toute peur.
Lihan ja leivän tuoksu oli ajanut heidät pois kaikesta pelosta.
Perrault battait un chien qui avait enfoui sa tête dans la boîte à nourriture.
Perrault hakkasi koiran, joka oli hautannut päänsä eväslaatikkoon.
Le coup a été violent et la boîte s'est retournée, la nourriture s'est répandue.
Isku oli kova, ja laatikko pyörähti ympäri ja ruoka läikkyi ulos.
En quelques secondes, une vingtaine de bêtes sauvages déchirèrent le pain et la viande.
Sekunneissa kymmenkunta villieläintä repi leipää ja lihaa.
Les gourdin masculins ont porté coup sur coup, mais aucun chien ne s'est détourné.
Miesten mailat laskeutuivat isku iskun perään, mutta yksikään koira ei kääntynyt pois.
Ils hurlaient de douleur, mais se battaient jusqu'à ce qu'il ne reste plus de nourriture.
Ne ulvoivat tuskissaan, mutta taistelivat, kunnes ruoka loppui.
Pendant ce temps, les chiens de traîneau avaient sauté de leurs lits enneigés.
Sillä välin rekikoirat olivat hypänneet lumipeitteisiltä vuoteiltaan.
Ils ont été immédiatement attaqués par les huskies vicieux et affamés.
Ilkeät, nälkäiset huskyt hyökkäsivät heidän kimppuunsa välittömästi.

Buck n'avait jamais vu de créatures aussi sauvages et affamées auparavant.
Buck ei ollut koskaan ennen nähnyt niin villejä ja nälkäisiä olentoja.
Leur peau pendait librement, cachant à peine leur squelette.
Heidän ihonsa roikkui löysänä, peittäen tuskin heidän luurankojaan.
Il y avait un feu dans leurs yeux, de faim et de folie
Heidän silmissään oli tuli, nälästä ja hulluudesta
Il n'y avait aucun moyen de les arrêter, aucune résistance à leur ruée sauvage.
Heitä ei voinut pysäyttää; heidän rajua rynnäkkyttäänsä ei voinut vastustaa.
Les chiens de traîneau furent repoussés, pressés contre la paroi de la falaise.
Rekikoirat työnnettiin taaksepäin ja painautuivat kallioseinämää vasten.
Trois huskies ont attaqué Buck en même temps, déchirant sa chair.
Kolme huskyä hyökkäsi Buckin kimppuun kerralla repimällä hänen lihaansa.
Du sang coulait de sa tête et de ses épaules, là où il avait été coupé.
Verta valui hänen päästään ja hartioistaan, joihin hän oli haavoittunut.
Le bruit remplissait le camp : grognements, cris et cris de douleur.
Melu täytti leirin; murinaa, kiljahduksia ja tuskanhuutoja.
Billee pleurait fort, comme d'habitude, prise dans la mêlée et la panique.
Billee itki kovaan ääneen, kuten tavallista, hämmennyksen ja paniikin keskellä.
Dave et Solleks se tenaient côte à côte, saignant mais provocants.
Dave ja Solleks seisoivat vierekkäin verta vuotaen mutta uhmakkaasti.

Joe s'est battu comme un démon, mordant tout ce qui s'approchait.
Joe taisteli kuin demoni ja puri kaikkea lähelle tulevaa.
Il a écrasé la jambe d'un husky d'un claquement brutal de ses mâchoires.
Hän murskasi huskyn jalan yhdellä raa'alla leukojen napsautuksella.
Pike a sauté sur le husky blessé et lui a brisé le cou instantanément.
Pike hyppäsi haavoittuneen huskyn selkään ja taitti sen niskansa välittömästi.
Buck a attrapé un husky par la gorge et lui a déchiré la veine.
Buck otti koiran kurkusta kiinni ja repi sen suonen poikki.
Le sang gicla et le goût chaud poussa Buck dans une frénésie.
Verta suihkusi, ja lämmin maku sai Buckin raivon valtaan.
Il s'est jeté sur un autre agresseur sans hésitation.
Hän hyökkäsi epäröimättä toisen hyökkääjän kimppuun.
Au même moment, des dents acérées s'enfoncèrent dans la gorge de Buck.
Samalla hetkellä terävät hampaat iskeytyivät Buckin omaan kurkkuun.
Spitz avait frappé de côté, attaquant sans avertissement.
Spitz oli iskenyt sivulta hyökännyt varoittamatta.
Perrault et François avaient vaincu les chiens en volant la nourriture.
Perrault ja François olivat kukistaneet ruokaa varastaneet koirat.
Ils se sont alors précipités pour aider leurs chiens à repousser les attaquants.
Nyt he kiiruhtivat auttamaan koiriaan torjumaan hyökkääjät.
Les chiens affamés se retirèrent tandis que les hommes brandissaient leurs gourdins.
Nälkäiset koirat perääntyivät miesten heiluttaessa nuijiaan.
Buck s'est libéré de l'attaque, mais l'évasion a été brève.
Buck vapautui hyökkäyksestä, mutta pako oli lyhyt.

Les hommes ont couru pour sauver leurs chiens, et les huskies ont de nouveau afflué.
Miehet juoksivat pelastamaan koiriaan, ja huskyt parveilivat taas.
Billee, effrayé et courageux, sauta dans la meute de chiens.
Pelästyneenä ja rohkeaksi muuttunut Billee hyppäsi koiralaumaan.
Mais il s'est alors enfui sur la glace, saisi de terreur et de panique.
Mutta sitten hän pakeni jään yli, raa'an kauhun ja paniikin vallassa.
Pike et Dub suivaient de près, courant pour sauver leur vie.
Pike ja Dub seurasivat aivan perässä juosten henkensä edestä.
Le reste de l'équipe s'est séparé et dispersé, les suivant.
Loput joukkueesta hajosivat ja seurasivat heitä.
Buck rassembla ses forces pour courir, mais vit alors un éclair.
Buck keräsi voimansa juostakseen, mutta näki sitten välähdyksen.
Spitz s'est jeté sur le côté de Buck, essayant de le faire tomber au sol.
Spitz syöksyi Buckin viereen ja yritti kaataa hänet maahan.
Sous cette foule de huskies, Buck n'aurait eu aucune échappatoire.
Tuon huskylauman alta Buckilla ei olisi ollut pakomatkaa.
Mais Buck est resté ferme et s'est préparé au coup de Spitz.
Mutta Buck seisoi lujana ja valmistautui Spitzin iskuun.
Puis il s'est retourné et a couru sur la glace avec l'équipe en fuite.
Sitten hän kääntyi ja juoksi jäälle pakenevan joukkueen kanssa.

Plus tard, les neuf chiens de traîneau se sont rassemblés à l'abri des bois.
Myöhemmin yhdeksän rekikoiraa kokoontui metsän suojaan.
Personne ne les poursuivait plus, mais ils étaient battus et blessés.

Kukaan ei enää ajanut heitä takaa, mutta he olivat
ruhjoutuneita ja haavoittuneita.
**Chaque chien avait des blessures ; quatre ou cinq coupures
profondes sur chaque corps.**
Jokaisella koiralla oli haavoja; neljä tai viisi syvää haavaa
jokaisen ruumiissa.
**Dub avait une patte arrière blessée et avait du mal à marcher
maintenant.**
Dubilla oli takajalan vamma, ja hän pystyi nyt vaikeasti
kävelemään.
Dolly, le nouveau chien de Dyea, avait la gorge tranchée.
Dollylla, Dyean uusimmalla koiralla, oli viilto kurkku auki.
**Joe avait perdu un œil et l'oreille de Billee était coupée en
morceaux**
Joe oli menettänyt silmänsä ja Billeen korva oli palasina
**Tous les chiens ont crié de douleur et de défaite toute la
nuit.**
Kaikki koirat itkivät tuskissaan ja tappiostaan läpi yön.
À l'aube, ils retournèrent au camp, endoloris et brisés.
Aamun koittaessa he hiipivät takaisin leiriin kipeinä ja
rikkinäisinä.
Les huskies avaient disparu, mais le mal était fait.
Huskyt olivat kadonneet, mutta vahinko oli jo tapahtunut.
**Perrault et François étaient de mauvaise humeur à cause de
la ruine.**
Perrault ja François seisoivat pahalla tuulella raunioiden
äärellä.
**La moitié de la nourriture avait disparu, volée par les
voleurs affamés.**
Puolet ruoasta oli mennyt, nälkäiset varkaat olivat ryöstäneet
sen.
**Les huskies avaient déchiré les fixations et la toile du
traîneau.**
Huskyt olivat repineet auki reen siteet ja purjekankaan.
**Tout ce qui avait une odeur de nourriture avait été
complètement dévoré.**
Kaikki, missä oli ruoan tuoksua, oli ahmittu täysin.

Ils ont mangé une paire de bottes de voyage en peau d'élan de Perrault.
He söivät parin Perraultin hirvennahkaiset matkasaappaat.
Ils ont mâché des reis en cuir et ruiné des sangles au point de les rendre inutilisables.
He pureskelivat nahkareikkejä ja pilasivat hihnat käyttökelvottomiksi.
François cessa de fixer le fouet déchiré pour vérifier les chiens.
François lakkasi tuijottamasta revittyä raipannarua tarkistaakseen koirat.
« Ah, mes amis », dit-il d'une voix basse et pleine d'inquiétude.
– Voi, ystäväni, hän sanoi matalalla ja huolestuneella äänellä.
« Peut-être que toutes ces morsures vous transformeront en bêtes folles. »
"Ehkä kaikki nämä puremat tekevät teistä hulluja petoja."
« Peut-être que ce sont tous des chiens enragés, sacredam ! Qu'en penses-tu, Perrault ? »
"Ehkä kaikki hullut koirat, pyhä Jumala! Mitä mieltä sinä olet, Perrault?"
Perrault secoua la tête, les yeux sombres d'inquiétude et de peur.
Perrault pudisti päätään, silmät synkkinä huolesta ja pelosta.
Il y avait encore quatre cents milles entre eux et Dawson.
Heidän ja Dawsonin välillä oli vielä neljäsataa mailia.
La folie canine pourrait désormais détruire toute chance de survie.
Koirahulluus voi nyt tuhota kaikki selviytymismahdollisuudet.
Ils ont passé deux heures à jurer et à essayer de réparer le matériel.
He kiroilivat ja yrittivät korjata varusteita kaksi tuntia.
L'équipe blessée a finalement quitté le camp, brisée et vaincue.
Haavoittunut joukkue lähti lopulta leiristä murtuneena ja lyötynä.

C'était le sentier le plus difficile jusqu'à présent, et chaque pas était douloureux.
Tämä oli tähän mennessä vaikein polku, ja jokainen askel oli tuskallinen.
La rivière Thirty Mile n'était pas gelée et coulait à flots.
Kolmenkymmenen mailin joki ei ollut jäätynyt ja virtasi villisti.
Ce n'est que dans les endroits calmes et les tourbillons que la glace parvenait à tenir.
Jää pysyi pystyssä vain tyynissä paikoissa ja pyörteissä.
Six jours de dur labeur se sont écoulés jusqu'à ce que les trente milles soient parcourus.
Kuusi päivää kovaa työtä kului, kunnes kolmekymmentä mailia oli ajettu.
Chaque kilomètre parcouru sur le sentier apportait du danger et une menace de mort.
Jokainen kilometri polulla toi mukanaan vaaran ja kuoleman uhan.
Les hommes et les chiens risquaient leur vie à chaque pas douloureux.
Miehet ja koirat vaaransivat henkensä jokaisella tuskallisella askeleella.
Perrault a franchi des ponts de glace minces à une douzaine de reprises.
Perrault murtautui ohuiden jääsiltojen läpi kymmenkunta eri kertaa.
Il portait une perche et la laissait tomber sur le trou que son corps avait fait.
Hän kantoi seipäätä ja pudotti sen ruumiinsa tekemän reiän yli.
Plus d'une fois, ce poteau a sauvé Perrault de la noyade.
Useammin kuin kerran tuo seiväs pelasti Perraultin hukkumiselta.
La vague de froid persistait, l'air était à cinquante degrés en dessous de zéro.
Kylmä jakso pysyi voimissaan, ilma oli viisikymmentä astetta pakkasta.

Chaque fois qu'il tombait, Perrault devait allumer un feu pour survivre.
Joka kerta kun Perrault putosi veteen, hänen täytyi sytyttää tuli selviytyäkseen.

Les vêtements mouillés gelaient rapidement, alors il les séchait près d'une source de chaleur intense.
Märät vaatteet jäätyivät nopeasti, joten hän kuivasi ne paahtavan kuumassa paikassa.

Aucune peur n'a jamais touché Perrault, et cela a fait de lui un courrier.
Pelko ei koskaan koskettanut Perraultia, ja se teki hänestä lähetin.

Il a été choisi pour le danger, et il l'a affronté avec une résolution tranquille.
Hänet valittiin vaaraan, ja hän kohtasi sen hiljaisella päättäväisyydellä.

Il s'avança face au vent, son visage ratatiné et gelé.
Hän painautui eteenpäin tuuleen, hänen kurttuiset kasvonsa paleltuneita.

De l'aube naissante à la tombée de la nuit, Perrault les mena en avant.
Heikkosta aamunkoitosta iltaan Perrault johdatti heitä eteenpäin.

Il marchait sur une étroite bordure de glace qui se fissurait à chaque pas.
Hän käveli kapealla jäänreunalla, joka halkeili joka askeleella.

Ils n'osaient pas s'arrêter : chaque pause risquait de provoquer un effondrement mortel.
He eivät uskaltaneet pysähtyä – jokainen tauko uhkasi kuolettavaa romahdusta.

Un jour, le traîneau s'est brisé, entraînant Dave et Buck à l'intérieur.
Kerran reki murtui läpi ja veti Daven ja Buckin sisään.

Au moment où ils ont été libérés, tous deux étaient presque gelés.
Siihen mennessä, kun heidät saatiin irti, molemmat olivat lähes jäässä.

Les hommes ont rapidement allumé un feu pour garder Buck et Dave en vie.
Miehet tekivät nopeasti tulen pitääkseen Buckin ja Daven hengissä.
Les chiens étaient recouverts de glace du nez à la queue, raides comme du bois sculpté.
Koirat olivat kuonosta hännänpäähän jään peitossa, jäykkinä kuin veistetty puu.
Les hommes les faisaient courir en rond près du feu pour décongeler leurs corps.
Miehet pyörittivät niitä ympyrää tulen lähellä sulattaakseen niiden ruumiit.
Ils se sont approchés si près des flammes que leur fourrure a été brûlée.
Ne tulivat niin lähelle liekkejä, että niiden turkki kärventyi.
Spitz a ensuite brisé la glace, entraînant l'équipe derrière lui.
Seuraavaksi Spitz murtautui jään läpi vetäen joukkueen perässään.
La cassure s'est étendue jusqu'à l'endroit où Buck tirait.
Tauko ulottui aina siihen kohtaan, missä Buck veti.
Buck se pencha en arrière, ses pattes glissant et tremblant sur le bord.
Buck nojasi lujaa taaksepäin, tassut lipsuivat ja tärisivät reunalla.
Dave a également tendu vers l'arrière, juste derrière Buck sur la ligne.
Dave ponnisteli myös taaksepäin, aivan Buckin taakse linjalla.
François tirait sur le traîneau, ses muscles craquant sous l'effort.
François veti rekeä perässään, hänen lihaksensa naksuivat ponnisteluista.
Une autre fois, la glace du bord s'est fissurée devant et derrière le traîneau.
Toisella kerralla reunajää halkeili kelkan edessä ja takana.
Ils n'avaient d'autre issue que d'escalader une paroi rocheuse gelée.

Heillä ei ollut muuta pakotietä kuin kiivetä jäätynyttä kallioseinämää pitkin.
Perrault a réussi à escalader le mur, mais un miracle l'a maintenu en vie.
Perrault jotenkin kiipesi muurin yli; ihme piti hänet hengissä.
François resta en bas, priant pour avoir le même genre de chance.
François pysyi alhaalla ja rukoili samanlaista onnea.
Ils ont attaché chaque sangle, chaque amarrage et chaque traçage en une seule longue corde.
He sitoivat jokaisen hihnan, kiinnityslenkin ja narun yhdeksi pitkäksi köydeksi.
Les hommes ont hissé chaque chien, un par un, jusqu'au sommet.
Miehet raahasivat koirat yksi kerrallaan ylös.
François est monté en dernier, après le traîneau et toute la charge.
François kiipesi viimeisenä, reen ja koko kuorman jälkeen.
Commença alors une longue recherche d'un chemin pour descendre des falaises.
Sitten alkoi pitkä etsintä polulle alas kallioilta.
Ils sont finalement descendus en utilisant la même corde qu'ils avaient fabriquée.
Lopulta he laskeutuivat käyttäen samaa köyttä, jonka olivat tehneet.
La nuit tombait alors qu'ils retournaient au lit de la rivière, épuisés et endoloris.
Yön laskeutuessa he palasivat joenuomaan uupuneina ja kipeinä.
La journée entière ne leur avait permis de gagner qu'un quart de mile.
He olivat käyttäneet kokonaisen päivän vain neljännesmailin taittamiseen.
Au moment où ils atteignirent le Hootalinqua, Buck était épuisé.
Siihen mennessä kun he saapuivat Hootalinquaan, Buck oli uupunut.

Les autres chiens ont tout autant souffert des conditions du sentier.
Muut koirat kärsivät aivan yhtä pahasti polun olosuhteista.
Mais Perrault avait besoin de récupérer du temps et les poussait chaque jour.
Mutta Perraultin piti saada lisää aikaa, ja hän painosti heitä eteenpäin joka päivä.
Le premier jour, ils ont parcouru trente miles jusqu'à Big Salmon.
Ensimmäisenä päivänä he matkustivat viisikymmentä mailia Big Salmoniin.
Le lendemain, ils parcoururent trente-cinq milles jusqu'à Little Salmon.
Seuraavana päivänä he matkustivat viisikymmentäviisi mailia Little Salmoniin.
Le troisième jour, ils ont parcouru quarante longs kilomètres gelés.
Kolmantena päivänä he puskivat läpi neljäkymmentä pitkää, jäistä mailia.
À ce moment-là, ils approchaient de la colonie de Five Fingers.
Siihen mennessä he olivat lähestymässä Viiden Sormen asutusta.

Les pieds de Buck étaient plus doux que les pieds durs des huskies indigènes.
Buckin jalat olivat pehmeämmät kuin paikallisten huskyjen kovat jalat.
Ses pattes étaient devenues plus fragiles au fil des générations civilisées.
Hänen käpälänsä olivat käyneet herkiksi monien sivistyneiden sukupolvien aikana.
Il y a longtemps, ses ancêtres avaient été apprivoisés par des hommes de la rivière ou des chasseurs.
Kauan sitten jokimiehet tai metsästäjät olivat kesyttäneet hänen esi-isänsä.

Chaque jour, Buck boitait de douleur, marchant sur des pattes à vif et douloureuses.
Joka päivä Buck ontui tuskissa kävellen raaoilla, kipeillä tassuilla.
Au camp, Buck tomba comme une forme sans vie sur la neige.
Leiripaikalla Buck kaatui kuin eloton hahmo lumeen.
Bien qu'affamé, Buck ne s'est pas levé pour manger son repas du soir.
Vaikka Buck oli nälkäinen, hän ei noussut syömään iltapalaansa.
François apporta sa ration à Buck, en déposant du poisson près de son museau.
François toi Buckille annoksensa ja asetti kaloja tämän kuonon kohdalta.
Chaque nuit, le chauffeur frottait les pieds de Buck pendant une demi-heure.
Joka ilta kuljettaja hieroi Buckin jalkoja puoli tuntia.
François a même découpé ses propres mocassins pour en faire des chaussures pour chiens.
François jopa leikkasi omat mokkasiininsa koiran kenkien valmistamiseksi.
Quatre chaussures chaudes ont apporté à Buck un grand et bienvenu soulagement.
Neljä lämmintä kenkää toivat Buckille suuren ja tervetulleen helpotuksen.
Un matin, François oublia ses chaussures et Buck refusa de se lever.
Eräänä aamuna François unohti kengät, eikä Buck suostunut nousemaan.
Buck était allongé sur le dos, les pieds en l'air, les agitant pitoyablement.
Buck makasi selällään, jalat ilmassa, ja heilutti niitä säälittävästi.
Même Perrault sourit à la vue de l'appel dramatique de Buck.
Perraultkin virnisti nähdessään Buckin dramaattisen pyynnön.

Bientôt, les pieds de Buck devinrent durs et les chaussures purent être jetées.
Pian Buckin jalat kovettuivat, ja kengät voitiin heittää pois.
À Pelly, pendant le temps du harnais, Dolly laissait échapper un hurlement épouvantable.
Pellyn luona, valjaiden käyttöaikana, Dolly päästi hirvittävän ulvonnan.
Le cri était long et rempli de folie, secouant chaque chien.
Huuto oli pitkä ja täynnä hulluutta, vapisten jokaista koiraa.
Chaque chien se hérissait de peur sans en connaître la raison.
Jokainen koira irvisti pelosta tietämättä syytä.
Dolly était devenue folle et s'était jetée directement sur Buck.
Dolly oli tullut hulluksi ja heittäytynyt suoraan Buckin kimppuun.
Buck n'avait jamais vu la folie, mais l'horreur remplissait son cœur.
Buck ei ollut koskaan nähnyt hulluutta, mutta kauhu täytti hänen sydämensä.
Sans réfléchir, il se retourna et s'enfuit, complètement paniqué.
Ajattelematta mitään hän kääntyi ja pakeni täydellisessä paniikissa.
Dolly le poursuivit, les yeux fous, la salive s'échappant de ses mâchoires.
Dolly ajoi häntä takaa villit silmät, sylki valuen leuoista.
Elle est restée juste derrière Buck, sans jamais gagner ni reculer.
Hän pysytteli aivan Buckin takana, ei koskaan saavuttanut eikä perääntynyt.
Buck courut à travers les bois, le long de l'île, sur de la glace déchiquetée.
Buck juoksi metsien läpi, alas saarta, yli rosoisen jään.
Il traversa vers une île, puis une autre, revenant vers la rivière.

Hän ylitti joen ensin saarelle, sitten toiselle ja kiersi takaisin joelle.

Dolly le poursuivait toujours, son grognement le suivant de près à chaque pas.

Dolly ajoi häntä yhä takaa, murina tiukasti kannoilla joka askeleella.

Buck pouvait entendre son souffle et sa rage, même s'il n'osait pas regarder en arrière.

Buck kuuli hänen hengityksensä ja raivonsa, vaikka hän ei uskaltanut katsoa taakseen.

François cria de loin, et Buck se tourna vers la voix.

François huusi kaukaa, ja Buck kääntyi ääntä kohti.

Encore à bout de souffle, Buck courut, plaçant tout espoir en François.

Yhä henkeä haukkoen Buck juoksi ohi pannen kaiken toivonsa Françoisiin.

Le conducteur du chien leva une hache et attendit que Buck passe à toute vitesse.

Koira-ajaja nosti kirveen ja odotti Buckin lentävän ohi.

La hache s'abattit rapidement et frappa la tête de Dolly avec une force mortelle.

Kirves iski nopeasti ja osui Dollyn päähän tappavalla voimalla.

Buck s'est effondré près du traîneau, essoufflé et incapable de bouger.

Buck lyyhistyi reen lähelle, hengitti hengästyneenä ja kykenemättömänä liikkumaan.

Ce moment a donné à Spitz l'occasion de frapper un ennemi épuisé.

Tuo hetki antoi Spitzille tilaisuuden iskeä uupuneeseen viholliseen.

Il a mordu Buck à deux reprises, déchirant la chair jusqu'à l'os blanc.

Hän puri Buckia kahdesti repien lihaa valkoista luuta myöten.

Le fouet de François claqua, frappant Spitz avec toute sa force et sa fureur.

François'n ruoska paukahti ja iski Spitziä täydellä, raivokkaalla voimalla.

Buck regarda avec joie Spitz recevoir sa raclée la plus dure jusqu'à présent.

Buck katseli ilolla, kun Spitz sai ankarimman selkäsaunan tähän mennessä.

« C'est un diable, ce Spitz », murmura sombrement Perrault pour lui-même.

"Hän on pirulainen tuo Spitz", mutisi Perrault synkästi itsekseen.

« Un jour prochain, ce maudit chien tuera Buck, je le jure. »

"Jonain päivänä pian tuo kirottu koira tappaa Buckin – vannon sen."

« Ce Buck a deux démons en lui », répondit François en hochant la tête.

– Tuossa Buckissa on kaksi paholaista, François vastasi nyökäten.

« Quand je regarde Buck, je sais que quelque chose de féroce l'attend. »

"Kun katson Buckia, tiedän, että hänessä odottaa jotain hurjaa."

« Un jour, il deviendra fou comme le feu et mettra Spitz en pièces. »

"Jonain päivänä hän suuttuu kuin tuli ja repii Spitzin kappaleiksi."

« Il va mâcher ce chien et le recracher sur la neige gelée. »

"Hän pureskelee koiran ja sylkee sen jäätyneelle lumelle."

« Bien sûr que non, je le sais au plus profond de moi. »

"Tiedän tämän kyllä syvällä sisimmässäni, aivan varmasti."

À partir de ce moment-là, les deux chiens étaient engagés dans une guerre.

Siitä hetkestä lähtien koirat olivat sodassa keskenään.

Spitz a dirigé l'équipe et a conservé le pouvoir, mais Buck a contesté cela.

Spitz johti joukkuetta ja piti valtaa hallussaan, mutta Buck haastoi sen.

Spitz a vu son rang menacé par cet étrange étranger du Sud.

Spitz näki arvovaltansa uhattuna tämän oudon etelämaalaisen muukalaisen vuoksi.
Buck ne ressemblait à aucun autre chien du sud que Spitz avait connu auparavant.
Buck oli erilainen kuin mikään etelän koira, jonka Spitz oli aiemmin tuntenut.
La plupart d'entre eux ont échoué, trop faibles pour survivre au froid et à la faim.
Useimmat heistä epäonnistuivat – liian heikkoja selviytyäkseen kylmästä ja nälästä.
Ils sont morts rapidement à cause du travail, du gel et de la lenteur de la famine.
He kuolivat nopeasti työn, pakkasen ja nälänhädän hitaan polttamisen alle.
Buck se démarquait : plus fort, plus intelligent et plus sauvage chaque jour.
Buck erottui muista – päivä päivältä vahvempana, älykkäämpänä ja villimpänä.
Il a prospéré dans les difficultés, grandissant jusqu'à égaler les huskies du Nord.
Hän viihtyi vaikeuksissa ja kasvoi pohjoisen huskyjen tasolle.
Buck avait de la force, une habileté sauvage et un instinct patient et mortel.
Buckilla oli voimaa, hurjaa taitoa ja kärsivällinen, tappava vaisto.
L'homme avec la massue avait fait perdre à Buck toute témérité.
Mies pamppu kädessään oli lyönyt Buckin ulos harkitsemattomuudellaan.
La fureur aveugle avait disparu, remplacée par une ruse silencieuse et un contrôle.
Sokea raivo oli poissa, tilalle tuli hiljainen oveluus ja itsehillintä.
Il attendait, calme et primitif, guettant le bon moment.
Hän odotti, tyynenä ja alkukantaisena, tähyillen oikeaa hetkeä.
Leur lutte pour le commandement est devenue inévitable et claire.

Heidän taistelunsa komennosta kävi väistämättömäksi ja selväksi.
Buck désirait être un leader parce que son esprit l'exigeait.
Buck halusi johtajuutta, koska hänen henkensä sitä vaati.
Il était poussé par l'étrange fierté née du sentier et du harnais.
Häntä ajoi eteenpäin omituinen ylpeys, joka syntyi polun ja valjaiden synnyttämästä vaelluksesta.
Cette fierté a poussé les chiens à tirer jusqu'à ce qu'ils s'effondrent sur la neige.
Tuo ylpeys sai koirat vetämään, kunnes ne lysähtivät lumeen.
L'orgueil les a poussés à donner toute la force qu'ils avaient.
Ylpeys houkutteli heidät antamaan kaiken voimansa.
L'orgueil peut attirer un chien de traîneau jusqu'à la mort.
Ylpeys voi houkutella rekikoiran jopa kuolemaan päin.
La perte du harnais a laissé les chiens brisés et sans but.
Valjaiden menettäminen jätti koirat rikkinäisiksi ja tarkoituksettomiksi.
Le cœur d'un chien de traîneau peut être brisé par la honte lorsqu'il prend sa retraite.
Rekikoiran sydän voi murskata häpeästä, kun se jää eläkkeelle.
Dave vivait avec cette fierté alors qu'il tirait le traîneau par derrière.
Dave eli tuon ylpeyden vallassa vetäessään rekeä perässä.
Solleks, lui aussi, a tout donné avec une force et une loyauté redoutables.
Myös Solleks antoi kaikkensa synkän voimalla ja uskollisuudella.
Chaque matin, l'orgueil les faisait passer de l'amertume à la détermination.
Joka aamu ylpeys muutti heidät katkeruudesta päättäväisiksi.
Ils ont poussé toute la journée, puis sont restés silencieux à la fin du camp.
He ponnistavat koko päivän ja hiljenivät sitten leirin päässä.
Cette fierté a donné à Spitz la force de battre les tire-au-flanc.

Tuo ylpeys antoi Spitzille voimaa pakottaa laiskottelijat ehtimään riviin.
Spitz craignait Buck parce que Buck portait cette même fierté profonde.
Spitz pelkäsi Buckia, koska Buckilla oli sama syvä ylpeys.
L'orgueil de Buck s'est alors retourné contre Spitz, et il ne s'est pas arrêté.
Buckin ylpeys nousi nyt Spitziä vastaan, eikä hän pysähtynyt.
Buck a défié le pouvoir de Spitz et l'a empêché de punir les chiens.
Buck uhmasi Spitzin valtaa ja esti häntä rankaisemasta koiria.
Lorsque les autres échouaient, Buck s'interposait entre eux et leur chef.
Kun toiset epäonnistuivat, Buck astui heidän ja heidän johtajansa väliin.
Il l'a fait intentionnellement, en rendant son défi ouvert et clair.
Hän teki tämän harkitusti, tehden haasteestaan avoimen ja selkeän.
Une nuit, une forte neige a recouvert le monde d'un profond silence.
Yhtenä yönä rankka lumi peitti maailman syvään hiljaisuuteen.
Le lendemain matin, Pike, paresseux comme toujours, ne se leva pas pour aller travailler.
Seuraavana aamuna Pike, laiska kuten aina, ei noussut töihin.
Il est resté caché dans son nid sous une épaisse couche de neige.
Hän pysytteli piilossa pesässään paksun lumikerroksen alla.
François a appelé et cherché, mais n'a pas pu trouver le chien.
François huusi ja etsi, mutta ei löytänyt koiraa.
Spitz devint furieux et se précipita à travers le camp couvert de neige.
Spitz raivostui ja ryntäsi läpi lumipeitteisen leirin.
Il grogna et renifla, creusant frénétiquement avec des yeux flamboyants.

Hän murahti ja nuuhki, kaivaen raivokkaasti liekehtivin silmin.

Sa rage était si féroce que Pike tremblait sous la neige de peur.

Hänen raivonsa oli niin ankara, että Pike vapisi lumen alla pelosta.

Lorsque Pike fut finalement retrouvé, Spitz se précipita pour punir le chien qui se cachait.

Kun Pike viimein löydettiin, Spitz hyökkäsi rankaisemaan piileskelevää koiraa.

Mais Buck s'est précipité entre eux avec une fureur égale à celle de Spitz.

Mutta Buck hyökkäsi heidän väliinsä yhtä raivokkaasti kuin Spitz.

L'attaque fut si soudaine et intelligente que Spitz tomba.

Hyökkäys oli niin äkillinen ja ovela, että Spitz putosi jaloiltaan.

Pike, qui tremblait, puisa du courage dans ce défi.

Pike, joka oli vapissut, sai rohkeutta tästä uhmakkuudesta.

Il sauta sur le Spitz tombé, suivant l'exemple audacieux de Buck.

Hän hyppäsi kaatuneen Spitzin selkään seuraten Buckin rohkeaa esimerkkiä.

Buck, n'étant plus tenu par l'équité, a rejoint la grève contre Spitz.

Buck, jota oikeudenmukaisuus ei enää sido, liittyi lakkoon Spitziä vastaan.

François, amusé mais ferme dans sa discipline, balançait son lourd fouet.

François, huvittuneena mutta kurinalaisesti lujana, heilautti raskasta ruoskaansa.

Il frappa Buck de toutes ses forces pour mettre fin au combat.

Hän löi Buckia kaikella voimallaan keskeyttääkseen taistelun.

Buck a refusé de bouger et est resté au sommet du chef tombé.

Buck kieltäytyi liikkumasta ja pysyi kaatuneen johtajan päällä.

François a ensuite utilisé le manche du fouet, frappant Buck durement.
Sitten François käytti ruoskan kahvaa ja löi Buckia lujaa.
Titubant sous le coup, Buck recula sous l'assaut.
Horjahtaen iskusta Buck kaatui takaisin hyökkäyksen alle.
François frappait encore et encore tandis que Spitz punissait Pike.
François iski yhä uudelleen, kun taas Spitz rankaisi Pikea.

Les jours passèrent et Dawson City se rapprocha de plus en plus.
Päivät kuluivat, ja Dawson City lähestyi yhä lähemmäksi.
Buck n'arrêtait pas d'intervenir, se glissant entre le Spitz et les autres chiens.
Buck puuttui jatkuvasti asiaan ja livahti Spitzin ja muiden koirien väliin.
Il choisissait bien ses moments, attendant toujours que François parte.
Hän valitsi hetkensä hyvin ja odotti aina François'n lähtöä.
La rébellion silencieuse de Buck s'est propagée et le désordre a pris racine dans l'équipe.
Buckin hiljainen kapina levisi, ja epäjärjestys juurtui joukkueeseen.
Dave et Solleks sont restés fidèles, mais d'autres sont devenus indisciplinés.
Dave ja Solleks pysyivät uskollisina, mutta toiset kävivät kurittomiksi.
L'équipe est devenue de plus en plus agitée, querelleuse et hors de propos.
Joukkue paheni – levoton, riitaisa ja riveistään poikkeava.
Plus rien ne fonctionnait correctement et les bagarres devenaient courantes.
Mikään ei enää toiminut ongelmitta, ja tappeluista tuli yleisiä.
Buck est resté au cœur des troubles, provoquant toujours des troubles.
Buck pysyi levottomuuksien keskipisteenä ja lietsoi aina levottomuuksia.

François restait vigilant, effrayé par le combat entre Buck et Spitz.
François pysyi valppaana peläten Buckin ja Spitzin välistä tappelua.
Chaque nuit, des bagarres le réveillaient, craignant que le commencement n'arrive enfin.
Joka yö kahakat herättivät hänet pelätessään alun koittavan.
Il sauta de sa robe, prêt à mettre fin au combat.
Hän hyppäsi viitastaan valmiina lopettamaan taistelun.
Mais le moment n'arriva jamais et ils atteignirent finalement Dawson.
Mutta hetki ei koskaan koittanut, ja he saapuivat viimein Dawsoniin.
L'équipe est entrée dans la ville un après-midi sombre, tendu et calme.
Joukkue saapui kaupunkiin eräänä synkkänä iltapäivänä, jännittyneenä ja hiljaisena.
La grande bataille pour le leadership était encore en suspens dans l'air glacial.
Suuri taistelu johtajuudesta leijui yhä jäätyneessä ilmassa.
Dawson était rempli d'hommes et de chiens de traîneau, tous occupés à travailler.
Dawson oli täynnä miehiä ja rekikoiria, kaikki kiireisiä työssään.
Buck regardait les chiens tirer des charges du matin au soir.
Buck katseli koirien vetävän kuormia aamusta iltaan.
Ils transportaient des bûches et du bois de chauffage et acheminaient des fournitures vers les mines.
He kuljettivat tukkeja ja polttopuita, rahtasivat tarvikkeita kaivoksiin.
Là où les chevaux travaillaient autrefois dans le Southland, les chiens travaillent désormais.
Siellä, missä hevoset ennen työskentelivät Etelämaassa, koirat tekivät nyt töitä.
Buck a vu quelques chiens du Sud, mais la plupart étaient des huskies ressemblant à des loups.

Buck näki joitakin etelän koiria, mutta useimmat olivat suden kaltaisia huskyjä.
La nuit, comme une horloge, les chiens élevaient la voix pour chanter.
Yöllä, kuin kellontarkasti, koirat korottivat äänensä lauluun.
À neuf heures, à minuit et à nouveau à trois heures, les chants ont commencé.
Yhdeksältä, keskiyöllä ja uudelleen kolmelta alkoi laulu.
Buck aimait se joindre à leur chant étrange, au son sauvage et ancien.
Buck rakasti liittyä heidän aavemaiseen, villiin ja ikivanhaan ääneensä.
Les aurores boréales flamboyaient, les étoiles dansaient et la neige recouvrait le pays.
Revontulet leimahtivat, tähdet tanssivat ja lumi peitti maan.
Le chant des chiens s'éleva comme un cri contre le silence et le froid glacial.
Koirien laulu kohosi kuin huuto hiljaisuutta ja purevaa kylmyyttä vastaan.
Mais leur hurlement contenait de la tristesse, et non du défi, dans chaque longue note.
Mutta heidän ulvontansa jokaisessa pitkässä sävelessä oli surua, ei uhmaa.
Chaque cri plaintif était plein de supplications, le fardeau de la vie elle-même.
Jokainen valitushuuto oli täynnä anelemista; itse elämän taakkaa.
Cette chanson était vieille, plus vieille que les villes et plus vieille que les incendies.
Tuo laulu oli vanha – vanhempi kuin kaupungit ja vanhempi kuin tulipalot
Cette chanson était encore plus ancienne que les voix des hommes.
Tuo laulu oli jopa vanhempi kuin ihmisten äänet.
C'était une chanson du monde des jeunes, quand toutes les chansons étaient tristes.

Se oli laulu nuoresta maailmasta, ajasta jolloin kaikki laulut olivat surullisia.
La chanson portait la tristesse d'innombrables générations de chiens.
Laulu kantoi mukanaan lukemattomien koirasukupolvien surua.
Buck ressentait profondément la mélodie, gémissant de douleur enracinée dans les âges.
Buck tunsi melodian syvästi, voihkien ikiajoista tuskasta.
Il sanglotait d'un chagrin aussi vieux que le sang sauvage dans ses veines.
Hän nyyhkytti surusta, joka oli yhtä vanha kuin hänen suonissaan virtaava villi veri.
Le froid, l'obscurité et le mystère ont touché l'âme de Buck.
Kylmyys, pimeys ja mysteeri koskettivat Buckin sielua.
Cette chanson prouvait à quel point Buck était revenu à ses origines.
Tuo laulu todisti, kuinka pitkälle Buck oli palannut juurilleen.
À travers la neige et les hurlements, il avait trouvé le début de sa propre vie.
Lumen ja ulvonnan läpi hän oli löytänyt oman elämänsä alun.

Sept jours après leur arrivée à Dawson, ils repartent.
Seitsemän päivää Dawsoniin saapumisensa jälkeen he lähtivät jälleen matkaan.
L'équipe est descendue de la caserne jusqu'au sentier du Yukon.
Joukkue laskeutui kasarmeilta Yukonin reitille.
Ils ont commencé le voyage de retour vers Dyea et Salt Water.
He aloittivat matkan takaisin kohti Dyeaa ja Suolavettä.
Perrault portait des dépêches encore plus urgentes qu'auparavant.
Perrault kuljetti lähetyksiä entistä kiireellisempiä.
Il était également saisi par la fierté du sentier et avait pour objectif d'établir un record.

Hänet valtasi myös polkuylpeys ja hän pyrki tekemään ennätyksen.

Cette fois, plusieurs avantages étaient du côté de Perrault.
Tällä kertaa useita etuja oli Perraultin puolella.

Les chiens s'étaient reposés pendant une semaine entière et avaient repris des forces.
Koirat olivat levänneet kokonaisen viikon ja keränneet voimansa takaisin.

Le sentier qu'ils avaient ouvert était maintenant damé par d'autres.
Heidän raivaamansa polun olivat nyt muut tallanneet kovaksi.

À certains endroits, la police avait stocké de la nourriture pour les chiens et les hommes.
Poliisi oli paikoin varastoinut ruokaa sekä koirille että miehille.

Perrault voyageait léger, se déplaçait rapidement et n'avait pas grand-chose pour l'alourdir.
Perrault matkusti kevyesti ja nopeasti, eikä hänellä ollut juurikaan painoa mukanaan.

Ils ont atteint Sixty-Mile, une course de cinquante milles, dès la première nuit.
He saapuivat Sixty-Mileen, viidenkymmenen mailin juoksumatkan, ensimmäisenä yönä.

Le deuxième jour, ils se sont précipités sur le Yukon en direction de Pelly.
Toisena päivänä he kiiruhtivat Yukonia pitkin kohti Pellyä.

Mais ces beaux progrès ont été accompagnés de beaucoup de difficultés pour François.
Mutta tällainen hieno edistyminen toi mukanaan paljon rasitusta Françoisille.

La rébellion silencieuse de Buck avait brisé la discipline de l'équipe.
Buckin hiljainen kapinointi oli murskannut joukkueen kurin.

Ils ne se rassemblaient plus comme une seule bête dans les rênes.
Ne eivät enää vetäytyneet yhteen kuin yksi peto ohjaksissa.

Buck avait conduit d'autres personnes à la défiance par son exemple audacieux.
Buck oli rohkealla esimerkillään johtanut muita uhmaamaan.
L'ordre de Spitz n'a plus été accueilli avec crainte ou respect.
Spitzin käskyyn ei enää suhtauduttu pelolla tai kunnioituksella.
Les autres ont perdu leur respect pour lui et ont osé résister à son règne.
Muut menettivät kunnioituksensa häntä kohtaan ja uskalsivat vastustaa hänen hallintoaan.
Une nuit, Pike a volé la moitié d'un poisson et l'a mangé sous les yeux de Buck.
Eräänä yönä Pike varasti puoli kalaa ja söi sen Buckin silmän alla.
Une autre nuit, Dub et Joe se sont battus contre Spitz et sont restés impunis.
Eräänä yönä Dub ja Joe taistelivat Spitzin kanssa rankaisematta.
Même Billee gémissait moins doucement et montrait une nouvelle vivacité.
Billeekin valitti vähemmän suloisesti ja osoitti uutta terävyyttä.
Buck grognait sur Spitz à chaque fois qu'ils se croisaient.
Buck murahti Spitzille joka kerta, kun heidän tiensä kohtasivat.
L'attitude de Buck devint audacieuse et menaçante, presque comme celle d'un tyran.
Buckin asenne muuttui rohkeaksi ja uhkaavaksi, melkein kuin kiusaajalla.
Il marchait devant Spitz avec une démarche assurée, pleine de menace moqueuse.
Hän käveli Spitzin edellä rehellisesti ja uhkaavasti.
Cet effondrement de l'ordre s'est également propagé parmi les chiens de traîneau.
Tuo järjestyksen romahdus levisi myös rekikoirien keskuuteen.

Ils se battaient et se disputaient plus que jamais, remplissant le camp de bruit.
He tappelivat ja väittelivät enemmän kuin koskaan, täyttäen leirin melulla.
La vie au camp se transformait chaque nuit en un chaos sauvage et hurlant.
Leirielämä muuttui villiksi, ulvovaksi kaaokseksi joka yö.
Seuls Dave et Solleks sont restés stables et concentrés.
Vain Dave ja Solleks pysyivät vakaina ja keskittyneinä.
Mais même eux sont devenus colériques à cause des bagarres incessantes.
Mutta jopa heistä tuli äkkipikaisia jatkuvien tappeluiden vuoksi.
François jurait dans des langues étranges et piétinait de frustration.
François kirosi oudoilla kielillä ja tömisteli turhautuneena.
Il s'arrachait les cheveux et criait tandis que la neige volait sous ses pieds.
Hän repi hiuksiaan ja huusi lumen lentäessä jalkojensa alla.
Son fouet claqua sur le groupe, mais parvint à peine à les maintenir en ligne.
Hänen ruoskansa lensi lauman yli, mutta piti heidät tuskin linjassa.
Chaque fois qu'il tournait le dos, les combats reprenaient.
Aina kun hän käänsi selkänsä, taistelu puhkesi uudelleen.
François a utilisé le fouet pour Spitz, tandis que Buck a dirigé les rebelles.
François käytti ruoskaa Spitziä vastaan, kun Buck johti kapinallisia.
Chacun connaissait le rôle de l'autre, mais Buck évitait tout blâme.
Kumpikin tiesi toisen roolin, mutta Buck vältti syyllistämistä.
François n'a jamais surpris Buck en train de provoquer une bagarre ou de se dérober à son travail.
François ei koskaan nähnyt Buckin aloittavan tappelua tai laiminlyövän työtään.

Buck travaillait dur sous le harnais – le travail lui faisait désormais vibrer l'esprit.
Buck työskenteli ahkerasti valjaissa – uurastus hurmasi nyt hänen sieluaan.
Mais il trouvait encore plus de joie à provoquer des bagarres et du chaos dans le camp.
Mutta vielä enemmän iloa hän löysi leirissä lietsotuista tappeluista ja kaaoksesta.

Un soir, à l'embouchure du Tahkeena, Dub fit sursauter un lapin.
Eräänä iltana Dub säikäytti jäniksen Tahkeenan suulla.
Il a raté la prise et le lièvre d'Amérique s'est enfui.
Hän epäonnistui, ja lumikenkäjänis syöksyi karkuun.
En quelques secondes, toute l'équipe de traîneau s'est lancée à sa poursuite en poussant des cris sauvages.
Muutamassa sekunnissa koko rekijoukkue lähti takaa-ajoon villien huutojen säestyksellä.
À proximité, un camp de la police du Nord-Ouest abritait une cinquantaine de chiens huskys.
Lähistöllä sijaitsevassa Luoteis-Englannin poliisin leirissä oli viisikymmentä huskykoiraa.
Ils se sont joints à la chasse, descendant ensemble la rivière gelée.
He liittyivät metsästykseen ja syöksyivät yhdessä jäätynyttä jokea pitkin alas.
Le lapin a quitté la rivière et s'est enfui dans le lit d'un ruisseau gelé.
Kani käänsi joen pois ja pakeni jäätynyttä purouomaa pitkin.
Le lapin sautait légèrement sur la neige tandis que les chiens peinaient à se frayer un chemin.
Kani hyppi kevyesti lumen yli koirien ponnistellessa sen läpi.
Buck menait l'énorme meute de soixante chiens dans chaque virage sinueux.
Buck johdatti valtavan kuudenkymmenen koiran lauman jokaisen mutkan ympäri.
Il avança, bas et impatient, mais ne put gagner du terrain.

Hän työnsi eteenpäin matalalla ja innokkaasti, mutta ei päässyt etenemään.
Son corps brillait sous la lune pâle à chaque saut puissant.
Hänen ruumiinsa välähti kalpean kuun valossa jokaisella voimakkaalla loikalla.
Devant, le lapin se déplaçait comme un fantôme, silencieux et trop rapide pour être attrapé.
Edessä kani liikkui kuin haamu, hiljaa ja liian nopeasti kiinniotettavaksi.
Tous ces vieux instincts – la faim, le frisson – envahirent Buck.
Kaikki nuo vanhat vaistot – nälkä, jännitys – valtasivat Buckin.
Les humains ressentent parfois cet instinct et sont poussés à chasser avec une arme à feu et des balles.
Ihmiset tuntevat tämän vaiston ajoittain, ajaen heitä metsästämään aseella ja luodilla.
Mais Buck ressentait ce sentiment à un niveau plus profond et plus personnel.
Mutta Buck tunsi tämän tunteen syvemmällä ja henkilökohtaisemmalla tasolla.
Ils ne pouvaient pas ressentir la nature sauvage dans leur sang comme Buck pouvait la ressentir.
He eivät kyenneet tuntemaan villiyttä veressään samalla tavalla kuin Buck.
Il chassait la viande vivante, prêt à tuer avec ses dents et à goûter le sang.
Hän jahtasi elävää lihaa, valmiina tappamaan hampaillaan ja maistamaan verta.
Son corps se tendait de joie, voulant se baigner dans la vie rouge et chaude.
Hänen kehonsa jännittyi ilosta, haluten kylpeä lämpimässä, punaisessa elämässä.
Une joie étrange marque le point le plus élevé que la vie puisse atteindre.
Outo ilo merkitsee elämän korkeinta pistettä.
La sensation d'un pic où les vivants oublient même qu'ils sont en vie.

Huipun tunne, jossa elävät unohtavat edes olevansa elossa.
Cette joie profonde touche l'artiste perdu dans une inspiration fulgurante.
Tämä syvä ilo koskettaa liekehtivän inspiraation vallassa olevaa taiteilijaa.
Cette joie saisit le soldat qui se bat avec acharnement et n'épargne aucun ennemi.
Tämä ilo valtaa sotilaan, joka taistelee villisti eikä säästä vihollista.
Cette joie s'empara alors de Buck alors qu'il menait la meute dans une faim primitive.
Tämä ilo valtasi nyt Buckin, kun hän johti laumaa alkukantaisessa nälkäisyydessä.
Il hurla avec le cri ancien du loup, ravi par la chasse vivante.
Hän ulvoi muinaisen sudenhuudon säestyksellä, elävän takaa-ajon riemuittama.
Buck a puisé dans la partie la plus ancienne de lui-même, perdue dans la nature.
Buck löysi vanhimman osan itsestään, eksyneenä erämaahan.
Il a puisé au plus profond de lui-même, au-delà de la mémoire, dans le temps brut et ancien.
Hän kurkotti syvälle sisimpäänsä, muistojen ohi, raa'aan, muinaiseen aikaan.
Une vague de vie pure a traversé chaque muscle et chaque tendon.
Puhtaan elämän aalto virtasi jokaisen lihaksen ja jänteen läpi.
Chaque saut criait qu'il vivait, qu'il traversait la mort.
Jokainen loikka huusi, että hän eli, että hän kulki kuoleman läpi.
Son corps s'élevait joyeusement au-dessus d'une terre calme et froide qui ne bougeait jamais.
Hänen ruumiinsa kohosi iloisesti liikkumattoman, kylmän maan yllä, joka ei koskaan liikkunut.
Spitz est resté froid et rusé, même dans ses moments les plus fous.
Spitz pysyi kylmänä ja viekkaana jopa villeimpinä hetkinään.

Il quitta le sentier et traversa un terrain où le ruisseau formait une large courbe.
Hän poikkesi polulta ja ylitti maan, jossa puro kaartui leveäksi.
Buck, inconscient de cela, resta sur le chemin sinueux du lapin.
Buck, tietämättömänä tästä, pysyi jäniksen mutkittelevalla polulla.
Puis, alors que Buck tournait un virage, le lapin fantomatique était devant lui.
Sitten, kun Buck käänsi mutkan, aavemainen kani oli hänen edessään.
Il vit une deuxième silhouette sauter de la berge devant la proie.
Hän näki toisen hahmon hyppäävän rannalta saaliin edellä.
La silhouette était celle d'un Spitz, atterrissant juste sur le chemin du lapin en fuite.
Hahmo oli Spitz, joka laskeutui suoraan pakenevan jäniksen tielle.
Le lapin ne pouvait pas se retourner et a rencontré les mâchoires de Spitz en plein vol.
Kani ei pystynyt kääntymään ja osui Spitzin leukoihin ilmassa.
La colonne vertébrale du lapin se brisa avec un cri aussi aigu que le cri d'un humain mourant.
Kanin selkäranka katkesi kirkaisusta, joka oli yhtä terävä kuin kuolevan ihmisen itku.
À ce bruit – la chute de la vie à la mort – la meute hurla fort.
Tuon äänen – putoamisen elämästä kuolemaan – kuultuaan lauma ulvoi kovaa.
Un chœur sauvage s'éleva derrière Buck, plein de joie sombre.
Buckin takaa kohosi raju, synkän ilon täyttämä kuoro.
Buck n'a émis aucun cri, aucun son, et a chargé directement Spitz.
Buck ei huutanut eikä päästänyt ääntäkään, vaan ryntäsi suoraan Spitzin kimppuun.
Il a visé la gorge, mais a touché l'épaule à la place.

Hän tähtäsi kurkkuun, mutta osuikin olkapäähän.
Ils dégringolèrent dans la neige molle, leurs corps bloqués dans le combat.
He kahlasivat pehmeässä lumessa, heidän ruumiinsa taistelutahtoisina.
Spitz se releva rapidement, comme s'il n'avait jamais été renversé.
Spitz hyppäsi nopeasti ylös, aivan kuin häntä ei olisi koskaan kaadettukaan.
Il a entaillé l'épaule de Buck, puis s'est éloigné du combat.
Hän viilsi Buckin olkapäätä ja hyppäsi sitten pois taistelusta.
À deux reprises, ses dents claquèrent comme des pièges en acier, ses lèvres se retroussèrent et devinrent féroces.
Kahdesti hänen hampaansa napsahtivat kuin teräsloukut, huulet käpertyneinä ja raivoisina.
Il recula lentement, cherchant un sol ferme sous ses pieds.
Hän perääntyi hitaasti etsien jalkojensa alle tukevaa maata.
Buck a compris le moment instantanément et pleinement.
Buck ymmärsi hetken heti ja täysin.
Le moment était venu ; le combat allait être un combat à mort.
Aika oli koittanut; taistelu tulisi olemaan kuolemaan asti käytävä.
Les deux chiens tournaient en rond, grognant, les oreilles plates, les yeux plissés.
Kaksi koiraa kiersi muristen, korvat litteinä ja silmät siristyneinä.
Chaque chien attendait que l'autre montre une faiblesse ou fasse un faux pas.
Kumpikin koira odotti toisen osoittavan heikkoutta tai harha-askelta.
Pour Buck, la scène semblait étrangement connue et profondément ancrée dans ses souvenirs.
Buckille kohtaus tuntui aavemaisen tutulta ja syvästi muistetulta.
Les bois blancs, la terre froide, la bataille au clair de lune.
Valkoiset metsät, kylmä maa, taistelu kuunvalossa.

Un silence pesant emplissait le pays, profond et contre nature.
Raskas hiljaisuus täytti maan, syvä ja luonnoton.
Aucun vent ne soufflait, aucune feuille ne bougeait, aucun bruit ne brisait le silence.
Tuuli ei puhaltanut, lehti ei liikkunut, eikä ääni rikkonut hiljaisuutta.
Le souffle des chiens s'élevait comme de la fumée dans l'air glacial et calme.
Koirien hengitys nousi kuin savu jäisessä, hiljaisessa ilmassa.
Le lapin a été depuis longtemps oublié par la meute de bêtes sauvages.
Villieläinlauma oli unohtanut kanin kauan sitten.
Ces loups à moitié apprivoisés se tenaient maintenant immobiles dans un large cercle.
Nämä puolikesytetyt sudet seisoivat nyt liikkumatta laajassa piirissä.
Ils étaient silencieux, seuls leurs yeux brillants révélaient leur faim.
He olivat hiljaa, vain heidän hehkuvat silmänsä paljastivat heidän nälkänsä.
Leur souffle s'éleva, regardant le combat final commencer.
Heidän hengityksensä nousi ylöspäin, heidän katsellessaan viimeisen taistelun alkamista.
Pour Buck, cette bataille était ancienne et attendue, pas du tout étrange.
Buckille tämä taistelu oli vanha ja odotettu, ei lainkaan outo.
C'était comme un souvenir de quelque chose qui devait arriver depuis toujours.
Se tuntui kuin muistolta jostakin, jonka oli aina tarkoitus tapahtua.
Le Spitz était un chien de combat entraîné, affiné par d'innombrables bagarres sauvages.
Spitz oli koulutettu taistelukoira, jota hiottiin lukemattomilla villillä tappeluilla.
Du Spitzberg au Canada, il a vaincu de nombreux ennemis.
Huippuvuorilta Kanadaan hän oli voittanut monia vihollisia.

Il était rempli de fureur, mais n'a jamais cédé au contrôle de la rage.
Hän oli täynnä raivoa, mutta ei koskaan antanut raivolle valtaa.
Sa passion était vive, mais toujours tempérée par un instinct dur.
Hänen intohimonsa oli terävä, mutta aina kovan vaiston hillitsemä.
Il n'a jamais attaqué jusqu'à ce que sa propre défense soit en place.
Hän ei koskaan hyökännyt ennen kuin oma puolustus oli kunnossa.
Buck a essayé encore et encore d'atteindre le cou vulnérable de Spitz.
Buck yritti yhä uudelleen tavoittaa Spitzin haavoittuvaa kaulaa.
Mais chaque coup était accueilli par un coup des dents acérées de Spitz.
Mutta jokainen isku vastasi Spitzin terävien hampaiden viillolla.
Leurs crocs se sont heurtés et les deux chiens ont saigné de leurs lèvres déchirées.
Niiden hampaat osuivat yhteen, ja molemmat koirat vuotivat verta repeytyneistä huulista.
Peu importe comment Buck s'est lancé, il n'a pas pu briser la défense.
Vaikka Buck kuinka hyökkäsi, hän ei pystynyt murtamaan puolustusta.
Il devint de plus en plus furieux, se précipitant avec des explosions de puissance sauvages.
Hän raivostui entisestään ja ryntäsi kimppuun villeillä voimanpurkauksilla.
À maintes reprises, Buck frappait la gorge blanche du Spitz.
Yhä uudelleen Buck iski Spitzin valkoista kurkkua kohti.
À chaque fois, Spitz esquivait et riposta avec une morsure tranchante.
Joka kerta Spitz väisti ja iski takaisin viiltävällä purennalla.

Buck changea alors de tactique, se précipitant à nouveau comme pour atteindre la gorge.
Sitten Buck muutti taktiikkaa ja ryntäsi jälleen ikään kuin kurkkuun.
Mais il s'est retiré au milieu de l'attaque, se tournant pour frapper sur le côté.
Mutta hän vetäytyi kesken hyökkäyksen ja kääntyi sivulle iskemään.
Il a lancé son épaule sur Spitz, dans le but de le faire tomber.
Hän heitti olkapäänsä Spitziin tarkoituksenaan kaataa hänet.
À chaque fois qu'il essayait, Spitz esquivait et ripostait avec une frappe.
Joka kerta kun Spitz yritti, hän väisti ja vastasi viillolla.
L'épaule de Buck était à vif alors que Spitz s'écartait après chaque coup.
Buckin olkapää vihloi, kun Spitz hyppäsi karkuun jokaisen iskun jälkeen.
Spitz n'avait pas été touché, tandis que Buck saignait de nombreuses blessures.
Spitziin ei oltu koskettu, kun taas Buck vuoti verta monista haavoista.
La respiration de Buck était rapide et lourde, son corps était couvert de sang.
Buckin hengitys oli nopeaa ja raskasta, hänen ruumiinsa oli verestä löysä.
Le combat devenait plus brutal à chaque morsure et à chaque charge.
Taistelu muuttui raa'ammaksi jokaisella puremalla ja rynnäköllä.
Autour d'eux, soixante chiens silencieux attendaient le premier à tomber.
Heidän ympärillään kuusikymmentä hiljaista koiraa odotti ensimmäisen kaatuvan.
Si un chien tombait, la meute allait mettre fin au combat.
Jos yksikin koira kaatuisi, lauma lopettaisi taistelun.
Spitz vit Buck faiblir et commença à attaquer.
Spitz näki Buckin heikkenevän ja alkoi painostaa hyökkäystä.

Il a maintenu Buck en déséquilibre, le forçant à lutter pour garder pied.
Hän piti Buckin epätasapainossa pakottaen hänet taistelemaan jalansijasta.
Un jour, Buck trébucha et tomba, et tous les chiens se relevèrent.
Kerran Buck kompastui ja kaatui, ja kaikki koirat nousivat ylös.
Mais Buck s'est redressé au milieu de sa chute, et tout le monde s'est affalé.
Mutta Buck oikaisi itsensä kesken putoamisen, ja kaikki vajosivat takaisin alas.
Buck avait quelque chose de rare : une imagination née d'un instinct profond.
Buckilla oli jotakin harvinaista – syvästä vaistosta syntynyt mielikuvitus.
Il combattait par instinct naturel, mais aussi par ruse.
Hän taisteli luonnollisella halulla, mutta hän taisteli myös ovelasti.
Il chargea à nouveau comme s'il répétait son tour d'attaque à l'épaule.
Hän rynnisti uudelleen aivan kuin toistaen olkapäähyökkäystemppuaan.
Mais à la dernière seconde, il s'est laissé tomber et a balayé Spitz.
Mutta viime sekunnilla hän vajosi matalalle ja pyyhkäisi Spitzin alta.
Ses dents se sont bloquées sur la patte avant gauche de Spitz avec un claquement.
Hänen hampaansa lukkiutuivat napsahduksella Spitzin vasempaan etujalkaan.
Spitz était maintenant instable, son poids reposant sur seulement trois pattes.
Spitz seisoi nyt horjuen, painonsa vain kolmella jalalla.
Buck frappa à nouveau, essaya trois fois de le faire tomber.
Buck iski uudelleen ja yritti kolme kertaa kaataa hänet.

À la quatrième tentative, il a utilisé le même mouvement avec succès.
Neljännellä yrityksellä hän käytti samaa liikettä onnistuneesti
Cette fois, Buck a réussi à mordre la jambe droite du Spitz.
Tällä kertaa Buck onnistui puremaan Spitzin oikeaa jalkaa.
Spitz, bien que paralysé et souffrant, continuait à lutter pour survivre.
Vaikka Spitz oli rampa ja tuskissaan, hän jatkoi selviytymiskamppailua.
Il vit le cercle de huskies se resserrer, la langue tirée, les yeux brillants.
Hän näki huskyjen piirin kiristyvän, kielet ulkona, silmät hehkumassa.
Ils attendaient de le dévorer, comme ils l'avaient fait pour les autres.
He odottivat saadakseen niellä hänet, aivan kuten olivat tehneet muillekin.
Cette fois, il se tenait au centre, vaincu et condamné.
Tällä kertaa hän seisoi keskellä; lyötynä ja tuhoon tuomittu.
Le chien blanc n'avait désormais plus aucune possibilité de s'échapper.
Valkoisella koiralla ei ollut enää mitään vaihtoehtoa paeta.
Buck n'a montré aucune pitié, car la pitié n'avait pas sa place dans la nature.
Buck ei osoittanut armoa, sillä armo ei kuulunut luontoon.
Buck se déplaçait prudemment, se préparant à la charge finale.
Buck liikkui varovasti valmistautuen viimeiseen hyökkäykseen.
Le cercle des huskies se referma ; il sentit leur souffle chaud.
Huskyparven piiri sulkeutui; hän tunsi niiden lämpimän hengityksen.
Ils s'accroupirent, prêts à bondir lorsque le moment viendrait.
He kyykistyivät matalalle, valmiina hyppäämään, kun hetki koittaisi.

Spitz tremblait dans la neige, grognant et changeant de position.
Spitz vapisi lumessa, murahti ja muutti asentoaan.
Ses yeux brillaient, ses lèvres se courbaient, ses dents brillaient dans une menace désespérée.
Hänen silmänsä loistivat, huulet käpertyivät ja hampaat välkkyivät epätoivoisen uhkan merkiksi.
Il tituba, essayant toujours de résister à la morsure froide de la mort.
Hän horjahti, yhä yrittäen pidätellä kuoleman kylmää puremaa.
Il avait déjà vu cela auparavant, mais toujours du côté des gagnants.
Hän oli nähnyt tämän ennenkin, mutta aina voittajan puolelta.
Il était désormais du côté des perdants, des vaincus, de la proie, de la mort.
Nyt hän oli häviäjien puolella; voitettu; saalis; kuolema.
Buck tourna en rond pour porter le coup final, le cercle de chiens se rapprochant.
Buck kiersi viimeistä iskua varten, koiraparvi painautui lähemmäksi.
Il pouvait sentir leur souffle chaud, prêt à tuer.
Hän tunsi heidän kuuman hengityksensä; valmiina tappamaan.
Un silence s'installa ; tout était à sa place ; le temps s'était arrêté.
Hiljaisuus laskeutui; kaikki oli paikoillaan; aika oli pysähtynyt.
Même l'air froid entre eux se figea un dernier instant.
Jopa kylmä ilma heidän välillään jäätyi viimeiseksi hetkeksi.
Seul Spitz bougea, essayant de retenir sa fin amère.
Vain Spitz liikkui yrittäen pidätellä katkeran loppunsa.
Le cercle des chiens se refermait autour de lui, comme l'était son destin.
Koirien piiri sulkeutui hänen ympärilleen, kuten myös hänen kohtalonsa.
Il était désespéré maintenant, sachant ce qui allait se passer.

Hän oli nyt epätoivoinen, tietäen mitä oli tapahtumassa.
Buck bondit, épaule contre épaule une dernière fois.
Buck hyppäsi esiin, olkapää kosketti olkapäätä viimeisen kerran.
Les chiens se sont précipités en avant, couvrant Spitz dans l'obscurité neigeuse.
Koirat syöksyivät eteenpäin ja suojasivat Spitziä lumisateessa pimeydessä.
Buck regardait, debout, le vainqueur dans un monde sauvage.
Buck katseli, seisten ryhdikkäästi; voittaja raa'assa maailmassa.
La bête primordiale dominante avait fait sa proie, et c'était bien.
Hallitseva alkukantainen peto oli saanut saaliinsa, ja se oli hyvää.

Celui qui a gagné la maîtrise
Hän, joka on saavuttanut mestaruuden

« Hein ? Qu'est-ce que j'ai dit ? Je dis vrai quand je dis que Buck est un démon. »
"Häh? Mitä minä sanoin? Puhun totta sanoessani, että Buck on paholainen."
François a dit cela le lendemain matin après avoir constaté la disparition de Spitz.
François sanoi tämän seuraavana aamuna löydettyään Spitzin kadonneen.
Buck se tenait là, couvert de blessures dues au combat acharné.
Buck seisoi siinä, täynnä raivokkaan taistelun haavoja.
François tira Buck près du feu et lui montra les blessures.
François veti Buckin lähelle tulta ja osoitti vammoja.
« Ce Spitz s'est battu comme le Devik », dit Perrault en observant les profondes entailles.
– Tuo Spitz taisteli kuin Devik, sanoi Perrault silmäillen syviä haavoja.
« Et ce Buck s'est battu comme deux diables », répondit aussitôt François.
– Ja tuo Buck taisteli kuin kaksi paholaista, vastasi François heti.
« Maintenant, nous allons faire du bon temps ; plus de Spitz, plus de problèmes. »
"Nyt eemme ajoissa; ei enää Spitziä, ei enää ongelmia."
Perrault préparait le matériel et chargeait le traîneau avec soin.
Perrault pakkasi varusteita ja lastasi rekeä huolellisesti.
François a attelé les chiens en prévision de la course du jour.
François valjasti koirat päivän juoksulenkkiä varten.
Buck a trotté directement vers la position de tête autrefois détenue par Spitz.
Buck ravasi suoraan Spitzin aiemmin pitämään johtopaikkaan.
Mais François, sans s'en apercevoir, conduisit Solleks vers l'avant.

Mutta François, huomaamatta sitä, johdatti Solleksin eteenpäin.

Aux yeux de François, Solleks était désormais le meilleur chien de tête.

François'n mielestä Solleks oli nyt paras talutuskoira.

Buck se jeta sur Solleks avec fureur et le repoussa en signe de protestation.

Buck hyökkäsi raivoissaan Solleksin kimppuun ja ajoi hänet vastalauseeksi takaisin.

Il se tenait là où Spitz s'était autrefois tenu, revendiquant la position de leader.

Hän seisoi siinä missä Spitz oli aiemmin seissyt, ja otti johtoaseman itselleen.

« Hein ? Hein ? » s'écria François en se frappant les cuisses d'un air amusé.

"Häh? Häh?" huudahti François ja läimäytti huvittuneena reisiään.

« Regardez Buck, il a tué Spitz, et maintenant il veut prendre le poste ! »

"Katsokaa Buckia – hän tappoi Spitzin, ja nyt hän haluaa ottaa työn!"

« Va-t'en, Chook ! » cria-t-il, essayant de chasser Buck.

"Mene pois, Chook!" hän huusi yrittäen ajaa Buckin pois.

Mais Buck refusa de bouger et resta ferme dans la neige.

Mutta Buck kieltäytyi liikkumasta ja seisoi lujasti lumessa.

François attrapa Buck par la peau du cou et le tira sur le côté.

François tarttui Buckia niskasta ja veti hänet sivuun.

Buck grogna bas et menaçant mais n'attaqua pas.

Buck murahti matalasti ja uhkaavasti, mutta ei hyökännyt.

François a remis Solleks en tête, tentant de régler le différend

François vei Solleksin takaisin johtoon ja yritti ratkaista kiistan.

Le vieux chien avait peur de Buck et ne voulait pas rester.

Vanha koira pelkäsi Buckia eikä halunnut jäädä.

Quand François lui tourna le dos, Buck chassa à nouveau Solleks.

Kun François käänsi selkänsä, Buck ajoi Solleksin taas ulos.
Solleks n'a pas résisté et s'est discrètement écarté une fois de plus.
Solleks ei vastustellut ja astui jälleen hiljaa sivuun.
François s'est mis en colère et a crié : « Par Dieu, je te répare ! »
François suuttui ja huusi: "Jumalan nimeen, minä parannan sinut!"
Il s'approcha de Buck en tenant une lourde massue à la main.
Hän lähestyi Buckia raskas keppi kädessään.
Buck se souvenait bien de l'homme au pull rouge.
Buck muisti punaiseen villapaitaan pukeutuneen miehen hyvin.
Il recula lentement, observant François, mais grognant profondément.
Hän perääntyi hitaasti, katsellen Françoisia, mutta muristen syvään.
Il ne s'est pas précipité en arrière, même lorsque Solleks s'est levé à sa place.
Hän ei rynnännyt takaisin, ei edes silloin kun Solleks seisoi hänen paikallaan.
Buck tourna en rond juste hors de portée, grognant de fureur et de protestation.
Buck kiersi aivan ulottumattomissa, muristen raivosta ja vastalauseista.
Il gardait les yeux fixés sur le gourdin, prêt à esquiver si François lançait.
Hän piti katseensa nuijassa valmiina väistämään, jos François heittäisi.
Il était devenu sage et prudent quant aux manières des hommes armés.
Hän oli viisastunut ja varovainen aseistettujen miesten tavoissa.
François abandonna et rappela Buck à son ancienne place.
François luovutti ja kutsui Buckin takaisin entiselle paikalleen.
Mais Buck recula prudemment, refusant d'obéir à l'ordre.

Mutta Buck astui varovasti taaksepäin kieltäytyen tottelemasta käskyä.

François le suivit, mais Buck ne recula que de quelques pas supplémentaires.
François seurasi perässä, mutta Buck perääntyi vain muutaman askeleen lisää.

Après un certain temps, François jeta l'arme par frustration.
Jonkin ajan kuluttua François heitti aseen turhautuneena maahan.

Il pensait que Buck craignait d'être battu et qu'il allait venir tranquillement.
Hän luuli Buckin pelkäävän selkäsaunaa ja tulevan hiljaa.

Mais Buck n'évitait pas la punition : il se battait pour son rang.
Mutta Buck ei vältellyt rangaistusta – hän taisteli arvoasemastaan.

Il avait gagné la place de chien de tête grâce à un combat à mort.
Hän oli ansainnut johtajakoiran paikan taistelemalla kuolemaan asti

il n'allait pas se contenter de moins que d'être le leader.
hän ei aikonut tyytyä vähempään kuin johtajan asemaan.

Perrault a participé à la poursuite pour aider à attraper le Buck rebelle.
Perrault osallistui takaa-ajoon auttaakseen kapinallisen Buckin nappaamaan.

Ensemble, ils l'ont fait courir dans le camp pendant près d'une heure.
Yhdessä he juoksentelivat häntä leirin ympäri lähes tunnin ajan.

Ils lui lancèrent des coups de massue, mais Buck les esquiva habilement.
He heittivät häntä nuijilla, mutta Buck väisti jokaisen taitavasti.

Ils l'ont maudit, lui, ses ancêtres, ses descendants et chaque cheveu de sa personne.

He kirosivat häntä, hänen esi-isiään, hänen jälkeläisiään ja jokaista hänen hiuskarvaansa.

Mais Buck se contenta de gronder en retour et resta hors de leur portée.

Mutta Buck vain murahti takaisin ja pysytteli juuri ja juuri heidän ulottumattomissaan.

Il n'a jamais essayé de s'enfuir mais a délibérément tourné autour du camp.

Hän ei koskaan yrittänyt paeta, vaan kiersi leirin ympäri tarkoituksella.

Il a clairement fait savoir qu'il obéirait une fois qu'ils lui auraient donné ce qu'il voulait.

Hän teki selväksi, että tottelisi, kun he antaisivat hänelle haluamansa.

François s'est finalement assis et s'est gratté la tête avec frustration.

François istuutui lopulta alas ja raapi päätään turhautuneena.

Perrault consulta sa montre, jura et marmonna à propos du temps perdu.

Perrault katsoi kelloaan, kirosi ja mutisi menetettyä aikaa.

Une heure s'était déjà écoulée alors qu'ils auraient dû être sur la piste.

Tunti oli jo kulunut, kun heidän olisi pitänyt olla polulla.

François haussa les épaules d'un air penaud en direction du coursier, qui soupira de défaite.

François kohautti olkapäitään nolostuneesti kuriirille, joka huokaisi tappion merkiksi.

François se dirigea alors vers Solleks et appela Buck une fois de plus.

Sitten François käveli Solleksin luo ja huusi Buckille vielä kerran.

Buck rit comme rit un chien, mais garda une distance prudente.

Buck nauroi kuin koira, mutta pysytteli varovaisen etäisyyttä.

François retira le harnais de Solleks et le remit à sa place.

François otti Solleksin valjaat pois ja palautti hänet paikalleen.

L'équipe de traîneau était entièrement harnachée, avec seulement une place libre.
Pulkkavaljakko seisoi täydessä valjastossa, vain yksi paikka oli täyttämättä.
La position de tête est restée vide, clairement destinée à Buck seul.
Johtopaikka pysyi tyhjänä, selvästi tarkoitettuna vain Buckille.
François appela à nouveau, et à nouveau Buck rit et tint bon.
François huusi uudestaan, ja taas Buck nauroi ja piti pintansa.
« Jetez le gourdin», ordonna Perrault sans hésitation.
"Heitä pamppu maahan", Perrault määräsi epäröimättä.
François obéit et Buck trotta immédiatement en avant, fièrement.
François totteli, ja Buck ravasi heti ylpeänä eteenpäin.
Il rit triomphalement et prit la tête.
Hän nauroi voitonriemuisesti ja astui johtoasemaan.
François a sécurisé ses traces et le traîneau a été détaché.
François varmisti jälkiensä siteet, ja reki päästettiin irti.
Les deux hommes couraient côte à côte tandis que l'équipe s'engageait sur le sentier de la rivière.
Molemmat miehet juoksivat rinnakkain, kun joukkue kiiruhti jokipolulle.
François avait une haute opinion des « deux diables » de Buck,
François oli pitänyt Buckin "kahdesta paholaisesta" suuresti.
mais il s'est vite rendu compte qu'il avait en fait sous-estimé le chien.
mutta pian hän tajusi aliarvioineensa koiran.
Buck a rapidement pris le leadership et a fait preuve d'excellence.
Buck otti nopeasti johtajuuden ja suoriutui erinomaisesti.
En termes de jugement, de réflexion rapide et d'action, Buck a surpassé Spitz.
Harkintakyvyssä, nopeassa ajattelussa ja nopeassa toiminnassa Buck ylitti Spitzin.
François n'avait jamais vu un chien égal à celui que Buck présentait maintenant.

François ei ollut koskaan nähnyt koiraa, jollaista Buck nyt esitteli.
Mais Buck excellait vraiment dans l'art de faire respecter l'ordre et d'imposer le respect.
Mutta Buck todella loisti järjestyksen valvomisessa ja kunnioituksen herättämisessä.
Dave et Solleks ont accepté le changement sans inquiétude ni protestation.
Dave ja Solleks hyväksyivät muutoksen huoletta tai vastalauseettomatta.
Ils se concentraient uniquement sur le travail et tiraient fort sur les rênes.
He keskittyivät vain työhön ja ohjasten kovaan vetämiseen.
Peu leur importait de savoir qui menait, tant que le traîneau continuait d'avancer.
Heitä ei kiinnostanut kuka johti, kunhan reki pysyi liikkeessä.
Billee, la joyeuse, aurait pu diriger pour autant qu'ils s'en soucient.
Billee, tuo iloinen, olisi voinut johtaa, vaikka he välittäisivätkin.
Ce qui comptait pour eux, c'était la paix et l'ordre dans les rangs.
Heille tärkeintä oli rauha ja järjestys riveissä.

Le reste de l'équipe était devenu indiscipliné pendant le déclin de Spitz.
Muu joukkue oli käynyt kurittomaksi Spitzin alamäen aikana.
Ils furent choqués lorsque Buck les ramena immédiatement à l'ordre.
He olivat järkyttyneitä, kun Buck heti pakotti heidät järjestykseen.
Pike avait toujours été paresseux et traînait les pieds derrière Buck.
Pike oli aina ollut laiska ja laahannut jalkojaan Buckin perässä.
Mais maintenant, il a été sévèrement discipliné par la nouvelle direction.
Mutta nyt uusi johto kuritti häntä ankarasti.

Et il a rapidement appris à faire sa part dans l'équipe.
Ja hän oppi nopeasti kantamaan vastuuta joukkueessa.
À la fin de la journée, Pike avait travaillé plus dur que jamais.
Päivän loppuun mennessä Pike työskenteli kovemmin kuin koskaan ennen.
Cette nuit-là, au camp, Joe, le chien aigri, fut finalement maîtrisé.
Sinä iltana leirissä Joe, hapan koira, oli vihdoin talttunut.
Spitz n'avait pas réussi à le discipliner, mais Buck n'avait pas échoué.
Spitz ei ollut onnistunut kurittamaan häntä, mutta Buck ei epäonnistunut.
Grâce à son poids plus important, Buck a vaincu Joe en quelques secondes.
Suuremmalla painollaan Buck peittosi Joen sekunneissa.
Il a mordu et battu Joe jusqu'à ce qu'il gémisse et cesse de résister.
Hän puri ja hakkasi Joeta, kunnes tämä vinkui ja lakkasi vastustelemasta.
Toute l'équipe s'est améliorée à partir de ce moment-là.
Koko joukkue parani siitä hetkestä lähtien.
Les chiens ont retrouvé leur ancienne unité et leur discipline.
Koirat saivat takaisin vanhan yhtenäisyytensä ja kurinalaisuuden.
À Rink Rapids, deux nouveaux huskies indigènes, Teek et Koona, nous ont rejoint.
Rink Rapidsissa kaksi uutta kotoperäistä huskya, Teek ja Koona, liittyivät mukaan.
La rapidité avec laquelle Buck les dressa étonna même François.
Buckin nopea koulutus hämmästytti jopa Françoisia.
« Il n'y a jamais eu de chien comme ce Buck ! » s'écria-t-il avec stupéfaction.
"Ei ole koskaan ollut tuollaista koiraa kuin tuo Buck!" hän huudahti hämmästyneenä.

« Non, jamais ! Il vaut mille dollars, bon sang ! »
"Ei, ei koskaan! Hän on tuhannen dollarin arvoinen, jumalauta!"
« Hein ? Qu'en dis-tu, Perrault ? » demanda-t-il avec fierté.
"Häh? Mitä sanot, Perrault?" hän kysyi ylpeänä.
Perrault hocha la tête en signe d'accord et vérifia ses notes.
Perrault nyökkäsi myöntävästi ja tarkisti muistiinpanojaan.
Nous sommes déjà en avance sur le calendrier et gagnons chaque jour davantage.
Olemme jo aikataulusta edellä ja saamme lisää joka päivä.
Le sentier était dur et lisse, sans neige fraîche.
Polku oli kovaksi tallattu ja tasainen, eikä uutta lunta ollut satanut.
Le froid était constant, oscillant autour de cinquante degrés en dessous de zéro.
Kylmyys oli tasaista, koko ajan viisikymmentä astetta pakkasen puolella.
Les hommes montaient et couraient à tour de rôle pour se réchauffer et gagner du temps.
Miehet ratsastivat ja juoksivat vuorotellen pysyäkseen lämpiminä ja kiirehtiäkseen.
Les chiens couraient vite avec peu d'arrêts, poussant toujours vers l'avant.
Koirat juoksivat nopeasti pysähdyksin, aina eteenpäin työntyen.
La rivière Thirty Mile était en grande partie gelée et facile à traverser.
Kolmekymmentämailin joki oli enimmäkseen jäässä ja helppo ylittää.
Ils sont sortis en un jour, ce qui leur avait pris dix jours pour venir.
He lähtivät yhdessä päivässä, kun taas takaisin tullessa he olivat kuluneet kymmenen päivää.
Ils ont parcouru une distance de soixante milles du lac Le Barge jusqu'à White Horse.
He tekivät kuudenkymmenen mailin mittaisen syöksyn Lake Le Bargesta White Horseen.

À travers les lacs Marsh, Tagish et Bennett, ils se déplaçaient incroyablement vite.
Marsh-, Tagish- ja Bennett-järvien yli he liikkuivat uskomattoman nopeasti.
L'homme qui courait était tiré derrière le traîneau par une corde.
Juokseva mies hinattiin köydellä reen perässä.
La dernière nuit de la deuxième semaine, ils sont arrivés à destination.
Toisen viikon viimeisenä iltana he saapuivat määränpäähänsä.
Ils avaient atteint ensemble le sommet du col White.
He olivat yhdessä saavuttaneet White Passin huipun.
Ils sont descendus au niveau de la mer avec les lumières de Skaguay en dessous d'eux.
He laskeutuivat merenpinnan tasolle Skaguayn valot alapuolellaan.
Il s'agissait d'une course record à travers des kilomètres de nature froide et sauvage.
Se oli ollut ennätykselliset juoksut kilometrien päässä kylmästä erämaasta.
Pendant quatorze jours d'affilée, ils ont parcouru en moyenne quarante miles.
Neljäntoista päivän ajan putkeen he kulkivat keskimäärin vahvat neljäkymmentä mailia.
À Skaguay, Perrault et François transportaient des marchandises à travers la ville.
Skaguayssa Perrault ja François kuljettivat lastia kaupungin läpi.
Ils ont été acclamés et ont reçu de nombreuses boissons de la part d'une foule admirative.
Ihaileva väkijoukko hurrasi heille ja tarjosi heille paljon juomia.
Les chasseurs de chiens et les ouvriers se sont rassemblés autour du célèbre attelage de chiens.
Koiranmetsästäjät ja työläiset kokoontuivat kuuluisan koiravaljakon ympärille.

Puis les hors-la-loi de l'Ouest arrivèrent en ville et subirent une violente défaite.
Sitten länsimaalaiset lainsuojattomat tulivat kaupunkiin ja kärsivät väkivaltaisen tappion.
Les gens ont vite oublié l'équipe et se sont concentrés sur un nouveau drame.
Ihmiset unohtivat pian joukkueen ja keskittyivät uuteen draamaan.
Puis sont arrivées les nouvelles commandes qui ont tout changé d'un coup.
Sitten tulivat uudet määräykset, jotka muuttivat kaiken kerralla.
François appela Buck à lui et le serra dans ses bras avec une fierté larmoyante.
François kutsui Buckin luokseen ja halasi tätä kyynelsilmin silmissä ylpeänä.
Ce moment fut la dernière fois que Buck revit François.
Se hetki oli viimeinen kerta, kun Buck näki Françoisin enää.
Comme beaucoup d'hommes avant eux, François et Perrault étaient tous deux partis.
Kuten monet miehet ennenkin, sekä François että Perrault olivat poissa.
Un métis écossais a pris en charge Buck et ses coéquipiers de chiens de traîneau.
Skotlantilainen puoliverinen otti Buckin ja hänen rekikoiratoveriensa vastuulle.
Avec une douzaine d'autres équipes de chiens, ils sont retournés par le sentier jusqu'à Dawson.
Tusinaisen muun koiravaljakon kanssa he palasivat polkua pitkin Dawsoniin.
Ce n'était plus une course rapide, juste un travail pénible avec une lourde charge chaque jour.
Se ei ollut enää nopeaa juoksua – vain raskasta uurastusta raskaan taakan kanssa joka päivä.
C'était le train postal qui apportait des nouvelles aux chercheurs d'or près du pôle.

Tämä oli postijuna, joka toi sanan kullanmetsästäjille lähellä napaa.

Buck n'aimait pas le travail mais le supportait bien, étant fier de ses efforts.

Buck ei pitänyt työstä, mutta kesti sen hyvin ja oli ylpeä ponnisteluistaan.

Comme Dave et Solleks, Buck a fait preuve de dévouement dans chaque tâche quotidienne.

Kuten Dave ja Solleks, Buck osoitti omistautumista jokaiselle päivittäiselle tehtävälle.

Il s'est assuré que chacun de ses coéquipiers fasse sa part du travail.

Hän varmisti, että kaikki hänen joukkuetoverinsa tekivät oman osansa.

La vie sur les sentiers est devenue ennuyeuse, répétée avec la précision d'une machine.

Polun elämä muuttui tylsäksi, toistuen koneen tarkkuudella.

Chaque jour était le même, un matin se fondant dans le suivant.

Jokainen päivä tuntui samalta, yksi aamu sulautui seuraavaan.

À la même heure, les cuisiniers se levèrent pour allumer des feux et préparer la nourriture.

Samalla hetkellä kokit nousivat tekemään nuotioita ja valmistamaan ruokaa.

Après le petit-déjeuner, certains quittèrent le camp tandis que d'autres attelèrent les chiens.

Aamiaisen jälkeen jotkut lähtivät leiristä, kun taas toiset valjastivat koirat.

Ils ont pris la route avant que le faible avertissement de l'aube ne touche le ciel.

He pääsivät polulle ennen kuin aamunkoiton himmeä varoitus kosketti taivasta.

La nuit, ils s'arrêtaient pour camper, chaque homme ayant une tâche précise.

Yöksi he pysähtyivät leiriytymään, ja jokaisella miehellä oli oma tehtävänsä.

Certains ont monté les tentes, d'autres ont coupé du bois de chauffage et ramassé des branches de pin.
Jotkut pystyttivät teltat, toiset pilkkoivat polttopuita ja keräsivät männynoksia.
De l'eau ou de la glace étaient ramenées aux cuisiniers pour le repas du soir.
Vettä tai jäätä kannettiin takaisin kokeille illallista varten.
Les chiens ont été nourris et c'était le meilleur moment de la journée pour eux.
Koirat ruokittiin, ja tämä oli niille päivän paras osa.
Après avoir mangé du poisson, les chiens se sont détendus et se sont allongés près du feu.
Syötyään kalaa koirat rentoutuivat ja makoilivat nuotion lähellä.
Il y avait une centaine d'autres chiens dans le convoi avec lesquels se mêler.
Saattueessa oli sata muuta koiraa, joiden kanssa seurustella.
Beaucoup de ces chiens étaient féroces et prompts à se battre sans prévenir.
Monet noista koirista olivat raivokkaita ja nopeasti taistelemaan varoittamatta.
Mais après trois victoires, Buck a maîtrisé même les combattants les plus féroces.
Mutta kolmen voiton jälkeen Buck hallitsi jopa kovimmatkin taistelijat.
Maintenant, quand Buck grogna et montra ses dents, ils s'écartèrent.
Kun Buck nyt murahti ja näytti hampaitaan, he astuivat sivuun.
Mais le plus beau dans tout ça, c'est que Buck aimait s'allonger près du feu de camp vacillant.
Ehkä parasta kaikesta oli se, että Buck rakasti maata lepattavan nuotion lähellä.
Il s'accroupit, les pattes arrière repliées et les pattes avant tendues vers l'avant.
Hän kyykistyi takajalat koukussa ja etujalat ojennettuina eteenpäin.

Sa tête était levée tandis qu'il cligna doucement des yeux devant les flammes rougeoyantes.
Hän nosti päätään ja räpytteli silmiään pehmeästi hehkuville liekeille.
Parfois, il se souvenait de la grande maison du juge Miller à Santa Clara.
Joskus hän muisti tuomari Millerin suuren talon Santa Clarassa.
Il pensait à la piscine en ciment, à Ysabel et au carlin appelé Toots.
Hän ajatteli sementtiallasta, Ysabelia ja mopsia nimeltä Toots.
Mais le plus souvent, il se souvenait du gourdin de l'homme au pull rouge.
Mutta useammin hän muisti punavillaisen miehen nuijan.
Il se souvenait de la mort de Curly et de sa bataille acharnée contre Spitz.
Hän muisti Kiharan kuoleman ja ankaran taistelunsa Spitzin kanssa.
Il se souvenait aussi des bons plats qu'il avait mangés ou dont il rêvait encore.
Hän muisteli myös hyvää ruokaa, jota oli syönyt tai josta hän yhä unelmoi.
Buck n'avait pas le mal du pays : la vallée chaude était lointaine et irréelle.
Buckilla ei ollut koti-ikävää – lämmin laakso oli kaukainen ja epätodellinen.
Les souvenirs de Californie n'avaient plus vraiment d'influence sur lui.
Kalifornian muistot eivät enää vedättäneet häntä puoleensa.
Plus forts que la mémoire étaient les instincts profondément ancrés dans sa lignée.
Muistia vahvempia olivat vaistot syvällä hänen suvussaan.
Les habitudes autrefois perdues étaient revenues, ravivées par le sentier et la nature sauvage.
Kerran menetetyt tavat olivat palanneet, polun ja erämaan herättäminä henkiin.

Tandis que Buck regardait la lumière du feu, cela devenait parfois autre chose.
Buckin katsellessa nuotionvaloa siitä tuli joskus jotain muuta.
Il vit à la lueur du feu un autre feu, plus vieux et plus profond que celui-ci.
Hän näki tulenvalossa toisen tulen, vanhemman ja syvemmän kuin nykyinen.
À côté de cet autre feu se tenait accroupi un homme qui ne ressemblait pas au cuisinier métis.
Tuon toisen tulen vieressä kyykistyi mies, joka ei ollut samanlainen kuin puoliverinen kokki.
Cette figurine avait des jambes courtes, de longs bras et des muscles durs et noués.
Tällä hahmolla oli lyhyet jalat, pitkät käsivarret ja kovat, solmuiset lihakset.
Ses cheveux étaient longs et emmêlés, tombant en arrière à partir des yeux.
Hänen hiuksensa olivat pitkät ja takkuiset, ja ne laskivat taaksepäin silmien alta.
Il émit des sons étranges et regarda l'obscurité avec peur.
Hän päästi outoja ääniä ja tuijotti peloissaan pimeyttä.
Il tenait une massue en pierre basse, fermement serrée dans sa longue main rugueuse.
Hän piteli kivistä nuijaa matalalla, tiukasti puristettuna pitkässä, karheassa kädessään.
L'homme portait peu de vêtements ; juste une peau carbonisée qui pendait dans son dos.
Miehellä oli yllään vain vähän vaatteita; vain hiiltynyt iho, joka roikkui hänen selkäänsä pitkin.
Son corps était couvert de poils épais sur les bras, la poitrine et les cuisses.
Hänen vartaloaan peitti paksu karva käsivarsissa, rinnassa ja reisissä.
Certaines parties des cheveux étaient emmêlées en plaques de fourrure rugueuse.
Jotkut hiuksista olivat sotkeutuneet karheiksi turkkilaikuiksi.

Il ne se tenait pas droit mais penché en avant des hanches jusqu'aux genoux.
Hän ei seissyt suorassa, vaan oli kumarassa eteenpäin lantiosta polviin.
Ses pas étaient élastiques et félins, comme s'il était toujours prêt à bondir.
Hänen askeleensa olivat joustavat ja kissamaiset, ikään kuin aina valmiina hyppäämään.
Il y avait une vive vigilance, comme s'il vivait dans une peur constante.
Hän oli terävän valppaana, aivan kuin hän olisi elänyt jatkuvassa pelossa.
Cet homme ancien semblait s'attendre au danger, que le danger soit perçu ou non.
Tämä muinainen mies näytti odottavan vaaraa, näkyipä vaaraa tai ei.
Parfois, l'homme poilu dormait près du feu, la tête entre les jambes.
Välillä karvainen mies nukkui tulen ääressä pää jalkojen välissä.
Ses coudes reposaient sur ses genoux, ses mains jointes au-dessus de sa tête.
Hänen kyynärpäänsä lepäsivät polvillaan, kädet ristissä pään yläpuolella.
Comme un chien, il utilisait ses bras velus pour se débarrasser de la pluie qui tombait.
Koiran tavoin hän käytti karvaisia käsivarsiaan pudistaakseen pois putoavan sateen.
Au-delà de la lumière du feu, Buck vit deux charbons jumeaux briller dans l'obscurité.
Tulenvalossa Buck näki kaksi hiiliä hehkuvan pimeässä.
Toujours deux par deux, ils étaient les yeux des bêtes de proie traquantes.
Aina pareittain, ne olivat vaanivien petoeläinten silmät.
Il entendit des corps s'écraser à travers les broussailles et des bruits se faire entendre dans la nuit.

Hän kuuli ruumiiden rysähdyksiä pensaiden läpi ja ääniä yössä.
Allongé sur la rive du Yukon, clignant des yeux, Buck rêvait près du feu.
Makaessaan Yukonin rannalla ja räpytellen silmiään Buck unelmoi nuotion ääressä.
Les images et les sons de ce monde sauvage lui faisaient dresser les cheveux sur la tête.
Tuon villin maailman näkymät ja äänet nostivat hänen hiuksensa pystyyn.
La fourrure s'élevait le long de son dos, de ses épaules et de son cou.
Karva nousi pystyyn hänen selkäänsä, hartioitaan ja kaulaansa pitkin.
Il gémissait doucement ou émettait un grognement sourd au plus profond de sa poitrine.
Hän vinkui hiljaa tai murahti matalasti syvällä rinnassaan.
Alors le cuisinier métis cria : « Hé, toi Buck, réveille-toi ! »
Sitten puoliverinen kokki huusi: "Hei, Buck, herää!"
Le monde des rêves a disparu et la vraie vie est revenue aux yeux de Buck.
Unelmamaailma katosi, ja todellinen elämä palasi Buckin silmiin.
Il allait se lever, s'étirer et bâiller, comme s'il venait de se réveiller d'une sieste.
Hän aikoi nousta ylös, venytellä ja haukotella, aivan kuin olisi herännyt torkuilta.
Le voyage était difficile, avec le traîneau postal qui traînait derrière eux.
Matka oli raskas, postireen laahatessa perässä.
Les lourdes charges et le travail pénible épuisaient les chiens à chaque longue journée.
Raskaat kuormat ja kova työ uuvuttivat koiria joka pitkä päivä.
Ils arrivèrent à Dawson maigres, fatigués et ayant besoin de plus d'une semaine de repos.

He saapuivat Dawsoniin laihoina, väsyneinä ja yli viikon lepoa tarvitsevina.
Mais seulement deux jours plus tard, ils repartaient sur le Yukon.
Mutta vain kaksi päivää myöhemmin he lähtivät taas matkaan alas Yukonia.
Ils étaient chargés de lettres supplémentaires destinées au monde extérieur.
Ne lastattiin lisää kirjeillä, jotka oli tarkoitettu ulkomaailmaan.
Les chiens étaient épuisés et les hommes se plaignaient constamment.
Koirat olivat uupuneita ja miehet valittivat jatkuvasti.
La neige tombait tous les jours, ramollissant le sentier et ralentissant les traîneaux.
Lunta satoi joka päivä, pehmentäen polkua ja hidastaen kelkkoja.
Cela a rendu la traction plus difficile et a entraîné plus de traînée sur les patins.
Tämä vaikeutti vetämistä ja lisäsi vastusta jalankulkijoille.
Malgré cela, les pilotes étaient justes et se souciaient de leurs équipes.
Siitä huolimatta kuljettajat olivat reiluja ja välittivät tiimeistään.
Chaque nuit, les chiens étaient nourris avant que les hommes ne puissent manger.
Joka ilta koirat ruokittiin ennen kuin miehet pääsivät syömään.
Aucun homme ne dormait avant de vérifier les pattes de son propre chien.
Yksikään mies ei nukkunut tarkistamatta oman koiransa jalkoja.
Cependant, les chiens s'affaiblissaient à mesure que les kilomètres s'écoulaient sur leur corps.
Koirat kuitenkin heikkenivät kilometrien rasittaessa niiden kehoa.
Ils avaient parcouru mille huit cents kilomètres pendant l'hiver.

He olivat matkustaneet kahdeksansataa mailia läpi talven.
Ils ont tiré des traîneaux sur chaque kilomètre de cette distance brutale.
He vetivät kelkkoja jokaisen mailin yli tuolla julmalla matkalla.
Même les chiens de traîneau les plus robustes ressentent de la tension après tant de kilomètres.
Kovimmatkin rekikoirat tuntevat rasitusta niin monien kilometrien jälkeen.
Buck a tenu bon, a permis à son équipe de travailler et a maintenu la discipline.
Buck piti pintansa, piti tiiminsä työssä ja säilytti kurin.
Mais Buck était fatigué, tout comme les autres pendant le long voyage.
Mutta Buck oli väsynyt, aivan kuten muutkin pitkällä matkalla.
Billee gémissait et pleurait dans son sommeil chaque nuit sans faute.
Billee valitti ja itki unissaan joka yö taukoamatta.
Joe devint encore plus amer et Solleks resta froid et distant.
Joe katkeroitui entisestään, ja Solleks pysyi kylmänä ja etäisenä.
Mais c'est Dave qui a le plus souffert de toute l'équipe.
Mutta koko joukkueesta pahiten kärsi Dave.
Quelque chose n'allait pas en lui, même si personne ne savait quoi.
Jokin hänen sisällään oli mennyt pieleen, vaikka kukaan ei tiennyt mitä.
Il est devenu de plus en plus maussade et s'en est pris aux autres avec une colère croissante.
Hänestä tuli pahantuulisempi ja hän tiuskaisi toisille kasvavalla vihalla.
Chaque nuit, il se rendait directement à son nid, attendant d'être nourri.
Joka yö hän meni suoraan pesäänsä odottamaan ruokaa.
Une fois tombé, Dave ne s'est pas relevé avant le matin.

Kun Dave oli kerran laskeutunut maahan, hän ei noussut ylös ennen aamua.

Sur les rênes, des secousses ou des sursauts brusques le faisaient crier de douleur.

Ohjissa äkilliset nykäykset tai säpsähdykset saivat hänet huutamaan tuskasta.

Son chauffeur a recherché la cause du sinistre, mais n'a constaté aucune blessure.

Kuljettaja etsi syytä onnettomuuteen, mutta ei löytänyt miehestä vammoja.

Tous les conducteurs ont commencé à regarder Dave et ont discuté de son cas.

Kaikki kuljettajat alkoivat tarkkailla Davea ja keskustella hänen tapauksestaan.

Ils ont discuté pendant les repas et pendant leur dernière cigarette de la journée.

He juttelivat aterioilla ja päivän viimeisen savukkeen polttaessaan.

Une nuit, ils ont tenu une réunion et ont amené Dave au feu.

Eräänä iltana he pitivät kokouksen ja toivat Daven tulen ääreen.

Ils pressèrent et sondèrent son corps, et il cria souvent.

He painoivat ja tutkivat hänen ruumistaan, ja hän huusi usein.

De toute évidence, quelque chose n'allait pas, même si aucun os ne semblait cassé.

Selvästikin jokin oli vialla, vaikka luita ei näyttänyt olevan murtunut.

Au moment où ils atteignirent Cassiar Bar, Dave était en train de tomber.

Siihen mennessä kun he saapuivat Cassiar Barille, Dave oli kaatumassa.

Le métis écossais a appelé à la fin et a retiré Dave de l'équipe.

Skotlantilainen puoliverinen pysäytti valjakon ja poisti Daven valjakosta.

Il a attaché Solleks à la place de Dave, le plus près de l'avant du traîneau.

Hän kiinnitti Solleksin Daven paikalle, lähimmäksi reen etuosaa.

Il avait l'intention de laisser Dave se reposer et courir librement derrière le traîneau en mouvement.

Hän aikoi antaa Daven levätä ja juosta vapaana liikkuvan reen perässä.

Mais même malade, Dave détestait être privé du travail qu'il avait occupé.

Mutta sairaanakin Dave vihasi sitä, että hänet erotettiin aiemmin omistamastaan työstä.

Il grogna et gémit tandis que les rênes étaient retirées de son corps.

Hän murahti ja vinkui, kun ohjat vedettiin pois hänen ruumiistaan.

Quand il vit Solleks à sa place, il pleura de douleur.

Nähdessään Solleksin hänen paikallaan hän itki särkyneestä sydämestä.

La fierté du travail sur les sentiers était profonde chez Dave, même à l'approche de la mort.

Polkutyön ylpeys oli syvällä Davessa, jopa kuoleman lähestyessä.

Alors que le traîneau se déplaçait, Dave pataugeait dans la neige molle près du sentier.

Kelkan liikkuessa Dave rämpi pehmeässä lumessa lähellä polkua.

Il a attaqué Solleks, le mordant et le poussant du côté du traîneau.

Hän hyökkäsi Solleksin kimppuun puremalla ja työntämällä tätä reen kyljestä.

Dave a essayé de sauter dans le harnais et de récupérer sa place de travail.

Dave yritti hypätä valjaisiin ja vallata takaisin työpaikkansa.

Il hurlait, gémissait et pleurait, déchiré entre la douleur et la fierté du travail.

Hän huusi, vinkui ja itki, ristitulessa kivun ja synnytysylpeyden välillä.

Le métis a utilisé son fouet pour essayer de chasser Dave de l'équipe.
Puoliverinen yritti ajaa Daven pois joukkueen luota ruoskallaan.
Mais Dave ignora le coup de fouet, et l'homme ne put pas le frapper plus fort.
Mutta Dave jätti ruoskan huomiotta, eikä mies voinut lyödä häntä kovemmin.
Dave a refusé le chemin le plus facile derrière le traîneau, où la neige était tassée.
Dave kieltäytyi helpommasta polusta reen takana, jossa lunta oli pakkautunut.
Au lieu de cela, il se débattait dans la neige profonde à côté du sentier, dans la misère.
Sen sijaan hän kamppaili kurjuudessa polun vieressä olevassa syvässä lumessa.
Finalement, Dave s'est effondré, allongé dans la neige et hurlant de douleur.
Lopulta Dave lyyhistyi makaamaan lumeen ja ulvoi tuskasta.
Il cria tandis que le long train de traîneaux le dépassait un par un.
Hän huudahti, kun pitkä kelkkajono ohitti hänet yksi kerrallaan.
Pourtant, avec ce qu'il lui restait de force, il se leva et trébucha après eux.
Jäljellä olevilla voimillaan hän kuitenkin nousi ja kompuroi heidän peräänsä.
Il l'a rattrapé lorsque le train s'est arrêté à nouveau et a retrouvé son vieux traîneau.
Hän saavutti junan pysähtyessä uudelleen ja löysi vanhan rekänsä.
Il a dépassé les autres équipes et s'est retrouvé à nouveau aux côtés de Solleks.
Hän lipui rämpimällä muiden joukkueiden ohi ja seisoi taas Solleksin vieressä.
Alors que le conducteur s'arrêtait pour allumer sa pipe, Dave saisit sa dernière chance.

Kun kuljettaja pysähtyi sytyttääkseen piippunsa, Dave käytti viimeisen tilaisuutensa.
Lorsque le chauffeur est revenu et a crié, l'équipe n'a pas avancé.
Kun kuljettaja palasi ja huusi, joukkue ei edennyt eteenpäin.
Les chiens avaient tourné la tête, déconcertés par l'arrêt soudain.
Koirat olivat kääntäneet päätään hämmentyneinä äkillisestä pysähdyksestä.
Le conducteur était également choqué : le traîneau n'avait pas avancé d'un pouce.
Kuljettajakin oli järkyttynyt – reki ei ollut liikkunut tuumaakaan eteenpäin.
Il a appelé les autres pour qu'ils viennent voir ce qui s'était passé.
Hän huusi muille, että he tulisivat katsomaan, mitä oli tapahtunut.
Dave avait mâché les rênes de Solleks, les brisant toutes les deux.
Dave oli pureskellut Solleksin ohjat poikki ja katkaissut molemmat.
Il se tenait maintenant devant le traîneau, de retour à sa position légitime.
Nyt hän seisoi reen edessä, takaisin oikealla paikallaan.
Dave leva les yeux vers le conducteur, le suppliant silencieusement de rester dans les traces.
Dave katsoi kuljettajaa ja aneli hiljaa saada pysyä köysissä.
Le conducteur était perplexe, ne sachant pas quoi faire pour le chien en difficulté.
Kuljettaja oli hämmentynyt, eikä tiennyt, mitä tehdä kamppailevalle koiralle.
Les autres hommes parlaient de chiens qui étaient morts après avoir été emmenés dehors.
Muut miehet puhuivat koirista, jotka olivat kuolleet ulos otettaessa.
Ils ont parlé de chiens âgés ou blessés dont le cœur se brisait lorsqu'ils étaient abandonnés.

He kertoivat vanhoista tai loukkaantuneista koirista, joiden sydämet särkyivät, kun ne jätettiin taakse.

Ils ont convenu que c'était une preuve de miséricorde de laisser Dave mourir alors qu'il était encore dans son harnais.

He olivat yhtä mieltä siitä, että oli armoa antaa Daven kuolla vielä valjaissaan.

Il était attaché au traîneau et Dave tirait avec fierté.

Hänet kiinnitettiin takaisin kelkkaan, ja Dave veti ylpeänä.

Même s'il criait parfois, il travaillait comme si la douleur pouvait être ignorée.

Vaikka hän huusi ajoittain, hän työskenteli aivan kuin kipua ei voisi sivuuttaa.

Plus d'une fois, il est tombé et a été traîné avant de se relever.

Hän kaatui useammin kuin kerran ja joutui raahautumaan ennen kuin nousi uudelleen.

Un jour, le traîneau l'a écrasé et il a boité à partir de ce moment-là.

Kerran reki pyörähti hänen ylitseen, ja hän ontui siitä hetkestä lähtien.

Il travailla néanmoins jusqu'à ce qu'il atteigne le camp, puis s'allongea près du feu.

Silti hän työskenteli, kunnes leiri saavutti, ja sitten makasi nuotion ääressä.

Le matin, Dave était trop faible pour voyager ou même se tenir debout.

Aamuun mennessä Dave oli liian heikko matkustaakseen tai edes seistäkseen pystyssä.

Au moment de l'attelage, il essaya d'atteindre son conducteur avec un effort tremblant.

Valjaiden kiinnittämisen hetkellä hän yritti vapisevin voimin tavoittaa kuljettajaansa.

Il se força à se relever, tituba et s'effondra sur le sol enneigé.

Hän nousi ylös, horjahti ja lysähti lumipeitteiselle maalle.

À l'aide de ses pattes avant, il a traîné son corps vers la zone de harnais.

Etujalkojaan käyttäen hän raahasi ruumistaan kohti valjaiden kiinnitysaluetta.
Il s'avança, pouce par pouce, vers les chiens de travail.
Hän hiipi eteenpäin, tuuma tuumalta, työkoiria kohti.
Ses forces l'abandonnèrent, mais il continua d'avancer dans sa dernière poussée désespérée.
Hänen voimansa pettivät, mutta hän jatkoi viimeistä epätoivoista ponnistustaan.
Ses coéquipiers l'ont vu haleter dans la neige, impatients de les rejoindre.
Hänen joukkuetoverinsa näkivät hänen haukkovan henkeään lumessa, yhä kaipaavan liittyä heidän seuraansa.
Ils l'entendirent hurler de tristesse alors qu'ils quittaient le camp.
He kuulivat hänen ulvovan surusta lähtiessään leiristä taakseen.
Alors que l'équipe disparaissait dans les arbres, le cri de Dave résonna derrière eux.
Kun joukkue katosi puiden sekaan, Daven huuto kaikui heidän takanaan.
Le train de traîneaux s'est brièvement arrêté après avoir traversé un tronçon de forêt fluviale.
Rekijuna pysähtyi hetkeksi ylitettyään jokimetsän.
Le métis écossais retourna lentement vers le camp situé derrière lui.
Skotlantilainen puoliverinen käveli hitaasti takaisin kohti takanaan olevaa leiriä.
Les hommes ont arrêté de parler quand ils l'ont vu quitter le train de traîneaux.
Miehet lopettivat puhumisen nähdessään hänen poistuvan rekijunasta.
Puis un coup de feu retentit clairement et distinctement de l'autre côté du sentier.
Sitten yksi ainoa laukaus kajahti selvästi ja terävästi polun poikki.
L'homme revint rapidement et reprit sa place sans un mot.

Mies palasi nopeasti takaisin ja istuutui paikalleen sanomatta sanaakaan.
Les fouets claquaient, les cloches tintaient et les traîneaux roulaient dans la neige.
Ruoskat pauhasivat, kellot kilisivät ja reet vierivät eteenpäin lumen läpi.
Mais Buck savait ce qui s'était passé, et tous les autres chiens aussi.
Mutta Buck tiesi, mitä oli tapahtunut – ja niin tiesivät kaikki muutkin koirat.

Le travail des rênes et du sentier
Ohjien ja polun vaivannäkö

Trente jours après avoir quitté Dawson, le Salt Water Mail atteignit Skaguay.
Kolmekymmentä päivää Dawsonista lähdön jälkeen Salt Water Mail saapui Skaguayhin.
Buck et ses coéquipiers ont pris la tête, arrivant dans un état pitoyable.
Buck ja hänen joukkuetoverinsa ottivat johdon saapuessaan paikalle surkeassa kunnossa.
Buck était passé de cent quarante à cent quinze livres.
Buck oli pudonnut sadasta neljästäkymmenestä kilosta sataan viiteentoista paunaan.
Les autres chiens, bien que plus petits, avaient perdu encore plus de poids.
Muut koirat, vaikkakin pienempiä, olivat laihtuneet vielä enemmän.
Pike, autrefois un faux boiteux, traînait désormais derrière lui une jambe véritablement blessée.
Pike, joka aiemmin teeskenteli ontuvan, raahasi nyt todella loukkaantunutta jalkaansa perässään.
Solleks boitait beaucoup et Dub avait une omoplate déchirée.
Solleks ontui pahasti, ja Dubin lapaluu oli vääntynyt.
Tous les chiens de l'équipe avaient mal aux pieds après des semaines passées sur le sentier gelé.
Jokaisen joukkueen koiran jalat olivat kipeät viikkojen jäätyneellä polulla vietettyään.
Ils n'avaient plus aucun ressort dans leurs pas, seulement un mouvement lent et traînant.
Heidän askeleissaan ei ollut enää lainkaan joustavuutta, vain hidas, laahustava liike.
Leurs pieds heurtent durement le sentier, chaque pas ajoutant plus de tension à leur corps.
Heidän jalkansa osuivat lujaa polkuun, ja jokainen askel lisäsi rasitusta heidän kehoilleen.

Ils n'étaient pas malades, seulement épuisés au-delà de toute guérison naturelle.
He eivät olleet sairaita, vain uupuneita luonnollisen toipumisen yli.
Ce n'était pas la fatigue d'une dure journée, guérie par une nuit de repos.
Tämä ei ollut yhden raskaan päivän aiheuttamaa väsymystä, joka olisi parantunut yöunilla.
C'était un épuisement qui s'était construit lentement au fil de mois d'efforts épuisants.
Se oli uupumusta, joka rakentui hitaasti kuukausien uuvuttavan ponnistelun tuloksena.
Il ne leur restait plus aucune force de réserve : ils avaient épuisé toutes leurs forces.
Ei ollut enää reservivoimaa – he olivat käyttäneet kaiken jäljellä olevan.
Chaque muscle, chaque fibre et chaque cellule de leur corps étaient épuisés et usés.
Jokainen lihas, kuitu ja solu heidän kehoissaan oli kulunut loppuun.
Et il y avait une raison : ils avaient parcouru deux mille cinq cents kilomètres.
Ja siihen oli syy – he olivat kulkeneet kaksituhatta viisisataa mailia.
Ils ne s'étaient reposés que cinq jours au cours des mille huit cents derniers kilomètres.
He olivat levänneet vain viisi päivää viimeisten kahdeksantoistasadan mailin aikana.
Lorsqu'ils arrivèrent à Skaguay, ils semblaient à peine capables de se tenir debout.
Skaguayhin saapuessaan he näyttivät tuskin pystyvän seisomaan pystyssä.
Ils ont lutté pour garder les rênes serrées et rester devant le traîneau.
Heillä oli vaikeuksia pitää ohjat tiukasti ja pysyä reen edellä.
Dans les descentes, ils ont tout juste réussi à éviter d'être écrasés.

Alamäissä he onnistuivat vain välttämään yliajon.
« Continuez, pauvres pieds endoloris », dit le chauffeur tandis qu'ils boitaient.
"Marssia eteenpäin, raukat kipeät jalat", kuljettaja sanoi heidän ontuessaan eteenpäin.
« C'est la dernière ligne droite, après quoi nous aurons tous droit à un long repos, c'est sûr. »
"Tämä on viimeinen osuus, ja sitten me kaikki saamme varmasti yhden pitkän lepotauon."
« Un très long repos », promit-il en les regardant avancer en titubant.
"Yksi todella pitkä lepo", hän lupasi katsellen heidän horjuvan eteenpäin.
Les pilotes s'attendaient à bénéficier d'une longue pause bien méritée.
Kuljettajat odottivat saavansa nyt pitkän ja tarpeellisen tauon.
Ils avaient parcouru douze cents milles avec seulement deux jours de repos.
He olivat matkustaneet kaksisataa kilometriä vain kahden päivän lepotauolla.
Par souci d'équité et de raison, ils estimaient avoir mérité un temps de détente.
Kohtuullisuuden ja oikeudenmukaisuuden nimissä he kokivat ansainneensa aikaa rentoutua.
Mais trop de gens étaient venus au Klondike et trop peu étaient restés chez eux.
Mutta liian monet olivat tulleet Klondikeen, ja liian harvat olivat jääneet kotiin.
Les lettres des familles ont afflué, créant des piles de courrier en retard.
Kirjeitä perheiltä tulvi sisään, mikä loi kasoja viivästyneitä postilähetyksiä.
Les ordres officiels sont arrivés : de nouveaux chiens de la Baie d'Hudson allaient prendre le relais.
Viralliset määräykset saapuivat – uudet Hudson Bayn koirat ottaisivat vallan.

Les chiens épuisés, désormais considérés comme sans valeur, devaient être éliminés.
Uupuneet koirat, joita nyt kutsuttiin arvottomiksi, oli tarkoitus hävittää.
Comme l'argent comptait plus que les chiens, ils allaient être vendus à bas prix.
Koska raha merkitsi enemmän kuin koirat, ne myytäisiin halvalla.
Trois jours supplémentaires passèrent avant que les chiens ne ressentent à quel point ils étaient faibles.
Kului vielä kolme päivää ennen kuin koirat tunsivat, kuinka heikkoja ne olivat.
Le quatrième matin, deux hommes venus des États-Unis ont acheté toute l'équipe.
Neljäntenä aamuna kaksi miestä Yhdysvalloista ostivat koko joukkueen.
La vente comprenait tous les chiens, ainsi que leur harnais usagé.
Myyntiin sisältyivät kaikki koirat sekä niiden kuluneet valjaat.
Les hommes s'appelaient mutuellement « Hal » et « Charles » lorsqu'ils concluaient l'affaire.
Miehet kutsuivat toisiaan "Haliksi" ja "Charlesiksi" tehdessään kaupat.
Charles était d'âge moyen, pâle, avec des lèvres molles et des pointes de moustache féroces.
Charles oli keski-ikäinen, kalpea, veltoilla huulilla ja voimakkailla viiksenpäillä.
Hal était un jeune homme, peut-être âgé de dix-neuf ans, portant une ceinture bourrée de cartouches.
Hal oli nuori mies, ehkä yhdeksäntoista, ja hänellä oli patruunoilla täytetty vyö.
La ceinture contenait un gros revolver et un couteau de chasse, tous deux inutilisés.
Vyöllä oli iso revolveri ja metsästysveitsi, molemmat käyttämättömiä.
Cela a montré à quel point il était inexpérimenté et inapte à la vie dans le Nord.

Se osoitti, kuinka kokematon ja sopimaton hän oli pohjoiseen elämään.

Aucun des deux hommes n'appartenait à la nature sauvage ; leur présence défiait toute raison.

Kumpikaan mies ei kuulunut luontoon; heidän läsnäolonsa uhmasi kaikkea järkeä.

Buck a regardé l'argent échanger des mains entre l'acheteur et l'agent.

Buck katseli, kuinka rahat vaihtoivat omistajaa ja välittäjää.

Il savait que les conducteurs du train postal allaient le quitter comme les autres.

Hän tiesi, että postijunankuljettajat olivat jättämässä hänen elämänsä kuten muutkin.

Ils suivirent Perrault et François, désormais irrévocables.

He seurasivat Perraultia ja Françoisia, jotka olivat nyt menettäneet asemansa.

Buck et l'équipe ont été conduits dans le camp négligé de leurs nouveaux propriétaires.

Buck ja tiimi johdatettiin uusien omistajiensa huolimattomaan leiriin.

La tente s'affaissait, la vaisselle était sale et tout était en désordre.

Teltta painui alas, astiat olivat likaisia ja kaikki oli epäjärjestyksessä.

Buck remarqua également une femme : Mercedes, la femme de Charles et la sœur de Hal.

Buck huomasi siellä myös naisen – Mercedesin, Charlesin vaimon ja Halin sisaren.

Ils formaient une famille complète, bien que loin d'être adaptée au sentier.

He muodostivat täydellisen perheen, vaikkakaan eivät läheskään sopivia polulle.

Buck regarda nerveusement le trio commencer à emballer les fournitures.

Buck katseli hermostuneesti, kun kolmikko alkoi pakata tarvikkeita.

Ils ont travaillé dur mais sans ordre, juste du grabuge et des efforts gaspillés.
He työskentelivät ahkerasti, mutta ilman järjestystä – pelkkää hässäkkää ja hukkaan heitettyä vaivaa.
La tente a été roulée dans une forme volumineuse, beaucoup trop grande pour le traîneau.
Teltta oli rullattu kömpelöksi, aivan liian suureksi reelle.
La vaisselle sale a été emballée sans avoir été nettoyée ni séchée du tout.
Likaiset astiat pakattiin ilman pesua tai kuivausta.
Mercedes voltigeait, parlant constamment, corrigeant et intervenant.
Mercedes lepatteli ympäriinsä, puhuen, korjaillen ja sekaantuen jatkuvasti asioihin.
Lorsqu'un sac était placé à l'avant, elle insistait pour qu'il soit placé à l'arrière.
Kun säkki pantiin eteen, hän vaati sen menevän taakse.
Elle a mis le sac au fond, et l'instant d'après, elle en avait besoin.
Hän pakkasi säkin pohjalle, ja seuraavassa hetkessä hän tarvitsi sitä.
Le traîneau a donc été déballé à nouveau pour atteindre le sac spécifique.
Niinpä reki purettiin uudelleen, jotta pääsisimme käsiksi yhteen tiettyyn laukkuun.
À proximité, trois hommes se tenaient devant une tente, observant la scène se dérouler.
Lähellä teltan ulkopuolella seisoi kolme miestä katselemassa tapahtumia.
Ils souriaient, faisaient des clins d'œil et souriaient à la confusion évidente des nouveaux arrivants.
He hymyilivät, iskivät silmää ja virnistivät tulokkaiden ilmeiselle hämmennykselle.
« Vous avez déjà une charge très lourde », dit l'un des hommes.
"Sinulla on jo melkoinen taakka", sanoi yksi miehistä.

« Je ne pense pas que tu devrais porter cette tente, mais c'est ton choix. »
"En usko, että sinun pitäisi kantaa sitä telttaa, mutta se on sinun valintasi."
« Inimaginable ! » s'écria Mercedes en levant les mains de désespoir.
"Olipa unelmoitu!" huudahti Mercedes ja heitti kätensä epätoivoisena ilmaan.
« Comment pourrais-je voyager sans une tente sous laquelle dormir ? »
"Kuinka ihmeessä voisin matkustaa ilman telttaa, jonka alla yöpyä?"
« C'est le printemps, vous ne verrez plus jamais de froid », répondit l'homme.
– On kevät, ette tule enää näkemään kylmää säätä, mies vastasi.

Mais elle secoua la tête et ils continuèrent à empiler des objets sur le traîneau.
Mutta hän pudisti päätään, ja he jatkoivat tavaroiden kasaamista rekeen.
La charge s'élevait dangereusement alors qu'ils ajoutaient les dernières choses.
Kuorma kohosi vaarallisen korkealle, kun he lisäsivät viimeisiä tavaroita.
« Tu penses que le traîneau va rouler ? » demanda l'un des hommes avec un regard sceptique.
"Luuletko, että reki kulkee?" kysyi yksi miehistä epäilevästi.
« Pourquoi pas ? » rétorqua Charles, vivement agacé.
"Miksipä ei?" Charles tiuskaisi terävän ärsyyntyneenä.
« Oh, ce n'est pas grave », dit rapidement l'homme, s'éloignant de l'offense.
– No, se on ihan okei, mies sanoi nopeasti ja perääntyi loukkaantumisesta.
« Je me demandais juste – ça me semblait un peu trop lourd. »
"Mietin vain – se näytti minusta vähän liian raskaalta."
Charles se détourna et attacha la charge du mieux qu'il put.

Charles kääntyi poispäin ja sitoi kuorman niin hyvin kuin pystyi.

Mais les attaches étaient lâches et l'emballage mal fait dans l'ensemble.

Mutta sidokset olivat löysät ja pakkaus kaiken kaikkiaan huonosti tehty.

« Bien sûr, les chiens tireront ça toute la journée », a dit un autre homme avec sarcasme.

– Totta kai koirat vetävät sitä koko päivän, sanoi toinen mies sarkastisesti.

« Bien sûr », répondit froidement Hal en saisissant le long mât du traîneau.

"Totta kai", Hal vastasi kylmästi ja tarttui kelkan pitkään ohjaustankoon.

D'une main sur le poteau, il faisait tournoyer le fouet dans l'autre.

Toisella kädellä seipään päällä hän heilutti ruoskaa toisella.

« Allons-y ! » cria-t-il. « Allez ! » exhortant les chiens à démarrer.

"Mennään!" hän huusi. "Liikkukaa!" ja kehotti koiria liikkeelle.

Les chiens se sont penchés sur le harnais et ont tendu pendant quelques instants.

Koirat nojasivat valjaisiin ja ponnistelivat hetken.

Puis ils s'arrêtèrent, incapables de déplacer d'un pouce le traîneau surchargé.

Sitten he pysähtyivät, kykenemättä liikauttamaan ylikuormitettua rekeä tuumaakaan.

« Ces brutes paresseuses ! » hurla Hal en levant le fouet pour les frapper.

"Laiskarot!" Hal huusi ja nosti ruoskan lyödäkseen heitä.

Mais Mercedes s'est précipitée et a saisi le fouet des mains de Hal.

Mutta Mercedes ryntäsi sisään ja nappasi ruoskan Halin käsistä.

« Oh, Hal, n'ose pas leur faire de mal », s'écria-t-elle, alarmée.

"Voi Hal, älä uskalla satuttaa heitä", hän huusi säikähtäneenä.
« Promets-moi que tu seras gentil avec eux, sinon je n'irai pas plus loin. »
"Lupaa olla heille kiltti, tai en astu askeltakaan enää."
« Tu ne connais rien aux chiens », lança Hal à sa sœur.
"Et tiedä koirista yhtään mitään", Hal tiuskaisi sisarelleen.
« Ils sont paresseux, et la seule façon de les déplacer est de les fouetter. »
"Ne ovat laiskoja, ja ainoa tapa liikuttaa niitä on ruoskia niitä."
« Demandez à n'importe qui, demandez à l'un de ces hommes là-bas si vous doutez de moi. »
"Kysy keneltä tahansa – kysy joltain noista miehistä tuolla, jos epäilet minua."
Mercedes regarda les spectateurs avec des yeux suppliants et pleins de larmes.
Mercedes katsoi katsojia anelevin, kyynelten täyttämin silmin.
Son visage montrait à quel point elle détestait la vue de la douleur.
Hänen kasvoillaan näkyi, kuinka syvästi hän vihasi kaiken kivun näkemistä.
« Ils sont faibles, c'est tout », dit un homme. « Ils sont épuisés. »
– He ovat heikkoja, siinä kaikki, sanoi eräs mies. – He ovat kuluneet loppuun.
« Ils ont besoin de repos, ils ont travaillé trop longtemps sans pause. »
"He tarvitsevat lepoa – heitä on työskennelty liian kauan tauotta."
« Que le repos soit maudit », murmura Hal, la lèvre retroussée.
"Loput olkoot kirotut", Hal mutisi huuli rypistettynä.
Mercedes haleta, clairement peinée par ce mot grossier de sa part.
Mercedes haukkoi henkeään, selvästi tuskallisena hänen karkeista sanoistaan.
Pourtant, elle est restée loyale et a immédiatement défendu son frère.

Silti hän pysyi uskollisena ja puolusti veljeään välittömästi.
« Ne fais pas attention à cet homme », dit-elle à Hal. « Ce sont nos chiens. »
– Älä välitä tuosta miehestä, hän sanoi Halille. – Ne ovat meidän koiria.
« Vous les conduisez comme bon vous semble, faites ce que vous pensez être juste. »
"Aja niitä niin kuin parhaaksi näet – tee niin kuin itse näet oikeaksi."
Hal leva le fouet et frappa à nouveau les chiens sans pitié.
Hal nosti ruoskan ja löi koiria uudelleen armotta.
Ils se sont précipités en avant, le corps bas, les pieds poussant dans la neige.
He syöksyivät eteenpäin, vartalot matalana, jalat lumessa.
Toutes leurs forces étaient utilisées pour tirer, mais le traîneau ne bougeait pas.
Kaikki heidän voimansa meni vetämiseen, mutta reki ei liikkunut.
Le traîneau est resté coincé, comme une ancre figée dans la neige tassée.
Kelkka pysyi jumissa kuin pakkautuneeseen lumeen jäätynyt ankkuri.
Après un deuxième effort, les chiens s'arrêtèrent à nouveau, haletants.
Toisen yrityksen jälkeen koirat pysähtyivät uudelleen läähättäen kovasti.
Hal leva à nouveau le fouet, juste au moment où Mercedes intervenait à nouveau.
Hal nosti ruoskan jälleen kerran juuri kun Mercedes puuttui asiaan.
Elle tomba à genoux devant Buck et lui serra le cou.
Hän polvistui Buckin eteen ja halasi tämän kaulaa.
Les larmes lui montèrent aux yeux tandis qu'elle suppliait le chien épuisé.
Kyyneleet täyttivät hänen silmänsä, kun hän aneli uupunutta koiraa.

« Pauvres chéris », dit-elle, « pourquoi ne tirez-vous pas plus fort ? »
– Te raukat, hän sanoi, – miksette vain vedä kovemmin?
« Si tu tires, tu ne seras pas fouetté comme ça. »
"Jos vedät, et saa tällaista ruoskintaa."

Buck n'aimait pas Mercedes, mais il était trop fatigué pour lui résister maintenant.
Buck ei pitänyt Mercedesistä, mutta hän oli liian väsynyt vastustaakseen häntä nyt.

Il accepta ses larmes comme une simple partie de cette journée misérable.
Hän hyväksyi naisen kyyneleet vain yhtenä osana kurjaa päivää.

L'un des hommes qui regardaient a finalement parlé après avoir retenu sa colère.
Yksi miehistä puhui vihdoin pidäteltyään vihansa.

« Je me fiche de ce qui vous arrive, mais ces chiens comptent. »
"Minua ei kiinnosta, mitä teille tapahtuu, mutta nuo koirat ovat tärkeitä."

« Si vous voulez aider, détachez ce traîneau, il est gelé dans la neige. »
"Jos haluat auttaa, päästä kelkka irti – se on jäätynyt lumeen."

« Appuyez fort sur la perche, à droite et à gauche, et brisez le sceau de glace. »
"Työnnä lujaa vipuvartta oikealle ja vasemmalle ja murra jäätiiviste."

Une troisième tentative a été faite, cette fois-ci suite à la suggestion de l'homme.
Kolmas yritys tehtiin, tällä kertaa miehen ehdotuksesta.

Hal a balancé le traîneau d'un côté à l'autre, libérant les patins.
Hal keinutti kelkkaa puolelta toiselle jalakset irtosivat.

Le traîneau, bien que surchargé et maladroit, a finalement fait un bond en avant.
Vaikka reki oli ylikuormitettu ja kömpelö, se horjahti lopulta eteenpäin.

Buck et les autres tiraient sauvagement, poussés par une tempête de coups de fouet.
Buck ja muut vetivät villisti, myrskyn lailla ajamina niskaan.

Une centaine de mètres plus loin, le sentier courbait et descendait en pente dans la rue.
Sadan metrin päässä polku kaartui ja vietti kadulle.

Il aurait fallu un conducteur expérimenté pour maintenir le traîneau droit.
Reen pystyssä pitäminen olisi vaatinut taitavan kuljettajan.

Hal n'était pas habile et le traîneau a basculé en tournant dans le virage.
Hal ei ollut taitava, ja kelkka kallistui kääntyessään mutkan ympäri.

Les sangles lâches ont cédé et la moitié de la charge s'est répandue sur la neige.
Löysät sidontaköydet pettivät, ja puolet kuormasta valui lumelle.

Les chiens ne s'arrêtèrent pas ; le traîneau le plus léger volait sur le côté.
Koirat eivät pysähtyneet; kevyempi reki lensi kyljellään.

En colère à cause des mauvais traitements et du lourd fardeau, les chiens couraient plus vite.
Vihaisina kaltoinkohtelusta ja raskaasta taakasta koirat juoksivat nopeammin.

Buck, furieux, s'est mis à courir, suivi par l'équipe.
Raivostuneena Buck lähti juoksemaan, ja joukkue seurasi perässä.

Hal a crié « Whoa ! Whoa ! » mais l'équipe ne lui a pas prêté attention.
Hal huusi "Vau! Vau!", mutta joukkue ei kiinnittänyt häneen huomiota.

Il a trébuché, est tombé et a été traîné au sol par le harnais.
Hän kompastui, kaatui ja valjaat raahasivat häntä pitkin maata.

Le traîneau renversé l'a heurté tandis que les chiens couraient devant.
Kaatunut reki töyssyi hänen ylitseen koirien kiitäessä edellä.

Le reste des fournitures est dispersé dans la rue animée de Skaguay.
Loput tarvikkeet olivat hajallaan Skaguayn vilkkaan kadun varrella.

Des personnes au grand cœur se sont précipitées pour arrêter les chiens et rassembler le matériel.
Hyväsydämiset ihmiset kiiruhtivat pysäyttämään koiria ja keräämään varusteet.

Ils ont également donné des conseils, directs et pratiques, aux nouveaux voyageurs.
He antoivat myös uusille matkailijoille suoria ja käytännöllisiä neuvoja.

« Si vous voulez atteindre Dawson, prenez la moitié du chargement et doublez les chiens. »
"Jos haluatte päästä Dawsoniin, ottakaa puolet kuormasta ja tuplasti koiria."

Hal, Charles et Mercedes écoutaient, mais sans enthousiasme.
Hal, Charles ja Mercedes kuuntelivat, vaikkakaan eivät innokkaasti.

Ils ont installé leur tente et ont commencé à trier leurs provisions.
He pystyttivät telttansa ja alkoivat lajitella tavaroitaan.

Des conserves sont sorties, ce qui a fait rire les spectateurs.
Ulos tuli säilykkeitä, jotka saivat katsojat nauramaan ääneen.

« Des conserves sur le sentier ? Tu vas mourir de faim avant qu'elles ne fondent », a dit l'un d'eux.
"Säilykettä polulla? Nälkä kuolee ennen kuin se sulaa", yksi sanoi.

« Des couvertures d'hôtel ? Tu ferais mieux de toutes les jeter. »
"Hotellihuovat? Heitä ne kaikki pois, niin on parempi."

« Laissez tomber la tente aussi, et personne ne fait la vaisselle ici. »
"Jätä telttakin pois, niin kukaan ei pese täällä astioita."

« Tu crois que tu voyages dans un train Pullman avec des domestiques à bord ? »

"Luuletko matkustavasi Pullman-junassa, jossa on palvelijoita kyydissä?"

Le processus a commencé : chaque objet inutile a été jeté de côté.

Prosessi alkoi – jokainen turha esine heitettiin sivuun.

Mercedes a pleuré lorsque ses sacs ont été vidés sur le sol enneigé.

Mercedes itki, kun hänen laukut tyhjennettiin lumivalle maalle.

Elle sanglotait sur chaque objet jeté, un par un, sans pause.

Hän itki jokaista pois heitettyä esinettä, yksi kerrallaan tauotta.

Elle jura de ne plus faire un pas de plus, même pas pendant dix Charles.

Hän vannoi, ettei menisi askeltakaan enempää – ei edes kymmenen Charlesen takia.

Elle a supplié chaque personne à proximité de la laisser garder ses objets précieux.

Hän pyysi jokaista lähellä olevaa henkilöä antamaan hänen pitää arvoesinensä.

Finalement, elle s'essuya les yeux et commença à jeter même les vêtements essentiels.

Viimein hän pyyhki silmänsä ja alkoi heitellä pois jopa elintärkeitä vaatteita.

Une fois les siennes terminées, elle commença à vider les provisions des hommes.

Kun hän oli tyhjentänyt omansa, hän alkoi tyhjentää miesten tarvikkeita.

Comme un tourbillon, elle a déchiré les affaires de Charles et Hal.

Kuin pyörretuuli hän repi Charlesin ja Halin tavaroita.

Même si la charge était réduite de moitié, elle était encore bien plus lourde que nécessaire.

Vaikka kuorma puolittui, se oli silti paljon painavampi kuin olisi tarvinnut.

Cette nuit-là, Charles et Hal sont sortis et ont acheté six nouveaux chiens.

Sinä iltana Charles ja Hal menivät ulos ja ostivat kuusi uutta koiraa.
Ces nouveaux chiens ont rejoint les six originaux, plus Teek et Koona.
Nämä uudet koirat liittyivät alkuperäisten kuuden koiran joukkoon, sekä Teekin ja Koonan.
Ensemble, ils formaient une équipe de quatorze chiens attelés au traîneau.
Yhdessä he muodostivat neljäntoista koiran valjakon, jotka oli kytketty rekeen.
Mais les nouveaux chiens n'étaient pas aptes et mal entraînés au travail en traîneau.
Mutta uudet koirat olivat sopimattomia ja huonosti koulutettuja rekityöhön.
Trois des chiens étaient des pointeurs à poil court et un était un Terre-Neuve.
Kolme koirista oli lyhytkarvaisia seisojia ja yksi oli newfoundlandinkoira.
Les deux derniers chiens étaient des bâtards sans race ni objectif clairement définis.
Kaksi viimeistä koiraa olivat sekarotuisia, joilla ei ollut lainkaan selkeää rotua tai käyttötarkoitusta.
Ils n'ont pas compris le sentier et ne l'ont pas appris rapidement.
He eivät ymmärtäneet polkua eivätkä oppineet sitä nopeasti.
Buck et ses compagnons les regardaient avec mépris et une profonde irritation.
Buck ja hänen toverinsa katselivat heitä halveksien ja syvän ärtymyksen vallassa.
Bien que Buck leur ait appris ce qu'il ne fallait pas faire, il ne pouvait pas leur enseigner le devoir.
Vaikka Buck opetti heille, mitä ei pidä tehdä, hän ei voinut opettaa heille velvollisuudentuntoa.
Ils n'ont pas bien supporté la vie sur les sentiers ni la traction des rênes et des traîneaux.
Ne eivät pitäneet elämän perässä juoksemisesta eivätkä ohjasten ja rekien vedosta.

Seuls les bâtards essayaient de s'adapter, et même eux manquaient d'esprit combatif.
Vain sekarotuiset yrittivät sopeutua, ja jopa heiltä puuttui taistelutahtoa.
Les autres chiens étaient confus, affaiblis et brisés par leur nouvelle vie.
Muut koirat olivat hämmentyneitä, heikentyneitä ja murtuneita uudesta elämästään.
Les nouveaux chiens étant désemparés et les anciens épuisés, l'espoir était mince.
Uusien koirien ollessa tietämättömiä ja vanhojen uupuneita, toivo oli hiipumassa.
L'équipe de Buck avait parcouru deux mille cinq cents kilomètres de sentiers difficiles.
Buckin joukkue oli kulkenut kaksituhattatuhatta kilometriä karua polkua.
Pourtant, les deux hommes étaient joyeux et fiers de leur grande équipe de chiens.
Silti kaksi miestä olivat iloisia ja ylpeitä suuresta koiravaljakostaan.
Ils pensaient voyager avec style, avec quatorze chiens attelés.
He luulivat matkustavansa tyylikkäästi neljäntoista koiran kanssa.
Ils avaient vu des traîneaux partir pour Dawson, et d'autres en arriver.
He olivat nähneet rekien lähtevän Dawsoniin ja toisten saapuvan sieltä.
Mais ils n'en avaient jamais vu un tiré par quatorze chiens.
Mutta he eivät olleet koskaan nähneet sellaista, jota olisi vetänyt jopa neljätoista koiraa.
Il y avait une raison pour laquelle de telles équipes étaient rares dans la nature sauvage de l'Arctique.
Oli syynsä siihen, miksi tällaiset joukkueet olivat harvinaisia arktisella erämaalla.
Aucun traîneau ne pouvait transporter suffisamment de nourriture pour nourrir quatorze chiens pendant le voyage.

Yksikään reki ei voinut kuljettaa tarpeeksi ruokaa neljälletoista koiralle koko matkan ajaksi.
Mais Charles et Hal ne le savaient pas : ils avaient fait le calcul.
Mutta Charles ja Hal eivät tienneet sitä – he olivat tehneet laskelmat.
Ils ont planifié la nourriture : tant par chien, tant de jours, et c'est fait.
He lyijykynällä laativat ruoan: niin paljon koiraa kohden, niin monta päivää, tehty.
Mercedes regarda leurs chiffres et hocha la tête comme si cela avait du sens.
Mercedes katsoi heidän lukujaan ja nyökkäsi ikään kuin ne olisivat olleet järkeenkäypiä.
Tout cela lui semblait très simple, du moins sur le papier.
Kaikki tuntui hänestä hyvin yksinkertaiselta, ainakin paperilla.

Le lendemain matin, Buck conduisit lentement l'équipe dans la rue enneigée.
Seuraavana aamuna Buck johdatti joukkuetta hitaasti lumista katua pitkin.
Il n'y avait aucune énergie ni aucun esprit en lui ou chez les chiens derrière lui.
Hänessä eikä hänen takanaan olevissa koirissa ollut energiaa tai henkeä.
Ils étaient épuisés dès le départ, il n'y avait plus de réserve.
He olivat alusta asti kuoliaaksi väsyneitä – ei ollut enää yhtään varaa jäljellä.
Buck avait déjà effectué quatre voyages entre Salt Water et Dawson.
Buck oli jo tehnyt neljä matkaa Salt Waterin ja Dawsonin välillä.
Maintenant, confronté à nouveau à la même épreuve, il ne ressentait que de l'amertume.
Nyt, samaa polkua jälleen kohti katsoen, hän ei tuntenut muuta kuin katkeruutta.

Son cœur n'y était pas, ni celui des autres chiens.
Hänen sydämensä ei ollut siinä mukana, eivätkä muidenkaan koirien sydämet.
Les nouveaux chiens étaient timides et les huskies manquaient totalement de confiance.
Uudet koirat olivat arkoja, ja huskyiltä puuttui kaikki luottamus.
Buck sentait qu'il ne pouvait pas compter sur ces deux hommes ou sur leur sœur.
Buck tunsi, ettei hän voinut luottaa näihin kahteen mieheen tai heidän sisareensa.
Ils ne savaient rien et ne montraient aucun signe d'apprentissage sur le sentier.
He eivät tienneet mitään eivätkä osoittaneet oppimisen merkkejä matkalla.
Ils étaient désorganisés et manquaient de tout sens de la discipline.
He olivat epäjärjestyksessä ja heiltä puuttui kaikenlainen kurinalaisuus.
Il leur fallait à chaque fois la moitié de la nuit pour monter un campement bâclé.
Heillä kesti puoli yötä pystyttää huolimaton leiri joka kerta.
Et ils passèrent la moitié de la matinée suivante à tâtonner à nouveau avec le traîneau.
Ja puolet seuraavasta aamusta he viettivät taas näprähtelyä reen kanssa.
À midi, ils s'arrêtaient souvent juste pour réparer la charge inégale.
Keskipäivään mennessä he usein pysähtyivät vain korjatakseen epätasaisen kuorman.
Certains jours, ils parcouraient moins de dix milles au total.
Joinakin päivinä he matkustivat yhteensä alle kymmenen mailia.
D'autres jours, ils ne parvenaient pas du tout à quitter le camp.
Muina päivinä he eivät päässeet ollenkaan pois leiristä.

Ils n'ont jamais réussi à couvrir la distance alimentaire prévue.
He eivät koskaan päässeet lähellekään suunniteltua ruokamatkaa.
Comme prévu, ils ont très vite manqué de nourriture pour les chiens.
Kuten odotettua, koirien ruoka loppui nopeasti.
Ils ont aggravé la situation en les suralimentant au début.
He pahensivat asioita yliruokimalla alkuaikoina.
À chaque ration négligée, la famine se rapprochait.
Tämä lähensi nälänhätää jokaisen huolimattoman annoksen myötä.
Les nouveaux chiens n'avaient pas appris à survivre avec très peu.
Uudet koirat eivät olleet oppineet selviytymään aivan vähällä.
Ils mangeaient avec faim, avec un appétit trop grand pour le sentier.
He söivät nälkäisinä, ruokahalunsa liian suurena polulle.
Voyant les chiens s'affaiblir, Hal pensait que la nourriture n'était pas suffisante.
Nähdessään koirien heikkenevän Hal uskoi, ettei ruoka riittänyt.
Il a doublé les rations, rendant l'erreur encore pire.
Hän kaksinkertaisti ruoka-annokset, mikä pahensi virhettä entisestään.
Mercedes a aggravé le problème avec ses larmes et ses douces supplications.
Mercedes pahensi ongelmaa kyyneleillään ja hiljaisilla aneluillaan.
Comme elle n'arrivait pas à convaincre Hal, elle nourrissait les chiens en secret.
Kun hän ei saanut Halia vakuutettua, hän ruokki koiria salaa.
Elle a volé des sacs de poissons et les leur a donnés dans son dos.
Hän varasti kalasäkeistä ja antoi ne heille miehen selän takana.
Mais ce dont les chiens avaient réellement besoin, ce n'était pas de plus de nourriture, mais de repos.

Mutta koirat eivät todellakaan tarvinneet lisää ruokaa – ne tarvitsivat lepoa.
Ils progressaient mal, mais le lourd traîneau continuait à avancer.
Heillä oli heikkoa aikaa, mutta raskas reki veti silti eteenpäin.
Ce poids à lui seul épuisait chaque jour leurs forces restantes.
Jo tuo paino kulutti heidän jäljellä olevat voimansa joka päivä.
Puis vint l'étape de la sous-alimentation, les réserves s'épuisant.
Sitten tuli aliravitsemusvaihe, kun tarvikkeet olivat vähissä.
Un matin, Hal s'est rendu compte que la moitié de la nourriture pour chien avait déjà disparu.
Eräänä aamuna Hal huomasi, että puolet koiranruoasta oli jo loppu.
Ils n'avaient parcouru qu'un quart de la distance totale du sentier.
He olivat kulkeneet vain neljänneksen koko matkasta.
On ne pouvait plus acheter de nourriture, quel que soit le prix proposé.
Ruokaa ei voinut enää ostaa, oli hinta mikä tahansa.
Il a réduit les portions des chiens en dessous de la ration quotidienne standard.
Hän pienensi koirien annoksia alle päivittäisen normaalin annoksen.
Dans le même temps, il a exigé des voyages plus longs pour compenser la perte.
Samalla hän vaati pidempiä matkoja korvatakseen tappiot.
Mercedes et Charles ont soutenu ce plan, mais ont échoué dans son exécution.
Mercedes ja Charles tukivat tätä suunnitelmaa, mutta epäonnistuivat toteutuksessa.
Leur lourd traîneau et leur manque de compétences rendaient la progression presque impossible.
Heidän raskas rekensä ja taitomattomuudensa tekivät etenemisen lähes mahdottomaksi.

Il était facile de donner moins de nourriture, mais impossible de forcer plus d'efforts.
Oli helppo antaa vähemmän ruokaa, mutta mahdotonta pakottaa ponnistelemaan enemmän.
Ils ne pouvaient pas commencer plus tôt, ni voyager pendant des heures supplémentaires.
He eivät voineet aloittaa aikaisin eivätkä matkustaa ylitöitä.
Ils ne savaient pas comment travailler les chiens, ni eux-mêmes d'ailleurs.
He eivät osanneet käyttää koiria, eivätkä oikeastaan itseäänkään.
Le premier chien à mourir était Dub, le voleur malchanceux mais travailleur.
Ensimmäinen kuollut koira oli Dub, epäonninen mutta ahkera varas.
Bien que souvent puni, Dub avait fait sa part sans se plaindre.
Vaikka Dubia rangaistiin usein, hän oli kantanut puolensa valittamatta.
Son épaule blessée s'est aggravée sans qu'il soit nécessaire de prendre soin de lui et de se reposer.
Hänen loukkaantunut olkapäänsä paheni ilman hoitoa tai lepoa.
Finalement, Hal a utilisé le revolver pour mettre fin aux souffrances de Dub.
Lopulta Hal käytti revolveria lopettaakseen Dubin kärsimykset.
Un dicton courant dit que les chiens normaux meurent à cause des rations de husky.
Yleinen sanonta väitti, että normaalit koirat kuolevat huskyjen rehulla.
Les six nouveaux compagnons de Buck n'avaient que la moitié de la part de nourriture du husky.
Buckin kuudella uudella toverilla oli vain puolet huskyn annoksesta ruokaa.
Le Terre-Neuve est mort en premier, puis les trois braques à poil court.

Newfoundlandinkoira kuoli ensin, sitten kolme lyhytkarvaista seisojaa.
Les deux bâtards résistèrent plus longtemps mais finirent par périr comme les autres.
Kaksi sekarotuista pysyivät pystyssä kauemmin, mutta lopulta he menehtyivät kuten muutkin.
À cette époque, toutes les commodités et la douceur du Southland avaient disparu.
Tähän mennessä kaikki Etelän mukavuudet ja lempeys olivat kadonneet.
Les trois personnes avaient perdu les dernières traces de leur éducation civilisée.
Kolme ihmistä olivat karistaneet viimeisetkin sivistyneen kasvatuksensa jäljet.
Dépouillé de glamour et de romantisme, le voyage dans l'Arctique est devenu brutalement réel.
Riisuttuina loistosta ja romantiikasta arktisesta matkailusta tuli brutaalin todellista.
C'était une réalité trop dure pour leur sens de la virilité et de la féminité.
Se oli todellisuus, joka oli liian karu heidän mieheyden ja naiseuden käsityksilleen.
Mercedes ne pleurait plus pour les chiens, mais maintenant elle pleurait seulement pour elle-même.
Mercedes ei enää itkenyt koiria, vaan nyt vain itseään.
Elle passait son temps à pleurer et à se disputer avec Hal et Charles.
Hän vietti aikansa itkien ja riidellen Halin ja Charlesin kanssa.
Se disputer était la seule chose qu'ils n'étaient jamais trop fatigués de faire.
Riitely oli ainoa asia, johon he eivät koskaan olleet liian väsyneitä.
Leur irritabilité provenait de la misère, grandissait avec elle et la surpassait.
Heidän ärtymys johtui kurjuudesta, kasvoi sen mukana ja ylitti sen.

La patience du sentier, connue de ceux qui peinent et souffrent avec bienveillance, n'est jamais venue.
Polun kärsivällisyys, jonka tuntevat ne, jotka uurastaa ja kärsivät ystävällisesti, ei koskaan tullut.
Cette patience, qui garde la parole douce malgré la douleur, leur était inconnue.
Tuo kärsivällisyys, joka pitää puheen makeana tuskan läpi, oli heille tuntematonta.
Ils n'avaient aucune trace de patience, aucune force tirée de la souffrance avec grâce.
Heillä ei ollut häivääkään kärsivällisyydestä, ei voimaa, joka ammentuisi kärsimyksestä armossa.
Ils étaient raides de douleur : leurs muscles, leurs os et leur cœur étaient douloureux.
He olivat jäykkiä tuskasta – heidän lihaksiaan, luitaan ja sydäntään särki.
À cause de cela, ils devinrent acerbes et prompts à prononcer des paroles dures.
Tämän vuoksi heidän kielellään oli teräviä ja he olivat nopeita lausumaan ankaria sanoja.
Chaque jour commençait et se terminait par des voix en colère et des plaintes amères.
Jokainen päivä alkoi ja päättyi vihaisiin ääniin ja katkeriin valituksiin.
Charles et Hal se disputaient chaque fois que Mercedes leur en donnait l'occasion.
Charles ja Hal riitelivät aina kun Mercedes antoi heille mahdollisuuden.
Chaque homme estimait avoir fait plus que sa juste part du travail.
Jokainen mies uskoi tehneensä enemmän kuin oman osuutensa työstä kuului.
Aucun des deux n'a jamais manqué une occasion de le dire, encore et encore.
Kumpikaan ei koskaan jättänyt käyttämättä tilaisuutta sanoa sitä yhä uudelleen ja uudelleen.

Parfois, Mercedes se rangeait du côté de Charles, parfois du côté de Hal.
Joskus Mercedes oli Charlesin, joskus Halin puolella.
Cela a conduit à une grande et interminable querelle entre les trois.
Tämä johti suureen ja loputtomaan riitaan kolmikon kesken.
Une dispute sur la question de savoir qui devait couper le bois de chauffage est devenue incontrôlable.
Kiista siitä, kuka saisi pilkkoa polttopuut, riistäytyi käsistä.
Bientôt, les pères, les mères, les cousins et les parents décédés ont été nommés.
Pian isien, äitien, serkkujen ja kuolleiden sukulaisten nimet mainittiin.
Les opinions de Hal sur l'art ou les pièces de son oncle sont devenues partie intégrante du combat.
Halin näkemykset taiteesta tai setänsä näytelmistä nousivat osaksi taistelua.
Les convictions politiques de Charles sont également entrées dans le débat.
Myös Charlesin poliittiset näkemykset nousivat keskusteluun.
Pour Mercedes, même les ragots de la sœur de son mari semblaient pertinents.
Mercedesille jopa hänen miehensä sisaren juorut tuntuivat merkityksellisiltä.
Elle a exprimé son opinion sur ce sujet et sur de nombreux défauts de la famille de Charles.
Hän ilmaisi mielipiteitään siitä ja monista Charlesin perheen puutteista.
Pendant qu'ils se disputaient, le feu restait éteint et le camp à moitié monté.
Heidän väitellessään nuotio pysyi sammuneena ja leiri puolivalmiina.
Pendant ce temps, les chiens restaient froids et sans nourriture.
Samaan aikaan koirat pysyivät kylmissä ja ilman ruokaa.
Mercedes avait un grief qu'elle considérait comme profondément personnel.

Mercedesillä oli valituksen aihe, jota hän piti syvästi henkilökohtaisena.
Elle se sentait maltraitée en tant que femme, privée de ses doux privilèges.
Hän tunsi itsensä kohdelluksi kaltoin naisena, häneltä evättiin hänen lempeät etuoikeutensa.
Elle était jolie et douce, et habituée à la chevalerie toute sa vie.
Hän oli kaunis ja pehmeä ja tottunut ritarillisuuteen koko elämänsä ajan.
Mais son mari et son frère la traitaient désormais avec impatience.
Mutta hänen miehensä ja veljensä kohtelivat häntä nyt kärsimättömästi.
Elle avait pour habitude d'agir comme si elle était impuissante, et ils commencèrent à se plaindre.
Hänellä oli tapana käyttäytyä avuttomasti, ja he alkoivat valittaa.
Offensée par cela, elle leur rendit la vie encore plus difficile.
Tästä loukkaantuneena hän teki heidän elämästään entistä vaikeampaa.
Elle a ignoré les chiens et a insisté pour conduire elle-même le traîneau.
Hän jätti koirat huomiotta ja halusi ehdottomasti itse ajaa reellä.
Bien que légère en apparence, elle pesait cent vingt livres.
Vaikka hän oli ulkonäöltään kevyt, hän painoi sata kaksikymmentä kiloa.
Ce fardeau supplémentaire était trop lourd pour les chiens affamés et faibles.
Tuo lisätaakka oli liikaa nälkäisille, heikoille koirille.
Elle a continué à monter pendant des jours, jusqu'à ce que les chiens s'effondrent sous les rênes.
Silti hän ratsasti päiväkausia, kunnes koirat pettivät ohjat.
Le traîneau s'arrêta et Charles et Hal la supplièrent de marcher.

Reki seisoi paikallaan, ja Charles ja Hal pyysivät häntä kävelemään.
Ils la supplièrent et la supplièrent, mais elle pleura et les traita de cruels.
He pyysivät ja hartaasti hartaasti, mutta hän itki ja haukkui heitä julmiksi.
À une occasion, ils l'ont tirée du traîneau avec force et colère.
Kerran he vetivät hänet pois kelkasta pelkällä voimalla ja vihalla.
Ils n'ont plus jamais essayé après ce qui s'est passé cette fois-là.
He eivät koskaan yrittäneet uudelleen tuon tapahtuman jälkeen.
Elle devint molle comme un enfant gâté et s'assit dans la neige.
Hän veltostui kuin hemmoteltu lapsi ja istui lumeen.
Ils continuèrent leur chemin, mais elle refusa de se lever ou de les suivre.
He jatkoivat matkaa, mutta hän kieltäytyi nousemasta tai seuraamasta perässä.
Après trois milles, ils s'arrêtèrent, revinrent et la ramenèrent.
Kolmen mailin jälkeen he pysähtyivät, palasivat ja kantoivat hänet takaisin.
Ils l'ont rechargée sur le traîneau, en utilisant encore une fois la force brute.
He lastasivat hänet uudelleen kelkkaan, jälleen raakaa voimaa käyttäen.
Dans leur profonde misère, ils étaient insensibles à la souffrance des chiens.
Syvässä kurjuudessaan he olivat välinpitämättömiä koirien kärsimystä kohtaan.
Hal croyait qu'il fallait s'endurcir et il a imposé cette croyance aux autres.
Hal uskoi, että ihmisen täytyy paaduttaa itseään, ja pakotti tämän uskomuksen muille.
Il a d'abord essayé de prêcher sa philosophie à sa sœur
Hän yritti ensin saarnata filosofiaansa sisarelleen

et puis, sans succès, il prêcha à son beau-frère.
ja sitten hän saarnasi tuloksetta lankolleen.
Il a eu plus de succès avec les chiens, mais seulement parce qu'il leur a fait du mal.
Hän onnistui paremmin koirien kanssa, mutta vain siksi, että hän satutti niitä.
Chez Five Fingers, la nourriture pour chiens est complètement épuisée.
Five Fingersissä koiranruoka loppui kokonaan.
Une vieille squaw édentée a vendu quelques kilos de peau de cheval congelée
Hampaaton vanha squaw myi muutaman kilon pakastettua hevosennahkaa
Hal a échangé son revolver contre la peau de cheval séchée.
Hal vaihtoi revolverinsa kuivattuun hevosennahkaan.
La viande provenait de chevaux affamés d'éleveurs de bétail des mois auparavant.
Liha oli peräisin nälkäisistä karjankasvattajien hevosista kuukausia aiemmin.
Gelée, la peau était comme du fer galvanisé ; dure et immangeable.
Jäätynyt nahka oli kuin galvanoitua rautaa; sitkeää ja syötäväksi kelpaamatonta.
Les chiens devaient mâcher la peau sans fin pour la manger.
Koirien täytyi pureskella nahkaa loputtomasti saadakseen sen syötyä.
Mais les cordes en cuir et les cheveux courts n'étaient guère une nourriture.
Mutta nahkaiset nauhat ja lyhyet hiukset eivät juurikaan ravinnoksi kelvanneet.
La majeure partie de la peau était irritante et ne constituait pas véritablement de la nourriture.
Suurin osa nahasta oli ärsyttävää, eikä varsinaista ruokaa.
Et pendant tout ce temps, Buck titubait en tête, comme dans un cauchemar.
Ja kaiken tämän ajan Buck horjahti eturintamassa kuin painajaisessa.

Il tirait quand il le pouvait ; quand il ne le pouvait pas, il restait allongé jusqu'à ce qu'un fouet ou un gourdin le relève.
Hän veti kun pystyi; kun ei pystynyt, hän makasi, kunnes ruoska tai keppi nosti hänet.
Son pelage fin et brillant avait perdu toute sa rigidité et son éclat d'autrefois.
Sen hieno, kiiltävä turkki oli menettänyt kaiken entisen jäykkyyden ja kiillon.
Ses cheveux pendaient, mous, en bataille et coagulés par le sang séché des coups.
Hänen hiuksensa roikkuivat veltoina, takkuisina ja iskujen kuivuneesta verestä hyytyneinä.
Ses muscles se sont réduits à l'état de cordes et ses coussinets de chair étaient tous usés.
Hänen lihaksensa kutistuivat naruiksi ja hänen ihonaluspehmusteensa olivat kuluneet pois.
Chaque côte, chaque os apparaissait clairement à travers les plis de la peau ridée.
Jokainen kylkiluu, jokainen luu näkyi selvästi ryppyisten ihopoimujen välistä.
C'était déchirant, mais le cœur de Buck ne pouvait pas se briser.
Se oli sydäntäsärkevää, mutta Buckin sydän ei voinut särkyä.
L'homme au pull rouge avait testé cela et l'avait prouvé il y a longtemps.
Punainen villapaitainen mies oli testannut ja todistanut sen jo kauan sitten.
Comme ce fut le cas pour Buck, ce fut le cas pour tous ses coéquipiers restants.
Kuten Buckin laita, niin oli kaikkien hänen jäljellä olevien joukkuetovereidensa laita.
Il y en avait sept au total, chacun étant un squelette ambulant de misère.
Niitä oli yhteensä seitsemän, jokainen kävelevä kurjuuden luuranko.

Ils étaient devenus insensibles au fouet, ne ressentant qu'une douleur lointaine.
He olivat turtuneet ruoskimiselle, tuntien vain kaukaista kipua.
Même la vue et le son leur parvenaient faiblement, comme à travers un épais brouillard.
Jopa näky ja ääni kantautuivat heille heikosti, kuin sakean sumun läpi.
Ils n'étaient pas à moitié vivants : c'étaient des os avec de faibles étincelles à l'intérieur.
He eivät olleet puoliksikaan elossa – he olivat luita, joiden sisällä välkkyi himmeä kipinä.
Lorsqu'ils s'arrêtèrent, ils s'effondrèrent comme des cadavres, leurs étincelles presque éteintes.
Pysähtyneinä ne romahtivat kuin ruumiit, kipinät melkein sammuneina.
Et lorsque le fouet ou le gourdin frappaient à nouveau, les étincelles voltigeaient faiblement.
Ja kun ruoska tai keppi iski uudelleen, kipinät lepattivat heikosti.
Puis ils se levèrent, titubèrent en avant et traînèrent leurs membres en avant.
Sitten he nousivat, horjahtivat eteenpäin ja raahasivat raajojaan eteenpäin.
Un jour, le gentil Billee tomba et ne put plus se relever du tout.
Eräänä päivänä kiltti Billee kaatui eikä pystynyt enää ollenkaan nousemaan.
Hal avait échangé son revolver, alors il a utilisé une hache pour tuer Billee à la place.
Hal oli vaihtanut revolverinsa, joten hän käytti kirvestä tappaakseen Billeen.
Il le frappa à la tête, puis lui coupa le corps et le traîna.
Hän löi tätä päähän, sitten viilsi ruumiin irti ja raahasi sen pois.
Buck vit cela, et les autres aussi ; ils savaient que la mort était proche.

Buck näki tämän, ja niin näkivät muutkin; he tiesivät kuoleman olevan lähellä.

Le lendemain, Koona partit, ne laissant que cinq chiens dans l'équipe affamée.

Seuraavana päivänä Koona lähti jättäen nälkäiseen joukkueeseen jäljelle vain viisi koiraa.

Joe, qui n'était plus méchant, était trop loin pour se rendre compte de quoi que ce soit.

Joe, joka ei enää ollut ilkeä, oli liian pitkälle eksynyt ollakseen juurikaan tietoinen mistään.

Pike, ne faisant plus semblant d'être blessé, était à peine conscient.

Pike, joka ei enää teeskennellyt vammaansa, oli tuskin tajuissaan.

Solleks, toujours fidèle, se lamentait de ne plus avoir de force à donner.

Yhä uskollinen Solleks suri, ettei hänellä ollut voimia antaa.

Teek a été le plus battu parce qu'il était plus frais, mais qu'il s'estompait rapidement.

Teek hävisi eniten, koska hän oli virkeämpi, mutta hiipumassa nopeasti.

Et Buck, toujours en tête, ne maintenait plus l'ordre ni ne le faisait respecter.

Ja Buck, yhä johdossa, ei enää pitänyt yllä järjestystä eikä valvonut sitä.

À moitié aveugle à cause de sa faiblesse, Buck suivit la piste au toucher seul.

Puolisokeana heikkoudesta, Buck seurasi polkua yksin tunnolla.

C'était un beau temps printanier, mais aucun d'entre eux ne l'a remarqué.

Oli kaunis kevätsää, mutta kukaan heistä ei huomannut sitä.

Chaque jour, le soleil se levait plus tôt et se couchait plus tard qu'avant.

Joka päivä aurinko nousi aikaisemmin ja laski myöhemmin kuin ennen.

À trois heures du matin, l'aube était arrivée ; le crépuscule durait jusqu'à neuf heures.
Kolmelta aamulla oli jo aamunkoitto; hämärä kesti yhdeksään asti.
Les longues journées étaient remplies du plein soleil printanier.
Pitkät päivät olivat täynnä kevään auringonpaistetta.
Le silence fantomatique de l'hiver s'était transformé en un murmure chaleureux.
Talven aavemainen hiljaisuus oli muuttunut lämpimäksi huminaksi.
Toute la terre s'éveillait, animée par la joie des êtres vivants.
Koko maa heräsi eloon, täynnä elävien olentojen iloa.
Le bruit provenait de ce qui était resté mort et immobile pendant l'hiver.
Ääni tuli jostakin, mikä oli maannut kuolleena ja liikkumattomana läpi talven.
Maintenant, ces choses bougeaient à nouveau, secouant le long sommeil de gel.
Nyt nuo asiat liikkuivat taas, ravistellen pois pitkän pakkasunen.
La sève montait à travers les troncs sombres des pins en attente.
Mahla nousi odottavien mäntyjen tummien runkojen välistä.
Les saules et les trembles font apparaître de jeunes bourgeons brillants sur chaque brindille.
Pajut ja haavat puhkaisevat kirkkaan nuoria silmuja jokaiseen oksaan.
Les arbustes et les vignes se parent d'un vert frais tandis que les bois prennent vie.
Pensaat ja köynnökset saivat raikkaan vihreän väriloiston metsän herätessä eloon.
Les grillons chantaient la nuit et les insectes rampaient au soleil.
Sirkat sirittivät yöllä ja ötökät ryömivät päivänvalossa auringossa.

Les perdrix résonnaient et les pics frappaient profondément dans les arbres.
Peltopyyt jyrisivät ja tikat koputtivat syvällä puissa.
Les écureuils bavardaient, les oiseaux chantaient et les oies klaxonnaient au-dessus des chiens.
Oravat lörpöttelivät, linnut lauloivat ja hanhet torivat koirien yli.
Les oiseaux sauvages arrivaient en groupes serrés, volant vers le haut depuis le sud.
Villilinnut tulivat terävinä parvina lentäen etelästä.
De chaque colline venait la musique des ruisseaux cachés et impétueux.
Jokaiselta rinteeltä kuului piilossa olevien, kohisevien purojen musiikkia.
Toutes choses ont dégelé et se sont brisées, se sont pliées et ont repris leur mouvement.
Kaikki suli ja napsahti, taipui ja lähti taas liikkeelle.
Le Yukon s'efforçait de briser les chaînes de froid de la glace gelée.
Yukon ponnisteli murtaakseen jäätyneen jään kylmät ketjut.
La glace fondait en dessous, tandis que le soleil la faisait fondre par le dessus.
Jää suli alta, kun aurinko sulatti sen ylhäältä.
Des trous d'aération se sont ouverts, des fissures se sont propagées et des morceaux sont tombés dans la rivière.
Ilmareikiä avautui, halkeamat levisivät ja lohkareet putosivat jokeen.
Au milieu de toute cette vie débordante et flamboyante, les voyageurs titubaient.
Kaiken tämän purkautuvan ja roihuavan elämän keskellä matkalaiset horjahtivat.
Deux hommes, une femme et une meute de huskies marchaient comme des morts.
Kaksi miestä, nainen ja lauma huskyja kävelivät kuin kuolleet.
Les chiens tombaient, Mercedes pleurait, mais continuait à conduire le traîneau.
Koirat kaatuivat, Mercedes itki, mutta ajoi silti reellä.

Hal jura faiblement et Charles cligna des yeux à travers ses yeux larmoyants.
Hal kirosi heikosti, ja Charles räpytteli silmiään vetisten.
Ils tombèrent sur le camp de John Thornton à l'embouchure de la rivière White.
He kompuroivat John Thorntonin leiriin White Riverin suulla.
Lorsqu'ils s'arrêtèrent, les chiens s'effondrèrent, comme s'ils étaient tous morts.
Kun ne pysähtyivät, koirat lysähtivät maahan, ikään kuin ne olisivat kaikki kuolleet.
Mercedes essuya ses larmes et regarda John Thornton.
Mercedes pyyhki kyyneleensä ja katsoi John Thorntonia.
Charles s'assit sur une bûche, lentement et raidement, souffrant du sentier.
Charles istui tukin päällä hitaasti ja jäykästi, polun aiheuttamien kipujen kourissa.
Hal parlait pendant que Thornton sculptait l'extrémité d'un manche de hache.
Hal puhui Thorntonin veistäessä kirveenvarren päätä.
Il taillait du bois de bouleau et répondait par des réponses brèves et fermes.
Hän veisteli koivupuuta ja vastasi lyhyin, mutta päättäväisin vastauksin.
Lorsqu'on lui a demandé son avis, il a donné des conseils, certain qu'ils ne seraient pas suivis.
Kun häneltä kysyttiin, hän antoi neuvon, varmana siitä, ettei sitä noudatettaisiin.
Hal a expliqué : « Ils nous ont dit que la glace du sentier disparaissait. »
Hal selitti: "He kertoivat meille, että jääpeite oli sulamassa pois."
« Ils ont dit que nous devions rester sur place, mais nous sommes arrivés à White River. »
"He sanoivat, että meidän pitäisi pysyä paikoillamme – mutta pääsimme White Riveriin."
Il a terminé sur un ton moqueur, comme pour crier victoire dans les difficultés.

Hän lopetti puheensa ivallisesti, ikään kuin julistaakseen voiton vaikeuksissa.

« Et ils t'ont dit la vérité », répondit doucement John Thornton à Hal.

– Ja he puhuivat sinulle totta, John Thornton vastasi Halille hiljaa.

« La glace peut céder à tout moment, elle est prête à tomber. »

"Jää voi antaa periksi minä hetkenä hyvänsä – se on valmis putoamaan pois."

« Seuls un peu de chance et des imbéciles ont pu arriver jusqu'ici en vie. »

"Vain sokea onni ja hölmöt olisivat voineet selvitä näin pitkälle hengissä."

« Je vous le dis franchement, je ne risquerais pas ma vie pour tout l'or de l'Alaska. »

"Sanon teille suoraan, en vaarantaisi henkeäni koko Alaskan kullasta."

« C'est parce que tu n'es pas un imbécile, je suppose », répondit Hal.

– Se johtuu kai siitä, ettet ole hölmö, Hal vastasi.

« Tout de même, nous irons à Dawson. » Il déroula son fouet.

"Siitä huolimatta menemme Dawsoniin." Hän avasi ruoskansa.

« Monte là-haut, Buck ! Salut ! Debout ! Vas-y ! » cria-t-il durement.

"Nouse ylös, Buck! Hei! Nouse ylös! Mene!" hän huusi käheästi.

Thornton continuait à tailler, sachant que les imbéciles n'entendraient pas la raison.

Thornton jatkoi vehrelyä tietäen, etteivät hölmöt kuuntele järkeä.

Arrêter un imbécile était futile, et deux ou trois imbéciles ne changeaient rien.

Typeryksen pysäyttäminen oli turhaa – ja kaksi tai kolme typerystä eivät muuttaneet mitään.

Mais l'équipe n'a pas bougé au son de l'ordre de Hal.

Mutta joukkue ei liikkunut Halin käskystä.
Désormais, seuls les coups pouvaient les faire se relever et avancer.
Nyt vain iskut saivat heidät nousemaan ja vetämään eteenpäin.
Le fouet claquait encore et encore sur les chiens affaiblis.
Ruoska napsahti yhä uudelleen heikentyneiden koirien yli.
John Thornton serra fermement ses lèvres et regarda en silence.
John Thornton puristi huulensa tiukasti ja katseli hiljaa.
Solleks fut le premier à se relever sous le fouet.
Solleks ryömi ensimmäisenä jaloilleen ruoskan alla.
Puis Teek le suivit, tremblant. Joe poussa un cri en se relevant.
Sitten Teek seurasi vapisten perässä. Joe kiljaisi kompastelun jälkeen.
Pike a essayé de se relever, a échoué deux fois, puis est finalement resté debout, chancelant.
Pike yritti nousta ylös, epäonnistui kahdesti ja seisoi sitten lopulta horjuen.
Mais Buck resta là où il était tombé, sans bouger du tout cette fois.
Mutta Buck makasi siinä, mihin oli kaatunut, eikä liikkunut lainkaan tällä kertaa.
Le fouet le frappait à plusieurs reprises, mais il ne faisait aucun bruit.
Ruoska viilsi häntä yhä uudelleen ja uudelleen, mutta hän ei päästänyt ääntäkään.
Il n'a pas bronché ni résisté, il est simplement resté immobile et silencieux.
Hän ei värähtänyt eikä vastustellut, vaan pysyi hiljaa ja liikkumatta.
Thornton remua plus d'une fois, comme pour parler, mais ne le fit pas.
Thornton liikahti useammin kuin kerran, ikään kuin puhuakseen, mutta ei tehnyt niin.

Ses yeux s'humidifièrent, et le fouet continuait à claquer contre Buck.
Hänen silmänsä kostuivat, ja ruoska paukahti yhä Buckia vasten.
Finalement, Thornton commença à marcher lentement, ne sachant pas quoi faire.
Viimein Thornton alkoi kävellä hitaasti edestakaisin, epävarmana siitä, mitä tehdä.
C'était la première fois que Buck échouait, et Hal devint furieux.
Se oli ensimmäinen kerta, kun Buck oli epäonnistunut, ja Hal raivostui.
Il a jeté le fouet et a pris la lourde massue à la place.
Hän heitti ruoskan alas ja poimi sen sijaan raskaan pampun.
Le gourdin en bois s'abattit violemment, mais Buck ne se releva toujours pas pour bouger.
Puinen nuija putosi kovaa, mutta Buck ei vieläkään noussut liikkuakseen.
Comme ses coéquipiers, il était trop faible, mais plus que cela.
Kuten joukkuetoverinsa, hän oli liian heikko – mutta enemmänkin kuin vain.
Buck avait décidé de ne pas bouger, quoi qu'il arrive.
Buck oli päättänyt olla liikkumatta, tapahtuipa seuraavaksi mitä tahansa.
Il sentait quelque chose de sombre et de certain planer juste devant lui.
Hän tunsi edessään jonkin synkän ja varman leijuvan.
Cette peur l'avait saisi dès qu'il avait atteint la rive du fleuve.
Tuo kauhu valtasi hänet heti joen rannalle päästyään.
Cette sensation ne l'avait pas quitté depuis qu'il sentait la glace s'amincir sous ses pattes.
Tunne ei ollut lähtenyt hänestä siitä lähtien, kun hän oli tuntenut jään ohuena tassujensa alla.
Quelque chose de terrible l'attendait – il le sentait juste au bout du sentier.

Jotain kamalaa odotti – hän tunsi sen aivan polun varrella.
Il n'allait pas marcher vers cette terrible chose devant lui.
Hän ei aikonut kävellä kohti sitä kauheaa asiaa edessään
Il n'allait pas obéir à un quelconque ordre qui le conduirait à cette chose.
Hän ei aikonut totella mitään käskyä, joka veisi hänet tuon luo.
La douleur des coups ne l'atteignait plus guère, il était trop loin.
Iskujen kipu tuskin kosketti häntä enää – hän oli liian kaukana.
L'étincelle de vie vacillait faiblement, s'affaiblissant sous chaque coup cruel.
Elämän kipinä lepatti himmeästi, himmeni jokaisen julman iskun alla.
Ses membres semblaient lointains ; tout son corps semblait appartenir à un autre.
Hänen raajansa tuntuivat etäisiltä; koko hänen kehonsa näytti kuuluvan toiselle.
Il ressentit un étrange engourdissement alors que la douleur disparaissait complètement.
Hän tunsi oudon tunnottomuuden kivun hävitessä kokonaan.
De loin, il sentait qu'il était battu, mais il le savait à peine.
Kaukaa hän aisti joutuvansa lyödyksi, mutta tuskin tiesi sitä.
Il pouvait entendre les coups sourds faiblement, mais ils ne faisaient plus vraiment mal.
Hän kuuli tömähdykset heikosti, mutta ne eivät enää oikeasti satuttaneet.
Les coups ont porté, mais son corps ne semblait plus être le sien.
Iskut osuivat, mutta hänen ruumiinsa ei enää tuntunut omalta.
Puis, soudain, sans prévenir, John Thornton poussa un cri sauvage.
Sitten yhtäkkiä, ilman varoitusta, John Thornton päästi villin huudon.
C'était inarticulé, plus le cri d'une bête que celui d'un homme.

Se oli epäselvää, enemmän eläimen kuin ihmisen huutoa.
Il sauta sur l'homme avec la massue et renversa Hal en arrière.
Hän hyppäsi pamppumiehen kimppuun ja löi Halin taaksepäin.
Hal vola comme s'il avait été frappé par un arbre, atterrissant durement sur le sol.
Hal lensi kuin puu olisi iskenyt häneen ja laskeutui kovaa maahan.
Mercedes a crié de panique et s'est agrippée au visage.
Mercedes huusi paniikissa ääneen ja tarttui kasvoihinsa.
Charles se contenta de regarder, s'essuya les yeux et resta assis.
Charles vain katseli, pyyhki silmiään ja jäi istumaan.
Son corps était trop raide à cause de la douleur pour se lever ou aider au combat.
Hänen ruumiinsa oli kivusta liian jäykkä noustakseen ylös tai auttaakseen taistelussa.
Thornton se tenait au-dessus de Buck, tremblant de fureur, incapable de parler.
Thornton seisoi Buckin yllä, raivosta vapisten, kykenemättä puhumaan.
Il tremblait de rage et luttait pour trouver sa voix à travers elle.
Hän tärisi raivosta ja yritti löytää äänensä sen läpi.
« Si tu frappes encore ce chien, je te tue », dit-il finalement.
"Jos lyöt koiraa uudelleen, tapan sinut", hän sanoi lopulta.
Hal essuya le sang de sa bouche et s'avança à nouveau.
Hal pyyhki veren suustaan ja astui taas eteenpäin.
« C'est mon chien », murmura-t-il. « Dégage, ou je te répare. »
– Se on minun koirani, hän mutisi. – Pois tieltä, tai korjaan sinut.
« Je vais à Dawson, et vous ne m'en empêcherez pas », a-t-il ajouté.
"Minä menen Dawsoniin, etkä sinä estä minua", hän lisäsi.

Thornton se tenait fermement entre Buck et le jeune homme en colère.
Thornton seisoi lujasti Buckin ja vihaisen nuoren miehen välissä.
Il n'avait aucune intention de s'écarter ou de laisser passer Hal.
Hänellä ei ollut aikomustakaan astua sivuun tai päästää Halia menemään.
Hal sortit son couteau de chasse, long et dangereux à la main.
Hal veti esiin metsästysveitsensä, pitkän ja vaarallisen kädessään.
Mercedes a crié, puis pleuré, puis ri dans une hystérie sauvage.
Mercedes kirkaisi, sitten itki ja sitten nauroi villisti hysteriassa.
Thornton frappa la main de Hal avec le manche de sa hache, fort et vite.
Thornton iski Halin kättä kirveenvarrella lujaa ja nopeasti.
Le couteau s'est détaché de la main de Hal et a volé au sol.
Veitsi irtosi Halin otteesta ja lensi maahan.
Hal essaya de ramasser le couteau, et Thornton frappa à nouveau ses jointures.
Hal yritti nostaa veistä, ja Thornton löi rystysiään uudelleen.
Thornton se baissa alors, attrapa le couteau et le tint.
Sitten Thornton kumartui, otti veitsen ja piteli sitä.
D'un coup rapide de manche de hache, il coupa les rênes de Buck.
Kahdella nopealla kirveenvarren iskulla hän katkaisi Buckin ohjat.
Hal n'avait plus aucune résistance et s'éloigna du chien.
Halilla ei ollut enää taisteluhaltoa jäljellä ja hän astui taaksepäin koiran luota.
De plus, Mercedes avait désormais besoin de ses deux bras pour se maintenir debout.
Sitä paitsi Mercedes tarvitsi nyt molemmat käsivartensa pysyäkseen pystyssä.

Buck était trop proche de la mort pour pouvoir à nouveau tirer un traîneau.
Buck oli liian lähellä kuolemaa ollakseen enää hyödyllinen reen vetämiseen.
Quelques minutes plus tard, ils se sont retirés et ont descendu la rivière.
Muutaman minuutin kuluttua he lähtivät liikkeelle ja suuntasivat jokea pitkin alas.
Buck leva faiblement la tête et les regarda quitter la banque.
Buck nosti heikosti päätään ja katseli heidän poistuvan pankista.
Pike a mené l'équipe, avec Solleks à l'arrière dans la roue.
Pike johti joukkuetta, Solleksin ollessa takana ratin takana.
Joe et Teek marchaient entre eux, tous deux boitant d'épuisement.
Joe ja Teek kävelivät välissä, molemmat ontuen uupumuksesta.
Mercedes s'assit sur le traîneau et Hal saisit le long mât.
Mercedes istui kelkassa ja Hal tarttui pitkään ohjaustankoon.
Charles trébuchait derrière, ses pas maladroits et incertains.
Charles kompuroi taakse, hänen askeleensa kömpelöt ja epävarmat.
Thornton s'agenouilla près de Buck et chercha doucement des os cassés.
Thornton polvistui Buckin viereen ja tunnusteli varovasti murtuneita luita.
Ses mains étaient rudes mais bougeaient avec gentillesse et attention.
Hänen kätensä olivat karheat, mutta liikkuivat ystävällisesti ja huolella.
Le corps de Buck était meurtri mais ne présentait aucune blessure durable.
Buckin ruumis oli mustelmilla, mutta pysyviä vammoja ei näkynyt.
Ce qui restait, c'était une faim terrible et une faiblesse quasi totale.
Jäljelle jäi hirvittävä nälkä ja lähes täydellinen heikkous.

Au moment où cela fut clair, le traîneau était déjà loin en aval.
Siihen mennessä, kun tämä oli selvä, kelkka oli mennyt pitkälle alavirtaan.
L'homme et le chien regardaient le traîneau ramper lentement sur la glace fissurée.
Mies ja koira katselivat reen hidasta ryömimistä halkeilevan jään yli.
Puis, ils virent le traîneau s'enfoncer dans un creux.
Sitten he näkivät kelkan vajoavan onkaloon.
Le mât s'est envolé, Hal s'y accrochant toujours en vain.
Geppikeppi lensi ilmaan, ja Hal tarrasi siitä yhä turhaan kiinni.
Le cri de Mercedes les atteignit à travers la distance froide.
Mercedeksen huuto kantautui heidän eteensä kylmän matkan takaa.
Charles se retourna et recula, mais il était trop tard.
Charles kääntyi ja astui taaksepäin – mutta hän oli liian myöhässä.
Une calotte glaciaire entière a cédé et ils sont tous tombés à travers.
Koko jääpeite antoi periksi, ja he kaikki putosivat läpi.
Les chiens, le traîneau et les gens ont disparu dans l'eau noire en contrebas.
Koirat, reki ja ihmiset katosivat alapuolella olevaan mustaan veteen.
Il ne restait qu'un large trou dans la glace là où ils étaient passés.
Jäähän oli jäänyt vain leveä reikä siitä kohdasta, josta he olivat ohittaneet.
Le fond du sentier s'était affaissé, comme Thornton l'avait prévenu.
Polun pohja oli pudonnut – aivan kuten Thornton varoitti.
Thornton et Buck se regardèrent, silencieux pendant un moment.
Thornton ja Buck katsoivat toisiaan hetken hiljaa.

« Pauvre diable », dit doucement Thornton, et Buck lui lécha la main.
– Voi raukkaa, sanoi Thornton hiljaa, ja Buck nuoli hänen kättään.

Pour l'amour d'un homme
Miehen rakkaudesta

John Thornton s'est gelé les pieds dans le froid du mois de décembre précédent.
John Thornton palelsi jalkansa edellisen joulukuun kylmyydessä.
Ses partenaires l'ont mis à l'aise et l'ont laissé se rétablir seul.
Hänen kumppaninsa tekivät hänestä mukavan olon ja jättivät hänet toipumaan yksin.
Ils remontèrent la rivière pour rassembler un radeau de billes de bois pour Dawson.
He menivät jokea ylös keräämään lauttaa sahatukkeja Dawsonille.
Il boitait encore légèrement lorsqu'il a sauvé Buck de la mort.
Hän ontui vielä hieman pelastaessaan Buckin kuolemalta.
Mais avec le temps chaud qui continue, même cette boiterie a disparu.
Mutta lämpimän sään jatkuessa jopa tuo ontuminen katosi.
Allongé au bord de la rivière pendant les longues journées de printemps, Buck se reposait.
Buck lepäsi pitkinä kevätpäivinä joenrannalla maaten.
Il regardait l'eau couler et écoutait les oiseaux et les insectes.
Hän katseli virtaavaa vettä ja kuunteli lintujen ja hyönteisten laulua.
Lentement, Buck reprit ses forces sous le soleil et le ciel.
Hitaasti Buck sai takaisin voimansa auringon ja taivaan alla.

Un repos merveilleux après avoir parcouru trois mille kilomètres.
Lepo tuntui ihanalta kolmentuhannen mailin matkustamisen jälkeen.
Buck est devenu paresseux à mesure que ses blessures guérissaient et que son corps se remplissait.
Buckista tuli laiska haavansa parantuessa ja hänen kehonsa täyttyessä.
Ses muscles se raffermirent et la chair revint recouvrir ses os.
Hänen lihaksensa kiinteytyivät ja liha palasi peittämään hänen luunsa.
Ils se reposaient tous : Buck, Thornton, Skeet et Nig.
He kaikki lepäsivät – Buck, Thornton, Skeet ja Nig.
Ils attendaient le radeau qui allait les transporter jusqu'à Dawson.
He odottivat lauttaa, joka veisi heidät alas Dawsoniin.
Skeet était un petit setter irlandais qui s'est lié d'amitié avec Buck.
Skeet oli pieni irlanninsetteri, joka ystävystyi Buckin kanssa.
Buck était trop faible et malade pour lui résister lors de leur première rencontre.
Buck oli liian heikko ja sairas vastustaakseen häntä heidän ensimmäisessä kohtaamisessaan.
Skeet avait le trait de guérisseur que certains chiens possèdent naturellement.
Skeetillä oli parantajan ominaisuus, joka joillakin koirilla on luonnostaan.
Comme une mère chatte, elle lécha et nettoya les blessures à vif de Buck.
Kuin emokissa, hän nuoli ja puhdisti Buckin raakoja haavoja.
Chaque matin, après le petit-déjeuner, elle répétait son travail minutieux.
Joka aamu aamiaisen jälkeen hän toisti huolellisen työnsä.
Buck s'attendait à son aide autant qu'à celle de Thornton.
Buck alkoi odottaa hänen apuaan yhtä paljon kuin Thorntonin.

Nig était également amical, mais moins ouvert et moins affectueux.
Nig oli myös ystävällinen, mutta vähemmän avoin ja vähemmän hellyydenkipeä.

Nig était un gros chien noir, à la fois chien de Saint-Hubert et chien de chasse.
Nig oli iso musta koira, osaksi verikoira ja osaksi hirvikoira.

Il avait des yeux rieurs et une infinie bonne nature dans son esprit.
Hänellä oli nauravat silmät ja loputtoman hyvä luonne hengessä.

À la surprise de Buck, aucun des deux chiens n'a montré de jalousie envers lui.
Buckin yllätykseksi kumpikaan koira ei osoittanut mustasukkaisuutta häntä kohtaan.

Skeet et Nig ont tous deux partagé la gentillesse de John Thornton.
Sekä Skeet että Nig jakoivat John Thorntonin ystävällisyyden.

À mesure que Buck devenait plus fort, ils l'ont attiré dans des jeux de chiens stupides.
Buckin vahvistuessa he houkuttelivat hänet mukaan tyhmiin koiraleikkeihin.

Thornton jouait souvent avec eux aussi, incapable de résister à leur joie.
Thorntonkin usein leikki heidän kanssaan, kykenemättä vastustamaan heidän iloaan.

De cette manière ludique, Buck est passé de la maladie à une nouvelle vie.
Tällä leikkisällä tavalla Buck siirtyi sairaudesta uuteen elämään.

L'amour – un amour véritable, brûlant et passionné – était enfin à lui.
Rakkaus – tosi, palava ja intohimoinen rakkaus – oli vihdoin hänen.

Il n'avait jamais connu ce genre d'amour dans le domaine de Miller.

Hän ei ollut koskaan tuntenut tällaista rakkautta Millerin kartanossa.
Avec les fils du juge, il avait partagé le travail et l'aventure.
Tuomarin poikien kanssa hän oli jakanut työn ja seikkailun.
Chez les petits-fils, il vit une fierté raide et vantarde.
Pojanpoikien luona hän näki jäykkää ja kerskuvaa ylpeyttä.
Il entretenait avec le juge Miller lui-même une amitié respectueuse.
Tuomari Millerin kanssa hänellä oli kunnioittava ystävyys.
Mais l'amour qui était feu, folie et adoration est venu avec Thornton.
Mutta rakkaus, joka oli tulta, hulluutta ja palvontaa, tuli Thorntonin mukana.
Cet homme avait sauvé la vie de Buck, et cela seul signifiait beaucoup.
Tämä mies oli pelastanut Buckin hengen, ja se yksinään merkitsi paljon.
Mais plus que cela, John Thornton était le type de maître idéal.
Mutta ennen kaikkea John Thornton oli ihanteellinen mestari.
D'autres hommes s'occupaient de chiens par devoir ou par nécessité professionnelle.
Toiset miehet hoitivat koiria velvollisuuden tai liiketoiminnan välttämättömyyden vuoksi.
John Thornton prenait soin de ses chiens comme s'ils étaient ses enfants.
John Thornton huolehti koiristaan kuin lapsistaan.
Il prenait soin d'eux parce qu'il les aimait et qu'il ne pouvait tout simplement pas s'en empêcher.
Hän välitti heistä, koska rakasti heitä eikä yksinkertaisesti voinut sille mitään.
John Thornton a vu encore plus loin que la plupart des hommes n'ont jamais réussi à voir.
John Thornton näki jopa kauemmas kuin useimmat miehet koskaan kykenivät näkemään.
Il n'oubliait jamais de les saluer gentiment ou de leur adresser un mot d'encouragement.

Hän ei koskaan unohtanut tervehtiä heitä ystävällisesti tai sanoa rohkaisevaa sanaa.

Il adorait s'asseoir avec les chiens pour de longues conversations, ou « gazeuses », comme il disait.

Hän rakasti istua koirien kanssa pitkiä keskusteluja varten tai "kaasupäissään", kuten hän itse sanoi.

Il aimait saisir brutalement la tête de Buck entre ses mains fortes.

Hän tarttui mielellään Buckin päähän rajusti vahvojen käsiensä väliin.

Puis il posa sa tête contre celle de Buck et le secoua doucement.

Sitten hän nojasi päätään Buckin päätä vasten ja ravisteli tätä kevyesti.

Pendant tout ce temps, il traitait Buck de noms grossiers qui signifiaient de l'amour pour Buck.

Koko ajan hän haukkui Buckia töykein nimin, jotka merkitsivät Buckille rakkautta.

Pour Buck, cette étreinte brutale et ces mots ont apporté une joie profonde.

Buckille tuo karkea halaus ja nuo sanat toivat syvää iloa.

Son cœur semblait se déchaîner de bonheur à chaque mouvement.

Hänen sydämensä tuntui vapisevan onnesta joka liikkeellä.

Lorsqu'il se releva ensuite, sa bouche semblait rire.

Kun hän hyppäsi ylös jälkeenpäin, hänen suunsa näytti siltä kuin se olisi nauranut.

Ses yeux brillaient et sa gorge tremblait d'une joie inexprimée.

Hänen silmänsä loistivat kirkkaasti ja hänen kurkkunsa vapisi sanoin kuvaamattomasta ilosta.

Son sourire resta figé dans cet état d'émotion et d'affection rayonnante.

Hänen hymynsä pysähtyi tuossa liikutuksen ja hehkuvan kiintymyksen tilassa.

Thornton s'exclama alors pensivement : « Mon Dieu ! Il peut presque parler ! »

Sitten Thornton huudahti mietteliäästi: "Voi luoja! Hän melkein osaa puhua!"

Buck avait une étrange façon d'exprimer son amour qui causait presque de la douleur.

Buckilla oli outo tapa ilmaista rakkautta, joka melkein aiheutti tuskaa.

Il serrait souvent très fort la main de Thornton entre ses dents.

Hän puristi usein Thorntonin kättä tiukasti hampaillaan.

La morsure allait laisser des marques profondes qui resteraient un certain temps après.

Purema jätti syvät jäljet, jotka pysyivät jonkin aikaa.

Buck croyait que ces serments étaient de l'amour, et Thornton savait la même chose.

Buck uskoi noiden valaiden olevan rakkautta, ja Thornton tiesi saman.

Le plus souvent, l'amour de Buck se manifestait par une adoration silencieuse, presque silencieuse.

Useimmiten Buckin rakkaus ilmeni hiljaisena, lähes äänettömänä ihailuna.

Bien qu'il soit ravi lorsqu'on le touche ou qu'on lui parle, il ne cherche pas à attirer l'attention.

Vaikka hän ilahtui kosketuksesta tai puhuttelusta, hän ei hakenut huomiota.

Skeet a poussé son nez sous la main de Thornton jusqu'à ce qu'il la caresse.

Skeet työnsi kuonoaan Thorntonin käden alle, kunnes tämä silitti tätä.

Nig s'approcha tranquillement et posa sa grosse tête sur le genou de Thornton.

Nig käveli hiljaa Thorntonin luo ja laski suuren päänsä tämän polvelle.

Buck, au contraire, se contentait d'aimer à distance respectueuse.

Buck sitä vastoin tyytyi rakastamaan kunnioittavan etäisyyden päästä.

Il resta allongé pendant des heures aux pieds de Thornton, alerte et observant attentivement.
Hän makasi tuntikausia Thorntonin jalkojen juuressa, valppaana ja tarkkaillen.
Buck étudiait chaque détail du visage de son maître et le moindre mouvement.
Buck tutki isäntänsä kasvojen jokaista yksityiskohtaa ja pienintäkin liikettä.
Ou bien il était allongé plus loin, étudiant la silhouette de l'homme en silence.
Tai valehteli kauempana, tutkien miehen hahmoa hiljaa.
Buck observait chaque petit mouvement, chaque changement de posture ou de geste.
Buck tarkkaili jokaista pientä liikettä, jokaista asennon tai eleen muutosta.
Ce lien était si puissant qu'il attirait souvent le regard de Thornton.
Tämä yhteys oli niin voimakas, että se usein veti Thorntonin katseen puoleensa.
Il rencontra les yeux de Buck sans un mot, l'amour brillant clairement à travers.
Hän kohtasi Buckin katseen sanomatta sanaakaan, rakkaus säteili niiden läpi.
Pendant longtemps après avoir été sauvé, Buck n'a jamais laissé Thornton hors de vue.
Pelastumisensa jälkeen Buck ei päästänyt Thorntonia näkyvistä pitkään aikaan.
Chaque fois que Thornton quittait la tente, Buck le suivait de près à l'extérieur.
Aina kun Thornton poistui teltasta, Buck seurasi häntä tiiviisti ulos.
Tous les maîtres sévères du Northland avaient fait que Buck avait peur de faire confiance.
Kaikki Pohjolan ankarat isännät olivat tehneet Buckin pelokkaaksi luottamaan heihin.
Il craignait qu'aucun homme ne puisse rester son maître plus d'un court instant.

Hän pelkäsi, ettei kukaan voisi pysyä hänen isäntänään kuin lyhyen aikaa.
Il craignait que John Thornton ne disparaisse comme Perrault et François.
Hän pelkäsi John Thorntonin katoavan Perraultin ja Françoisin tavoin.
Même la nuit, la peur de le perdre hantait le sommeil agité de Buck.
Yölläkin Buckin levoton uni vaivasi pelko hänen menettämisestään.
Quand Buck se réveilla, il se glissa dehors dans le froid et se dirigea vers la tente.
Herättyään Buck ryömi ulos kylmään ja meni telttaan.
Il écoutait attentivement le doux bruit de la respiration à l'intérieur.
Hän kuunteli tarkasti sisällään kuuluvaa pehmeää hengitystä.
Malgré l'amour profond de Buck pour John Thornton, la nature sauvage est restée vivante.
Vaikka Buckin syvä rakkaus John Thorntonia kohtaan oli suuri, villieläin pysyi hengissä.
Cet instinct primitif, éveillé dans le Nord, n'a pas disparu.
Tuo pohjoisessa herännyt alkukantainen vaisto ei kadonnut.
L'amour a apporté la dévotion, la loyauté et le lien chaleureux du coin du feu.
Rakkaus toi mukanaan omistautumista, uskollisuutta ja tulen ääreen luomaa lämmintä sidettä.
Mais Buck a également conservé son instinct sauvage, vif et toujours en alerte.
Mutta Buck säilytti myös villit vaistonsa, terävinä ja aina valppaina.
Il n'était pas seulement un animal de compagnie apprivoisé venu des terres douces de la civilisation.
Hän ei ollut vain kesytetty lemmikki sivilisaation pehmeiltä mailta.
Buck était un être sauvage qui était venu s'asseoir près du feu de Thornton.

Buck oli villi olento, joka oli tullut istumaan Thorntonin tulen ääreen.

Il ressemblait à un chien du Southland, mais la sauvagerie vivait en lui.

Hän näytti etelänkoiralta, mutta villiys asui hänen sisällään.

Son amour pour Thornton était trop grand pour permettre de voler cet homme.

Hänen rakkautensa Thorntonia kohtaan oli liian suuri salliakseen varastamisen mieheltä.

Mais dans n'importe quel autre camp, il volerait avec audace et sans relâche.

Mutta missä tahansa muussa leirissä hän varastaisi rohkeasti ja taukoamatta.

Il était si habile à voler que personne ne pouvait l'attraper ou l'accuser.

Hän oli niin ovela varastamaan, ettei kukaan saanut häntä kiinni tai syyttämään.

Son visage et son corps étaient couverts de cicatrices dues à de nombreux combats passés.

Hänen kasvonsa ja vartalonsa olivat täynnä arpia monista aiemmista taisteluista.

Buck se battait toujours avec acharnement, mais maintenant il se battait avec plus de ruse.

Buck taisteli edelleen raivokkaasti, mutta nyt hän taisteli ovelammin.

Skeet et Nig étaient trop doux pour se battre, et ils appartenaient à Thornton.

Skeet ja Nig olivat liian lempeitä taistelemaan, ja he olivat Thorntonin.

Mais tout chien étranger, aussi fort ou courageux soit-il, cédait.

Mutta jokainen outo koira, olipa se kuinka vahva tai rohkea tahansa, antoi periksi.

Sinon, le chien se retrouvait à lutter contre Buck, à se battre pour sa vie.

Muuten koira huomasi taistelevansa Buckin kanssa; taistelevansa hengestään.

Buck n'a eu aucune pitié une fois qu'il a choisi de se battre contre un autre chien.
Buck ei tuntenut armoa, kun hän päätti taistella toista koiraa vastaan.
Il avait bien appris la loi du gourdin et des crocs dans le Nord.
Hän oli oppinut hyvin Pohjoisen nuijan ja hampaiden lain.
Il n'a jamais abandonné un avantage et n'a jamais reculé devant la bataille.
Hän ei koskaan luopunut edustaan eikä koskaan perääntynyt taistelusta.
Il avait étudié les Spitz et les chiens les plus féroces de la poste et de la police.
Hän oli tutkinut pystykorvia ja postin ja poliisin hurjimpia koiria.
Il savait clairement qu'il n'y avait pas de juste milieu dans un combat sauvage.
Hän tiesi selvästi, ettei villissä taistelussa ole mitään keskitietä.
Il doit gouverner ou être gouverné ; faire preuve de miséricorde signifie faire preuve de faiblesse.
Hänen täytyi hallita tai tulla hallituksi; armon osoittaminen tarkoitti heikkouden osoittamista.
La miséricorde était inconnue dans le monde brut et brutal de la survie.
Armo oli tuntematonta selviytymisen raa'assa ja brutaalissa maailmassa.
Faire preuve de miséricorde était perçu comme de la peur, et la peur menait rapidement à la mort.
Armon osoittamista pidettiin pelkona, ja pelko johti nopeasti kuolemaan.
L'ancienne loi était simple : tuer ou être tué, manger ou être mangé.
Vanha laki oli yksinkertainen: tapa tai tule tapetuksi, syö tai tule syödyksi.
Cette loi venait des profondeurs du temps, et Buck la suivait pleinement.

Tuo laki oli peräisin muinaisista ajoista, ja Buck noudatti sitä täysin.
Buck était plus vieux que son âge et que le nombre de respirations qu'il prenait.
Buck oli ikäänsä ja hengitystensä määräänsä nähden vanhempi.
Il a clairement relié le passé ancien au moment présent.
Hän yhdisti menneisyyden selkeästi nykyhetkeen.
Les rythmes profonds des âges le traversaient comme les marées.
Iän syvät rytmit liikkuivat hänen lävitseen kuin vuorovesi.
Le temps pulsait dans son sang aussi sûrement que les saisons faisaient bouger la terre.
Aika sykki hänen veressään yhtä varmasti kuin vuodenajat liikuttivat maata.
Il était assis près du feu de Thornton, la poitrine forte et les crocs blancs.
Hän istui Thorntonin tulen ääressä vahvarintaisena ja valkohampaisena.
Sa longue fourrure ondulait, mais derrière lui, les esprits des chiens sauvages observaient.
Hänen pitkä turkkinsa liehui, mutta hänen takanaan villikoirien henget tarkkailivat.
Des demi-loups et des loups à part entière s'agitaient dans son cœur et dans ses sens.
Puolisudet ja täysikasvuiset sudet liikkuivat hänen sydämessään ja aisteissaan.
Ils goûtèrent sa viande et burent la même eau que lui.
He maistoivat hänen lihaansa ja joivat samaa vettä kuin hänkin.
Ils reniflaient le vent à ses côtés et écoutaient la forêt.
He nuuhkivat tuulta hänen rinnallaan ja kuuntelivat metsän ääniä.
Ils murmuraient la signification des sons sauvages dans l'obscurité.
He kuiskasivat pimeydessä kuuluvien villien äänien merkityksiä.

Ils façonnaient ses humeurs et guidaient chacune de ses réactions silencieuses.
Ne muovasivat hänen mielialojaan ja ohjasivat jokaista hänen hiljaista reaktiotaan.
Ils se sont couchés avec lui pendant son sommeil et sont devenus une partie de ses rêves profonds.
Ne makasivat hänen kanssaan hänen nukkuessaan ja niistä tuli osa hänen syvimpiä uniaan.
Ils rêvaient avec lui, au-delà de lui, et constituaient son esprit même.
He unelmoivat hänen kanssaan, hänen tuolla puolen, ja loivat hänen sielunsa.
Les esprits de la nature appelèrent si fort que Buck se sentit attiré.
Erämaan henget kutsuivat Buckia niin voimakkaasti, että se tuntui vierivän mukanaan.
Chaque jour, l'humanité et ses revendications s'affaiblissaient dans le cœur de Buck.
Joka päivä ihmiskunta ja sen vaatimukset heikkenivät Buckin sydämessä.
Au plus profond de la forêt, un appel étrange et palpitant allait s'élever.
Syvällä metsässä oli kajahtamaisillaan outo ja jännittävä kutsu.
Chaque fois qu'il entendait l'appel, Buck ressentait une envie à laquelle il ne pouvait résister.
Joka kerta kun Buck kuuli kutsun, hän tunsi vastustamatonta halua.
Il allait se détourner du feu et des sentiers battus des humains.
Hän aikoi kääntyä pois tulesta ja tallatuilta ihmisten poluilta.
Il allait s'enfoncer dans la forêt, avançant sans savoir pourquoi.
Hän aikoi syöksyä metsään, jatkaa eteenpäin tietämättä miksi.
Il ne remettait pas en question cette attraction, car l'appel était profond et puissant.
Hän ei kyseenalaistanut tätä vetoa, sillä kutsu oli syvä ja voimakas.

Souvent, il atteignait l'ombre verte et la terre douce et intacte
Usein hän saavutti vihreän varjon ja pehmeän koskemattoman maan
Mais ensuite, son amour profond pour John Thornton l'a ramené vers le feu.
Mutta sitten voimakas rakkaus John Thorntonia kohtaan veti hänet takaisin tuleen.
Seul John Thornton tenait véritablement le cœur sauvage de Buck entre ses mains.
Vain John Thornton todella piti Buckin villiä sydäntä otteessaan.
Le reste de l'humanité n'avait aucune valeur ni signification durable pour Buck.
Muulla ihmiskunnalla ei ollut Buckille pysyvää arvoa tai merkitystä.
Les étrangers pourraient le féliciter ou caresser sa fourrure avec des mains amicales.
Muukalaiset saattavat kehua häntä tai silittää hänen turkkiaan ystävällisillä käsillään.
Buck resta impassible et s'éloigna à cause de trop d'affection.
Buck pysyi liikkumattomana ja käveli pois liiallisen kiintymyksen vaikutuksesta.
Hans et Pete sont arrivés avec le radeau qu'ils attendaient depuis longtemps
Hans ja Pete saapuivat kauan odotetun lautan kanssa
Buck les a ignorés jusqu'à ce qu'il apprenne qu'ils étaient proches de Thornton.
Buck jätti heidät huomiotta, kunnes sai tietää, että he olivat lähellä Thorntonia.
Après cela, il les a tolérés, mais ne leur a jamais montré toute sa chaleur.
Sen jälkeen hän sieti heitä, mutta ei koskaan osoittanut heille täyttä lämpöä.
Il prenait de la nourriture ou des marques de gentillesse de leur part comme s'il leur rendait service.
Hän otti heiltä ruokaa tai ystävällisyyttä ikään kuin tekisi heille palveluksen.

Ils étaient comme Thornton : simples, honnêtes et clairs dans leurs pensées.
He olivat kuin Thornton – yksinkertaisia, rehellisiä ja ajatuksiltaan selkeitä.

Tous ensemble, ils se rendirent à la scierie de Dawson et au grand tourbillon
Kaikki yhdessä he matkustivat Dawsonin sahalle ja suurelle pyörteelle

Au cours de leur voyage, ils ont appris à comprendre profondément la nature de Buck.
Matkallaan he oppivat ymmärtämään syvällisesti Buckin luonnetta.

Ils n'ont pas essayé de se rapprocher comme Skeet et Nig l'avaient fait.
He eivät yrittäneet lähentyä toisiltaan, kuten Skeet ja Nig olivat tehneet.

Mais l'amour de Buck pour John Thornton n'a fait que s'approfondir avec le temps.
Mutta Buckin rakkaus John Thorntonia kohtaan vain syveni ajan myötä.

Seul Thornton pouvait placer un sac sur le dos de Buck en été.
Vain Thornton kykeni panemaan rinkan Buckin selkään kesällä.

Quoi que Thornton ordonne, Buck était prêt à l'exécuter pleinement.
Mitä tahansa Thornton käski, Buck oli valmis tekemään täysin määrin.

Un jour, après avoir quitté Dawson pour les sources du Tanana,
Eräänä päivänä, lähdettyään Dawsonista Tananan alkulähteille,

le groupe était assis sur une falaise qui descendait d'un mètre jusqu'au substrat rocheux nu.
Ryhmä istui kalliolla, joka putosi metrin päähän paljaalle kallioperälle.

John Thornton était assis près du bord et Buck se reposait à côté de lui.
John Thornton istui lähellä reunaa ja Buck lepäsi hänen vieressään.
Thornton eut une pensée soudaine et attira l'attention des hommes.
Thorntonille tuli äkillinen ajatus, ja hän kiinnitti miesten huomion.
Il désigna le gouffre et donna un seul ordre à Buck.
Hän osoitti rotkon yli ja antoi Buckille yhden ainoan käskyn.
« Saute, Buck ! » dit-il en balançant son bras au-dessus de la chute.
"Hyppää, Buck!" hän sanoi heilauttaen kätensä pudotuksen yli.
En un instant, il dut attraper Buck, qui sautait pour obéir.
Hetken kuluttua hänen oli pakko napata Buckin, joka hyppäsi totellakseen.
Hans et Pete se sont précipités en avant et ont ramené les deux hommes en sécurité.
Hans ja Pete ryntäsivät eteenpäin ja vetivät molemmat takaisin turvaan.
Une fois que tout fut terminé et qu'ils eurent repris leur souffle, Pete prit la parole.
Kaiken päätyttyä ja heidän vetäytyessään henkeä Pete puhui.
« L'amour est étrange », dit-il, secoué par la dévotion féroce du chien.
"Rakkaus on outoa", hän sanoi järkyttyneenä koiran kiihkeästä omistautumisesta.
Thornton secoua la tête et répondit avec un sérieux calme.
Thornton pudisti päätään ja vastasi tyynen vakavana.
« Non, l'amour est splendide », dit-il, « mais aussi terrible. »
"Ei, rakkaus on ihanaa", hän sanoi, "mutta myös kamalaa."
« Parfois, je dois l'admettre, ce genre d'amour me fait peur. »
"Joskus, minun on myönnettävä, tällainen rakkaus pelottaa minua."
Pete hocha la tête et dit : « Je détesterais être l'homme qui te touche. »

Pete nyökkäsi ja sanoi: "En haluaisi olla se mies, joka koskee sinuun."
Il regarda Buck pendant qu'il parlait, sérieux et plein de respect.
Hän katsoi Buckia puhuessaan vakavana ja kunnioittavana.
« Py Jingo ! » s'empressa de dire Hans. « Moi non plus, non monsieur. »
– Voi herra! sanoi Hans nopeasti. – En minäkään, herra.

Avant la fin de l'année, les craintes de Pete se sont réalisées à Circle City.
Ennen vuoden loppua Peten pelko kävi toteen Circle Cityssä.
Un homme cruel nommé Black Burton a provoqué une bagarre dans le bar.
Julma mies nimeltä Black Burton aloitti tappelun baarissa.
Il était en colère et malveillant, s'en prenant à un nouveau tendre.
Hän oli vihainen ja ilkeämielinen ja hyökkäsi uuteen nurjaan.
John Thornton est intervenu, calme et de bonne humeur comme toujours.
John Thornton astui esiin, tyynenä ja hyväntuulisena kuten aina.
Buck était allongé dans un coin, la tête baissée, observant Thornton de près.
Buck makasi nurkassa pää painuksissa ja tarkkaili Thorntonia tarkasti.
Burton frappa soudainement, son coup envoyant Thornton tourner.
Burton iski yhtäkkiä, ja hänen lyöntinsä pyöräytti Thorntonia.
Seule la barre du bar l'a empêché de s'écraser violemment au sol.
Vain tangon kaide esti häntä putoamasta kovaa maahan.
Les observateurs ont entendu un son qui n'était ni un aboiement ni un cri.
Tarkkailijat kuulivat äänen, joka ei ollut haukkumista tai ulvontaa

un rugissement profond sortit de Buck alors qu'il se lançait vers l'homme.
Buck karjaisi syvästi syöksyessään miestä kohti.
Burton a levé le bras et a sauvé sa vie de justesse.
Burton nosti kätensä ilmaan ja pelasti hädin tuskin oman henkensä.
Buck l'a percuté, le faisant tomber à plat sur le sol.
Buck törmäsi häneen ja kaatoi hänet lattialle.
Buck mordit profondément le bras de l'homme, puis se jeta à la gorge.
Buck puri syvälle miehen käsivarteen ja syöksyi sitten kurkkuun.
Burton n'a pu bloquer que partiellement et son cou a été déchiré.
Burton pystyi torjumaan vain osittain, ja hänen niskansa repesi auki.
Des hommes se sont précipités, les bâtons levés, et ont chassé Buck de l'homme ensanglanté.
Miehet ryntäsivät sisään nuijat pystyssä ja ajoivat Buckin pois verta vuotavan miehen selästä.
Un chirurgien est intervenu rapidement pour arrêter l'écoulement du sang.
Kirurgi työskenteli nopeasti estääkseen veren vuotamisen.
Buck marchait de long en large et grognait, essayant d'attaquer encore et encore.
Buck kuljeskeli edestakaisin ja murisi yrittäen hyökätä yhä uudelleen ja uudelleen.
Seuls les coups de massue l'ont empêché d'atteindre Burton.
Vain heiluttavat mailat estivät häntä pääsemästä Burtoniin.
Une réunion de mineurs a été convoquée et tenue sur place.
Kaivostyöläisten kokous kutsuttiin koolle ja pidettiin siellä paikan päällä.
Ils ont convenu que Buck avait été provoqué et ont voté pour le libérer.
He olivat yhtä mieltä siitä, että Buckia oli provosoitu, ja äänestivät hänen vapauttamisensa puolesta.

Mais le nom féroce de Buck résonnait désormais dans tous les camps d'Alaska.
Mutta Buckin hurja nimi kaikui nyt jokaisessa Alaskan leirissä.
Plus tard cet automne-là, Buck sauva à nouveau Thornton d'une nouvelle manière.
Myöhemmin samana syksynä Buck pelasti Thorntonin jälleen uudella tavalla.
Les trois hommes guidaient un long bateau sur des rapides impétueux.
Kolme miestä ohjasivat pitkää venettä alas karuja koskia.
Thornton dirigeait le bateau et donnait des indications pour se rendre sur le rivage.
Thornton ohjasi venettä ja huusi ohjeita rantaviivalle.
Hans et Pete couraient sur terre, tenant une corde d'arbre en arbre.
Hans ja Pete juoksivat maalla köysi kädessään puusta puuhun.
Buck suivait le rythme sur la rive, surveillant toujours son maître.
Buck pysytteli vauhdissa rannalla pitäen koko ajan silmällä isäntäänsä.
À un endroit désagréable, des rochers surplombaient les eaux vives.
Yhdessä ikävässä paikassa kivet työntyivät esiin nopean veden alta.
Hans lâcha la corde et Thornton dirigea le bateau vers le large.
Hans päästi köydestä irti, ja Thornton ohjasi veneen leveälle.
Hans sprinta pour rattraper le bateau en passant devant les rochers dangereux.
Hans juoksi pikaisesti kiinni veneeseen vaarallisten kivien ohi.
Le bateau a franchi le rebord mais a heurté une partie plus forte du courant.
Vene ylitti reunan, mutta osui virran voimakkaampaan kohtaan.
Hans a attrapé la corde trop vite et a déséquilibré le bateau.

Hans tarttui köyteen liian nopeasti ja veti veneen pois tasapainosta.
Le bateau s'est retourné et a heurté la berge, cul en l'air.
Vene pyörähti ympäri ja iskeytyi rantaan pohja ylöspäin.
Thornton a été jeté dehors et emporté dans la partie la plus sauvage de l'eau.
Thornton heitettiin ulos ja pyyhkäistiin veden villimpään kohtaan.
Aucun nageur n'aurait pu survivre dans ces eaux mortelles et tumultueuses.
Yksikään uimari ei olisi selvinnyt hengissä noissa tappavissa, kilpavedessä.
Buck sauta instantanément et poursuivit son maître sur la rivière.
Buck hyppäsi heti mukaan ja ajoi isäntäänsä takaa alas jokea.
Après trois cents mètres, il atteignit enfin Thornton.
Kolmensadan jaardin jälkeen hän saapui viimein Thorntonin luo.
Thornton attrapa la queue de Buck, et Buck se tourna vers le rivage.
Thornton tarttui Buckin pyrstöön, ja Buck kääntyi rantaa kohti.
Il nageait de toutes ses forces, luttant contre la force de l'eau.
Hän ui täydellä voimallaan taistellen veden villiä vastusta vastaan.
Ils se déplaçaient en aval plus vite qu'ils ne pouvaient atteindre le rivage.
He liikkuivat alavirtaan nopeammin kuin ehtivät rantaan.
Plus loin, la rivière rugissait plus fort alors qu'elle tombait dans des rapides mortels.
Edessä joki pauhui kovempaa syöksyessään tappaviin koskiin.
Les rochers fendaient l'eau comme les dents d'un énorme peigne.
Kivet viilsivät vettä kuin valtavan kamman piikit.
L'attraction de l'eau près de la chute était sauvage et inévitable.
Veden vetovoima lähellä pisaraa oli raju ja väistämätön.

Thornton savait qu'ils ne pourraient jamais atteindre le rivage à temps.
Thornton tiesi, etteivät he koskaan ehtisi rantaan ajoissa.
Il a gratté un rocher, s'est écrasé sur un deuxième,
Hän raapi yli yhden kiven, murskasi toisen,
Et puis il s'est écrasé contre un troisième rocher, l'attrapant à deux mains.
Ja sitten hän törmäsi kolmanteen kiveen tarttuen siihen molemmilla käsillään.
Il lâcha Buck et cria par-dessus le rugissement : « Vas-y, Buck ! Vas-y ! »
Hän päästi irti Buckista ja huusi karjunnan yli: "Mene, Buck! Mene!"
Buck n'a pas pu rester à flot et a été emporté par le courant.
Buck ei pysynyt pinnalla, ja virta vei hänet alas.
Il s'est battu avec acharnement, s'efforçant de se retourner, mais n'a fait aucun progrès.
Hän taisteli kovasti, kamppaili kääntyäkseen, mutta ei edistynyt lainkaan.
Puis il entendit Thornton répéter l'ordre par-dessus le rugissement de la rivière.
Sitten hän kuuli Thorntonin toistavan käskyn joen pauhun yli.
Buck sortit de l'eau et leva la tête comme pour un dernier regard.
Buck nousi vedestä ja nosti päätään ikään kuin vilkaistakseen viimeisen kerran.
puis il se retourna et obéit, nageant vers la rive avec résolution.
sitten kääntyi ja totteli uiden päättäväisesti kohti rantaa.
Pete et Hans l'ont tiré à terre au dernier moment possible.
Pete ja Hans vetivät hänet maihin viimeisellä mahdollisella hetkellä.
Ils savaient que Thornton ne pourrait s'accrocher au rocher que quelques minutes de plus.
He tiesivät, että Thornton voisi roikkua kalliossa enää vain minuutteja.

Ils coururent sur la berge jusqu'à un endroit bien au-dessus de l'endroit où il était suspendu.
He juoksivat penkerettä ylös paikkaan, joka oli paljon korkeammalla kuin se paikka, jossa hän riippui.
Ils ont soigneusement attaché la ligne du bateau au cou et aux épaules de Buck.
He sitoivat veneen köyden huolellisesti Buckin kaulaan ja hartioihin.
La corde était serrée mais suffisamment lâche pour permettre la respiration et le mouvement.
Köysi oli tiukka, mutta silti tarpeeksi löysä hengittämistä ja liikkumista varten.
Puis ils le jetèrent à nouveau dans la rivière tumultueuse et mortelle.
Sitten he heittivät hänet takaisin kuohuvaan, kuolettavaan jokeen.
Buck nageait avec audace mais manquait son angle face à la force du courant.
Buck ui rohkeasti, mutta epäonnistui suunnassaan virran voimaan nähden.
Il a vu trop tard qu'il allait dépasser Thornton.
Hän tajusi liian myöhään, että oli ajautumassa Thorntonin ohi.
Hans tira fort sur la corde, comme si Buck était un bateau en train de chavirer.
Hans nykäisi köyttä tiukalle, aivan kuin Buck olisi kaatumassa oleva vene.
Le courant l'a entraîné vers le fond et il a disparu sous la surface.
Virtaus veti hänet pinnan alle, ja hän katosi.
Son corps a heurté la berge avant que Hans et Pete ne le sortent.
Hänen ruumiinsa osui penkereeseen ennen kuin Hans ja Pete vetivät hänet ylös.
Il était à moitié noyé et ils l'ont chassé de l'eau.
Hän oli puoliksi hukkunut, ja he hakkasivat veden hänestä pois.
Buck se leva, tituba et s'effondra à nouveau sur le sol.

Buck nousi seisomaan, horjahti ja lysähti taas maahan.
Puis ils entendirent la voix de Thornton faiblement portée par le vent.
Sitten he kuulivat Thorntonin äänen, jonka tuuli kantoi vaimeasti.
Même si les mots n'étaient pas clairs, ils savaient qu'il était proche de la mort.
Vaikka sanat olivat epäselviä, he tiesivät hänen olevan lähellä kuolemaa.
Le son de la voix de Thornton frappa Buck comme une décharge électrique.
Thorntonin ääni iski Buckiin kuin sähköisku.
Il sauta et courut sur la berge, retournant au point de lancement.
Hän hyppäsi ylös ja juoksi penkerettä ylös palaten lähtöpisteelle.
Ils attachèrent à nouveau la corde à Buck, et il entra à nouveau dans le ruisseau.
Jälleen he sitoivat köyden Buckiin, ja jälleen hän meni puroon.
Cette fois, il nagea directement et fermement dans l'eau tumultueuse.
Tällä kertaa hän ui suoraan ja lujasti kuohuvaan veteen.
Hans laissa sortir la corde régulièrement tandis que Pete l'empêchait de s'emmêler.
Hans päästi köyden ulos tasaisesti samalla kun Pete esti sitä sotkeutumasta.
Buck a nagé avec acharnement jusqu'à ce qu'il soit aligné juste au-dessus de Thornton.
Buck ui lujaa, kunnes oli linjassa juuri Thorntonin yläpuolella.
Puis il s'est retourné et a foncé comme un train à toute vitesse.
Sitten hän kääntyi ja syöksyi alas kuin täyttä vauhtia kulkeva juna.
Thornton le vit arriver, se redressa et entoura son cou de ses bras.
Thornton näki hänen tulevan, kannatteli ja kietoi kätensä hänen kaulansa ympärille.

Hans a attaché la corde fermement autour d'un arbre alors qu'ils étaient tous les deux entraînés sous l'eau.
Hans sitoi köyden tiukasti puun ympärille, kun molemmat vedettiin pinnan alle.
Ils ont dégringolé sous l'eau, s'écrasant contre des rochers et des débris de la rivière.
Ne syöksyivät veden alle törmäillen kiviin ja joen roskiin.
Un instant, Buck était au sommet, l'instant d'après, Thornton se levait en haletant.
Yhtenä hetkenä Buck oli huipulla, seuraavana Thornton nousi henkeään haukkoen.
Battus et étouffés, ils se dirigèrent vers la rive et la sécurité.
Hakattuina ja tukehtuessa he ajautuivat rannalle turvaan.
Thornton a repris connaissance, allongé sur un tronc d'arbre.
Thornton palasi tajuihinsa maaten ajotukilla.
Hans et Pete ont travaillé dur pour lui redonner souffle et vie.
Hans ja Pete tekivät hänen kanssaan kovasti töitä saadakseen hengityksen ja elämän takaisin.
Sa première pensée fut pour Buck, qui gisait immobile et mou.
Hänen ensimmäinen ajatuksensa oli Buck, joka makasi liikkumattomana ja velttona.
Nig hurla sur le corps de Buck et Skeet lui lécha doucement le visage.
Nig ulvoi Buckin ruumiin yli, ja Skeet nuoli hänen kasvojaan hellästi.
Thornton, endolori et meurtri, examina Buck avec des mains prudentes.
Thornton, kipeänä ja mustelmilla, tutki Buckia varovaisin käsin.
Il a trouvé trois côtes cassées, mais aucune blessure mortelle chez le chien.
Hän löysi koiralta kolme murtunutta kylkiluuta, mutta ei kuolettavia vammoja.
« C'est réglé », dit Thornton. « On campe ici. » Et c'est ce qu'ils firent.

– Siinä se, Thornton sanoi. – Me leiriydymme täällä. Ja niin he tekivätkin.

Ils sont restés jusqu'à ce que les côtes de Buck soient guéries et qu'il puisse à nouveau marcher.

He pysyivät, kunnes Buckin kylkiluut paranivat ja hän pystyi taas kävelemään.

Cet hiver-là, Buck accomplit un exploit qui augmenta encore sa renommée.

Sinä talvena Buck suoritti saavutuksen, joka nosti hänen mainettaan entisestään.

C'était moins héroïque que de sauver Thornton, mais tout aussi impressionnant.

Se oli vähemmän sankarillista kuin Thorntonin pelastaminen, mutta aivan yhtä vaikuttavaa.

À Dawson, les partenaires avaient besoin de provisions pour un long voyage.

Dawsonissa kumppanit tarvitsivat tarvikkeita pitkää matkaa varten.

Ils voulaient voyager vers l'Est, dans des terres sauvages et intactes.

He halusivat matkustaa itään, koskemattomille erämaa-alueille.

L'acte de Buck dans l'Eldorado Saloon a rendu ce voyage possible.

Buckin tekemä Eldorado Saloonissa mahdollisti tuon matkan.

Tout a commencé avec des hommes qui se vantaient de leurs chiens en buvant un verre.

Se alkoi miesten kerskuessa koiristaan drinkkien äärellä.

La renommée de Buck a fait de lui la cible de défis et de doutes.

Buckin maine teki hänestä haasteiden ja epäilysten kohteen.

Thornton, fier et calme, resta ferme dans la défense du nom de Buck.

Thornton, ylpeänä ja tyynenä, puolusti lujasti Buckin nimeä.

Un homme a déclaré que son chien pouvait facilement tirer deux cents kilos.

Eräs mies sanoi, että hänen koiransa pystyisi vetämään helposti viisisataa paunaa.

Un autre a dit six cents, et un troisième s'est vanté d'en avoir sept cents.

Toinen sanoi kuusisataa, ja kolmas kerskui seitsemäsataa.

« Pfft ! » dit John Thornton, « Buck peut tirer un traîneau de mille livres. »

– Pöh! sanoi John Thornton. – Buck pystyy vetämään tuhannen paunan reen.

Matthewson, un roi de Bonanza, s'est penché en avant et l'a défié.

Matthewson, Bonanza-kuningas, nojasi eteenpäin ja haastoi hänet.

« Tu penses qu'il peut mettre autant de poids en mouvement ? »

"Luuletko, että hän pystyy liikuttamaan niin paljon painoa?"

« Et tu penses qu'il peut tirer le poids sur une centaine de mètres ? »

"Ja luuletko hänen vetävän painon kokonaiset sata jaardia?"

Thornton répondit froidement : « Oui. Buck est assez doué pour le faire. »

Thornton vastasi kylmästi: "Kyllä. Buck on tarpeeksi koira tekemään sen."

« Il mettra mille livres en mouvement et le tirera sur une centaine de mètres. »

"Hän laittaa tuhannen punnan voiman liikkeelle ja vetää sitä sata metriä."

Matthewson sourit lentement et s'assura que tous les hommes entendaient ses paroles.

Matthewson hymyili hitaasti ja varmisti, että kaikki miehet kuulivat hänen sanansa.

« J'ai mille dollars qui disent qu'il ne peut pas. Le voilà. »

"Minulla on tuhat dollaria, joka kieltää hänen pääsynsä siihen. Tässä se on."

Il a claqué un sac de poussière d'or de la taille d'une saucisse sur le bar.

Hän paiskasi baaritiskille makkaran kokoisen säkin kultapölyä.
Personne ne dit un mot. Le silence devint pesant et tendu autour d'eux.
Kukaan ei sanonut sanaakaan. Hiljaisuus heidän ympärillään kävi raskaaksi ja jännittyneeksi.
Le bluff de Thornton – s'il en était un – avait été pris au sérieux.
Thorntonin bluffi – jos se sellainen oli – oli otettu vakavasti.
Il sentit la chaleur monter sur son visage tandis que le sang affluait sur ses joues.
Hän tunsi kuumuuden nousevan kasvoilleen veren noustessa poskilleen.
Sa langue avait pris le pas sur sa raison à ce moment-là.
Hänen kielensä oli mennyt sillä hetkellä järjen edelle.
Il ne savait vraiment pas si Buck pouvait déplacer mille livres.
Hän ei todellakaan tiennyt, pystyisikö Buck liikuttamaan tuhatta paunaa.
Une demi-tonne ! Rien que sa taille lui pesait le cœur.
Puoli tonnia! Jo pelkkä sen koko sai hänen sydämensä tuntumaan raskaalta.
Il avait foi en la force de Buck et le pensait capable.
Hän luotti Buckin voimaan ja oli pitänyt tätä kyvykkäänä.
Mais il n'avait jamais été confronté à ce genre de défi, pas comme celui-ci.
Mutta hän ei ollut koskaan kohdannut tällaista haastetta, ei tällaista.
Une douzaine d'hommes l'observaient tranquillement, attendant de voir ce qu'il allait faire.
Kymmenkunta miestä katseli häntä hiljaa odottaen, mitä hän tekisi.
Il n'avait pas d'argent, ni Hans ni Pete.
Hänellä ei ollut rahaa – eikä Hansilla eikä Petelläkään.
« J'ai un traîneau dehors », dit Matthewson froidement et directement.

– Minulla on ulkona reki, Matthewson sanoi kylmästi ja suoraan.

« Il est chargé de vingt sacs de cinquante livres chacun, tous de farine. »

"Se on lastattu kahdellakymmenellä säkillä, viisikymmentä paunaa kukin, pelkkää jauhoa."

« Alors ne laissez pas un traîneau manquant devenir votre excuse maintenant », a-t-il ajouté.

Joten älä anna kadonneen kelkan olla tekosyynäsi nyt", hän lisäsi.

Thornton resta silencieux. Il ne savait pas quels mots lui dire.

Thornton seisoi hiljaa. Hän ei tiennyt, mitä sanoja sanoisi.

Il regarda les visages autour de lui sans les voir clairement.

Hän katseli ympärilleen kasvoja näkemättä niitä selvästi.

Il ressemblait à un homme figé dans ses pensées, essayant de redémarrer.

Hän näytti mieheltä, joka oli jähmettynyt ajatuksiinsa ja yritti käynnistää elämänsä uudelleen.

Puis il a vu Jim O'Brien, un ami de l'époque Mastodon.

Sitten hän näki Jim O'Brienin, ystävänsä Mastodon-ajoilta.

Ce visage familier lui a donné un courage qu'il ne savait pas avoir.

Tuo tuttu kasvo antoi hänelle rohkeutta, jota hän ei tiennyt itsellään olevan.

Il se tourna et demanda à voix basse : « Peux-tu me prêter mille ? »

Hän kääntyi ja kysyi hiljaisella äänellä: "Voitko lainata minulle tuhat?"

« Bien sûr », dit O'Brien, laissant déjà tomber un lourd sac près de l'or.

– Totta kai, sanoi O'Brien pudottaen jo raskaan säkin kultaa kohti.

« Mais honnêtement, John, je ne crois pas que la bête puisse faire ça. »

"Mutta totta puhuen, John, en usko, että peto pystyy tähän."

Tout le monde dans le Saloon Eldorado s'est précipité dehors pour voir l'événement.
Kaikki Eldorado Saloonissa ryntäsivät ulos katsomaan tapahtumaa.
Ils ont laissé les tables et les boissons, et même les jeux ont été interrompus.
He poistuivat pöydistä ja juomista, ja jopa pelit keskeytettiin.
Les croupiers et les joueurs sont venus assister à la fin de ce pari audacieux.
Jakajat ja uhkapelurit tulivat todistamaan rohkean vedonlyönnin loppua.
Des centaines de personnes se sont rassemblées autour du traîneau dans la rue glacée.
Sadat ihmiset kokoontuivat pulkan ympärille jäiselle avoimelle kadulle.
Le traîneau de Matthewson était chargé d'une charge complète de sacs de farine.
Matthewsonin reki seisoi täydessä kuormassa jauhosäkkejä.
Le traîneau était resté immobile pendant des heures à des températures négatives.
Pulkka oli seissyt tuntikausia miinuslämpötiloissa.
Les patins du traîneau étaient gelés et collés à la neige tassée.
Kelkan jalakset olivat jäätyneet tiukasti kiinni pakkautuneeseen lumeen.
Les hommes ont offert une cote de deux contre un que Buck ne pourrait pas déplacer le traîneau.
Miehet tarjosivat kaksi yhteen -kertoimia sille, ettei Buck pystyisi liikuttamaan rekeä.
Une dispute a éclaté sur ce que signifiait réellement « sortir ».
Kiistaa syntyi siitä, mitä "break out" oikeastaan tarkoitti.
O'Brien a déclaré que Thornton devrait desserrer la base gelée du traîneau.
O'Brien sanoi, että Thorntonin pitäisi löysätä kelkan jäätynyttä pohjaa.
Buck pourrait alors « sortir » d'un départ solide et immobile.

Buck voisi sitten "murtautua esiin" vankasta, liikkumattomasta alusta.

Matthewson a soutenu que le chien devait également libérer les coureurs.

Matthewson väitti, että koiran täytyy vapauttaa myös juoksijat.

Les hommes qui avaient entendu le pari étaient d'accord avec le point de vue de Matthewson.

Vedonlyönnin kuulleet miehet olivat samaa mieltä Matthewsonin näkemyksestä.

Avec cette décision, les chances sont passées à trois contre un contre Buck.

Tuon päätöksen myötä kertoimet nousivat kolmeen yhteen Buckia vastaan.

Personne ne s'est manifesté pour prendre en compte les chances croissantes de trois contre un.

Kukaan ei astunut esiin ottaakseen kasvavaa kolmen yhteen - kerrointa.

Pas un seul homme ne croyait que Buck pouvait accomplir un tel exploit.

Yksikään mies ei uskonut Buckin pystyvän tuohon suureen saavutukseen.

Thornton s'était précipité dans le pari, lourd de doutes.

Thornton oli kiirehditty vedonlyöntiin epäilysten vaivaamana.

Il regarda alors le traîneau et l'attelage de dix chiens à côté.

Nyt hän katsoi rekeä ja sen vieressä olevaa kymmenen koiran valjakkoa.

En voyant la réalité de la tâche, elle semblait encore plus impossible.

Tehtävän todellisuuden näkeminen sai sen tuntumaan entistä mahdottomammalta.

Matthewson était plein de fierté et de confiance à ce moment-là.

Matthewson oli sillä hetkellä täynnä ylpeyttä ja itseluottamusta.

« Trois contre un ! » cria-t-il. « Je parie mille de plus, Thornton !

– Kolme yhteen! hän huusi. – Lyön vetoa vielä tuhannesta, Thornton!
« Que dites-vous ? » ajouta-t-il, assez fort pour que tout le monde l'entende.
"Mitä sanot?" hän lisäsi niin kovaa, että kaikki kuulivat.
Le visage de Thornton exprimait ses doutes, mais son esprit s'était élevé.
Thorntonin kasvoilla näkyi epäilyksiä, mutta hänen mielialansa oli noussut.
Cet esprit combatif ignorait les probabilités et ne craignait rien du tout.
Tuo taistelutahto jätti välinpitämättömät kertoimet huomiotta eikä pelännyt mitään.
Il a appelé Hans et Pete pour apporter tout leur argent sur la table.
Hän soitti Hansille ja Petelle tuodakseen kaikki rahansa pöytään.
Il ne leur restait plus grand-chose : seulement deux cents dollars au total.
Heillä oli vähän jäljellä – yhteensä vain kaksisataa dollaria.
Cette petite somme représentait toute leur fortune pendant les temps difficiles.
Tämä pieni summa oli heidän koko omaisuutensa vaikeina aikoina.
Pourtant, ils ont misé toute leur fortune contre le pari de Matthewson.
Silti he panivat koko omaisuuden Matthewsonin vetoa vastaan.
L'attelage de dix chiens a été dételé et éloigné du traîneau.
Kymmenen koiran valjakko irrotettiin valjakosta ja siirtyi pois reen luota.
Buck a été placé dans les rênes, portant son harnais familier.
Buck laitettiin ohjaksiin ja hänellä oli tutut valjaat.
Il avait capté l'énergie de la foule et ressenti la tension.
Hän oli vanginnut väkijoukon energian ja tuntenut jännityksen.

D'une manière ou d'une autre, il savait qu'il devait faire quelque chose pour John Thornton.
Jostain syystä hän tiesi, että hänen oli tehtävä jotain John Thorntonin hyväksi.
Les gens murmuraient avec admiration devant la fière silhouette du chien.
Ihmiset kuiskasivat ihaillen koiran ylpeää hahmoa.
Il était mince et fort, sans une seule once de chair supplémentaire.
Hän oli laiha ja vahva, ilman ainuttakaan ylimääräistä lihanpalaa.
Son poids total de cent cinquante livres n'était que puissance et endurance.
Hänen sataviisikymmentä paunaa painava kokonaisuus oli pelkkää voimaa ja kestävyyttä.
Le pelage de Buck brillait comme de la soie, épais de santé et de force.
Buckin turkki kiilsi kuin silkki, paksuna terveydestä ja voimasta.
La fourrure le long de son cou et de ses épaules semblait se soulever et se hérisser.
Hänen kaulansa ja hartioidensa turkki tuntui kohoavan ja nousevan pörröiseksi.
Sa crinière bougeait légèrement, chaque cheveu vivant de sa grande énergie.
Hänen harjansa liikkui hieman, jokainen hiuskarva elossa hänen suuresta energiastaan.
Sa large poitrine et ses jambes fortes correspondaient à sa silhouette lourde et robuste.
Hänen leveä rintakehä ja vahvat jalat sopivat yhteen hänen raskaan ja sitkeän vartalonsa kanssa.
Des muscles ondulaient sous son manteau, tendus et fermes comme du fer lié.
Lihakset väreilivät hänen takkinsa alla, kireinä ja lujina kuin sidottu rauta.
Les hommes le touchaient et juraient qu'il était bâti comme une machine en acier.

Miehet koskettivat häntä ja vannoivat, että hän oli kuin teräskone.

Les chances ont légèrement baissé à deux contre un contre le grand chien.

Kertoimet laskivat hieman kahteen yhteen suurta koiraa vastaan.

Un homme des bancs de Skookum s'avança en bégayant.

Skookum-penkkien mies työntyi eteenpäin änkyttäen.

« Bien, monsieur ! J'offre huit cents pour lui – avant l'examen, monsieur ! »

"Hyvä, herra! Tarjoan hänestä kahdeksansataa – ennen koetta, herra!"

« Huit cents, tel qu'il est en ce moment ! » insista l'homme.

"Kahdeksansataa, tässä kohtaa hän juuri nyt seisoo!" mies vaati.

Thornton s'avança, sourit et secoua calmement la tête.

Thornton astui eteenpäin, hymyili ja pudisti rauhallisesti päätään.

Matthewson est rapidement intervenu avec une voix d'avertissement et un froncement de sourcils.

Matthewson astui nopeasti esiin varoittavalla äänellä ja rypisti otsaansa.

« Éloignez-vous de lui », dit-il. « Laissez-lui de l'espace. »

– Sinun täytyy astua pois hänen luotaan, hän sanoi. – Anna hänelle tilaa.

La foule se tut ; seuls les joueurs continuaient à miser deux contre un.

Väkijoukko hiljeni; vain uhkapelurit tarjosivat edelleen kaksi yhteen.

Tout le monde admirait la carrure de Buck, mais la charge semblait trop lourde.

Kaikki ihailivat Buckin ruumiinrakennetta, mutta lasti näytti liian suurelta.

Vingt sacs de farine, pesant chacun cinquante livres, semblaient beaucoup trop.

Kaksikymmentä säkkiä jauhoja – kukin viidenkymmenen paunan painoinen – tuntui aivan liialta.

Personne n'était prêt à ouvrir sa bourse et à risquer son argent.
Kukaan ei ollut halukas avaamaan laukkuaan ja riskeeraamaan rahojaan.
Thornton s'agenouilla à côté de Buck et prit sa tête à deux mains.
Thornton polvistui Buckin viereen ja otti hänen päänsä molempiin käsiinsä.
Il pressa sa joue contre celle de Buck et lui parla à l'oreille.
Hän painoi poskensa Buckin poskea vasten ja puhui tämän korvaan.
Il n'y avait plus de secousses enjouées ni d'insultes affectueuses murmurées.
Ei enää leikkisää ravistelua tai kuiskattuja rakastavia loukkauksia.
Il murmura simplement doucement : « Autant que tu m'aimes, Buck. »
Hän vain kuiskasi hiljaa: "Niin paljon kuin rakastatkin minua, Buck."
Buck émit un gémissement silencieux, son impatience à peine contenue.
Buck päästi hiljaisen vinkaisun, intohimonsa tuskin hillittynä.
Les spectateurs observaient avec curiosité la tension qui emplissait l'air.
Katsojat seurasivat uteliaina jännityksen täyttäessä ilman.
Le moment semblait presque irréel, comme quelque chose qui dépassait la raison.
Hetki tuntui lähes epätodelliselta, joltain järjettömältä.
Lorsque Thornton se leva, Buck prit doucement sa main dans ses mâchoires.
Kun Thornton nousi seisomaan, Buck otti hänen kätensä varovasti leukojensa väliin.
Il appuya avec ses dents, puis relâcha lentement et doucement.
Hän painoi hampaillaan alas ja päästi sitten irti hitaasti ja varovasti.

C'était une réponse silencieuse d'amour, non prononcée, mais comprise.
Se oli rakkauden hiljainen vastaus, ei sanottu ääneen, vaan ymmärretty.
Thornton s'éloigna du chien et donna le signal.
Thornton astui kauas koirasta ja antoi merkin.
« Maintenant, Buck », dit-il, et Buck répondit avec un calme concentré.
"No niin, Buck", hän sanoi, ja Buck vastasi keskittyneen rauhallisesti.
Buck a resserré les traces, puis les a desserrées de quelques centimètres.
Buck kiristi köysiä ja löysäsi niitä sitten muutaman sentin.
C'était la méthode qu'il avait apprise ; sa façon de briser le traîneau.
Tämän menetelmän hän oli oppinut; hänen tapansa rikkoa reki.
« Tiens ! » cria Thornton, sa voix aiguë dans le silence pesant.
"Voi ei!" Thornton huusi terävällä äänellä raskaassa hiljaisuudessa.
Buck se tourna vers la droite et se jeta de tout son poids.
Buck kääntyi oikealle ja syöksyi koko painollaan.
Le mou disparut et toute la masse de Buck heurta les lignes serrées.
Löysäys katosi, ja Buckin koko massa osui tiukkoihin köysiin.
Le traîneau tremblait et les patins émettaient un bruit de crépitement.
Reki tärisi ja jalaksista kuului napsahdus.
« Haw ! » ordonna Thornton, changeant à nouveau la direction de Buck.
"Hau!" Thornton komensi ja muutti jälleen Buckin suuntaa.
Buck répéta le mouvement, cette fois en tirant brusquement vers la gauche.
Buck toisti liikkeen, tällä kertaa vetäen jyrkästi vasemmalle.
Le traîneau craquait plus fort, les patins claquaient et se déplaçaient.

Kelkka rätisi kovempaa, jalakset napsahtivat ja siirtyivät.
La lourde charge glissait légèrement latéralement sur la neige gelée.
Raskas kuorma liukui hieman sivuttain jäätyneen lumen poikki.
Le traîneau s'était libéré de l'emprise du sentier glacé !
Kelkka oli irronnut jäisen polun otteesta!
Les hommes retenaient leur souffle, ignorant qu'ils ne respiraient même pas.
Miehet pidättivät hengitystään tietämättä, etteivät he edes hengittäneet.
« Maintenant, TIREZ ! » cria Thornton à travers le silence glacial.
"Nyt, VEDÄ!" Thornton huusi jäätyneen hiljaisuuden läpi.
L'ordre de Thornton résonna fort, comme le claquement d'un fouet.
Thorntonin käsky kajahti terävästi, kuin ruoskan läiskähdys.
Buck se jeta en avant avec un mouvement violent et saccadé.
Buck syöksyi eteenpäin raivokkaalla ja rajulla syöksyllä.
Tout son corps se tendit et se contracta sous l'énorme tension.
Koko hänen ruumiinsa jännittyi ja kouristeli valtavan rasituksen alla.
Des muscles ondulaient sous sa fourrure comme des serpents prenant vie.
Lihakset väreilivät hänen turkkinsa alla kuin eloon heräävät käärmeet.
Sa large poitrine était basse, la tête tendue vers l'avant en direction du traîneau.
Hänen suuri rintakehä oli alhaalla, pää ojennettuna eteenpäin kohti rekeä.
Ses pattes bougeaient comme l'éclair, ses griffes tranchant le sol gelé.
Hänen käpälänsä liikkuivat kuin salama, kynnet viilsivät jäätynyttä maata.
Des rainures ont été creusées profondément alors qu'il luttait pour chaque centimètre de traction.

Urat leikattiin syviin, kun hän taisteli jokaisesta pidosta.
Le traîneau se balança, trembla et commença un mouvement lent et agité.
Reki keinui, tärisi ja alkoi liikkua hitaasti ja epävakaasti.
Un pied a glissé et un homme dans la foule a gémi à haute voix.
Toinen jalka lipesi, ja mies väkijoukossa voihkaisi ääneen.
Puis le traîneau s'élança en avant dans un mouvement saccadé et brusque.
Sitten reki syöksyi eteenpäin nykivällä, karkealla liikkeellä.
Cela ne s'est pas arrêté à nouveau - un demi-pouce... un pouce... deux pouces de plus.
Se ei pysähtynyt taas – puoli tuumaa... tuuma... viisi tuumaa lisää.
Les secousses devinrent plus faibles à mesure que le traîneau commençait à prendre de la vitesse.
Nykäykset loivenivat kelkan alkaessa kiihtyä.
Bientôt, Buck tirait avec une puissance douce et régulière.
Pian Buck veti tasaisesti ja pehmeästi.
Les hommes haletèrent et finirent par se rappeler de respirer à nouveau.
Miehet haukkoivat henkeään ja muistivat vihdoin hengittää uudelleen.
Ils n'avaient pas remarqué que leur souffle s'était arrêté de stupeur.
He eivät olleet huomanneet hengityksensä pysähtyneen pelon vallassa.
Thornton courait derrière, lançant des ordres courts et joyeux.
Thornton juoksi perässä huutaen lyhyitä, iloisia käskyjä.
Devant nous se trouvait une pile de bois de chauffage qui marquait la distance.
Edessä oli polttopuiden pino, joka merkitsi etäisyyttä.
Alors que Buck s'approchait du tas, les acclamations devenaient de plus en plus fortes.
Buckin lähestyessä kasaa hurraaminen voimistui yhä.

Les acclamations se sont transformées en rugissement lorsque Buck a dépassé le point d'arrivée.
Riemuhuuto paisui karjunnaksi Buckin ohittaessa päätepisteen.
Les hommes ont sauté et crié, même Matthewson a esquissé un sourire.
Miehet hyppivät ja huusivat, jopa Matthewson virnisti.
Les chapeaux volaient dans les airs, les mitaines étaient lancées sans réfléchir ni viser.
Hatut lensivät ilmaan, lapaset heiteltiin ajattelematta tai tähtäämättä.
Les hommes se sont attrapés et se sont serré la main sans savoir à qui.
Miehet tarttuivat toisiinsa ja kättelivät tietämättä ketä.
Toute la foule bourdonnait d'une célébration folle et joyeuse.
Koko väkijoukko surisi villisti, iloisesti juhlien.
Thornton tomba à genoux à côté de Buck, les mains tremblantes.
Thornton polvistui Buckin viereen vapisevin käsin.
Il pressa sa tête contre celle de Buck et le secoua doucement d'avant en arrière.
Hän painoi päänsä Buckin päätä vasten ja ravisteli tätä hellästi edestakaisin.
Ceux qui s'approchaient l'entendaient maudire le chien avec un amour silencieux.
Lähestyjät kuulivat hänen kiroilevan koiraa hiljaisella rakkaudella.
Il a insulté Buck pendant un long moment, doucement, chaleureusement, avec émotion.
Hän kirosi Buckille pitkään – hiljaa, lämpimästi ja liikuttuneesti.
« Bien, monsieur ! Bien, monsieur ! » s'écria précipitamment le roi du Banc Skookum.
"Hyvä on, herra! Hyvä on, herra!" huudahti Skookum-penkin kuningas kiireesti.

« Je vous donne mille, non, douze cents, pour ce chien, monsieur ! »
"Annan teille tuhat – ei, kaksitoistasataa – tuosta koirasta, herra!"
Thornton se leva lentement, les yeux brillants d'émotion.
Thornton nousi hitaasti jaloilleen, silmät liikutuksesta säihkyen.
Les larmes coulaient ouvertement sur ses joues sans aucune honte.
Kyyneleet valuivat avoimesti hänen poskiaan pitkin ilman minkäänlaista häpeää.
« Monsieur », dit-il au roi du banc Skookum, ferme et posé.
"Herra", hän sanoi Skookum-penkin kuninkaalle vakaasti ja lujasti
« Non, monsieur. Allez au diable, monsieur. C'est ma réponse définitive. »
"Ei, herra. Voitte painua helvettiin, herra. Se on lopullinen vastaukseni."
Buck attrapa doucement la main de Thornton dans ses mâchoires puissantes.
Buck tarttui Thorntonin käteen hellästi vahvoilla leukoillaan.
Thornton le secoua de manière enjouée, leur lien étant plus profond que jamais.
Thornton ravisteli häntä leikkisästi, heidän siteensä oli yhtä syvä kuin aina ennenkin.
La foule, émue par l'instant, recula en silence.
Hetken liikuttama väkijoukko astui taaksepäin hiljaa.
Dès lors, personne n'osa interrompre cette affection si sacrée.
Siitä lähtien kukaan ei uskaltanut keskeyttää tuota pyhää kiintymystä.

Le son de l'appel
Kutsun ääni

Buck avait gagné seize cents dollars en cinq minutes.
Buck oli ansainnut kuusitoistasataa dollaria viidessä minuutissa.
Cet argent a permis à John Thornton de payer une partie de ses dettes.
Rahan avulla John Thornton pystyi maksamaan osan veloistaan.
Avec le reste de l'argent, il se dirigea vers l'Est avec ses partenaires.
Loput rahat hän suuntasi itään kumppaneidensa kanssa.
Ils cherchaient une mine perdue légendaire, aussi vieille que le pays lui-même.
He etsivät tarunhohtoista kadonnutta kaivosta, yhtä vanhaa kuin itse maa.
Beaucoup d'hommes avaient cherché la mine, mais peu l'avaient trouvée.
Monet miehet olivat etsineet kaivosta, mutta harvat olivat sitä koskaan löytäneet.
Plus d'un homme avait disparu au cours de cette quête dangereuse.
Useampi kuin yksi mies oli kadonnut vaarallisen tehtävän aikana.
Cette mine perdue était enveloppée à la fois de mystère et d'une vieille tragédie.
Tämä kadonnut kaivos oli kietoutunut sekä mysteerin että vanhan tragedian sisään.
Personne ne savait qui avait été le premier homme à découvrir la mine.
Kukaan ei tiennyt, kuka oli ollut ensimmäinen kaivoksen löytänyt mies.
Les histoires les plus anciennes ne mentionnent personne par son nom.
Vanhimmissa tarinoissa ei mainita ketään nimeltä.
Il y avait toujours eu là une vieille cabane délabrée.

Siellä on aina ollut vanha, ränsistynyt mökki.
Des hommes mourants avaient juré qu'il y avait une mine à côté de cette vieille cabane.
Kuolevat miehet olivat vannoneet, että tuon vanhan mökin vieressä oli kaivos.
Ils ont prouvé leurs histoires avec de l'or comme on n'en trouve nulle part ailleurs.
He todistivat tarinansa kullalla, jollaista ei löydetty mistään muualta.
Aucune âme vivante n'avait jamais pillé le trésor de cet endroit.
Yksikään elävä sielu ei ollut koskaan ryöstänyt aarretta siitä paikasta.
Les morts étaient morts, et les morts ne racontent pas d'histoires.
Kuolleet olivat kuolleita, eivätkä kuolleet kerro tarinoita.
Thornton et ses amis se dirigèrent donc vers l'Est.
Niinpä Thornton ja hänen ystävänsä suuntasivat itään.
Pete et Hans se sont joints à eux, amenant Buck et six chiens forts.
Pete ja Hans liittyivät mukaan ja toivat Buckin ja kuusi vahvaa koiraa.
Ils se sont lancés sur un chemin inconnu là où d'autres avaient échoué.
He lähtivät tuntemattomalle polulle, jolla muut olivat epäonnistuneet.
Ils ont parcouru soixante-dix milles en traîneau sur le fleuve Yukon gelé.
He pulkkaisivat seitsemänkymmentä mailia jäätynyttä Yukon-jokea pitkin.
Ils tournèrent à gauche et suivirent le sentier jusqu'au Stewart.
He kääntyivät vasemmalle ja seurasivat polkua Stewart-jokeen.
Ils passèrent le Mayo et le McQuestion, poursuivant leur route.

He ohittivat Mayon ja McQuestionin ja jatkoivat matkaansa yhä pidemmälle.
Le Stewart s'est rétréci en un ruisseau, traversant des pics déchiquetés.
Stewart-joki kutistui puroksi, joka kiemurteli terävien huippujen läpi.
Ces pics acérés marquaient l'épine dorsale même du continent.
Nämä terävät huiput muodostivat mantereen selkärangan.
John Thornton exigeait peu des hommes ou de la nature sauvage.
John Thornton vaati miehiltä tai erämaalta vain vähän.
Il ne craignait rien dans la nature et affrontait la nature sauvage avec aisance.
Hän ei pelännyt mitään luonnossa ja kohtasi villin luonnon helposti.
Avec seulement du sel et un fusil, il pouvait voyager où il le souhaitait.
Vain suolan ja kiväärin avulla hän saattoi matkustaa minne halusi.
Comme les indigènes, il chassait de la nourriture pendant ses voyages.
Kuten alkuasukkaat, hän metsästi ruokaa matkansa aikana.
S'il n'attrapait rien, il continuait, confiant en la chance qui l'attendait.
Jos hän ei saanut mitään kiinni, hän jatkoi matkaa luottaen onneen edessään.
Au cours de ce long voyage, la viande était la principale nourriture qu'ils mangeaient.
Tällä pitkällä matkalla liha oli heidän pääruokansa.
Le traîneau contenait des outils et des munitions, mais aucun horaire strict.
Reessä oli työkaluja ja ammuksia, mutta ei tarkkaa aikataulua.
Buck adorait cette errance, la chasse et la pêche sans fin.
Buck rakasti tätä vaeltelua; loputonta metsästystä ja kalastusta.
Pendant des semaines, ils ont voyagé jour après jour.

Viikkokausia he matkustivat päivästä toiseen tasaisesti.
D'autres fois, ils établissaient des camps et restaient immobiles pendant des semaines.
Toisinaan he leiriytyivät ja pysyivät paikoillaan viikkoja.
Les chiens se reposaient pendant que les hommes creusaient dans la terre gelée.
Koirat lepäsivät miesten kaivaessa jäätynyttä maata.
Ils chauffaient des poêles sur des feux et cherchaient de l'or caché.
He lämmittivät pannuja nuotioiden päällä ja etsivät piilotettua kultaa.
Certains jours, ils souffraient de faim, et d'autres jours, ils faisaient des festins.
Joinakin päivinä he näkivät nälkää, ja joinakin päivinä heillä oli juhlia.
Leurs repas dépendaient du gibier et de la chance de la chasse.
Heidän ateriansa riippuivat riistasta ja metsästysonnesta.
Quand l'été arrivait, les hommes et les chiens chargeaient des charges sur leur dos.
Kesän tullen miehet ja koirat pakkasivat taakkoja selälleen.
Ils ont fait du rafting sur des lacs bleus cachés dans des forêts de montagne.
He laskivat koskenlaskua vuoristometsien piilossa olevien sinisten järvien yli.
Ils naviguaient sur des bateaux minces sur des rivières qu'aucun homme n'avait jamais cartographiées.
He purjehtivat hoikilla veneillä joilla, joita kukaan ei ollut koskaan kartoittanut.
Ces bateaux ont été construits à partir d'arbres sciés dans la nature.
Nuo veneet rakennettiin puista, joita he sahasivat luonnossa.

Les mois passèrent et ils sillonnèrent des terres sauvages et inconnues.
Kuukaudet kuluivat, ja he kiertelivät tuntemattomien ja villien maiden halki.

Il n'y avait pas d'hommes là-bas, mais de vieilles traces suggéraient qu'il y en avait eu.
Siellä ei ollut miehiä, mutta vanhat jäljet viittasivat siihen, että miehiä oli ollut.
Si la Cabane Perdue était réelle, alors d'autres étaient déjà passés par là.
Jos Kadonnut mökki oli todellinen, niin muitakin oli joskus tullut tätä tietä.
Ils traversaient des cols élevés dans des blizzards, même pendant l'été.
He ylittivät korkeita solanpätkiä lumimyrskyissä, jopa kesällä.
Ils frissonnaient sous le soleil de minuit sur les pentes nues des montagnes.
He hytisivät keskiyön auringon alla paljailla vuorenrinteillä.
Entre la limite des arbres et les champs de neige, ils montaient lentement.
Puunrajan ja lumikenttien välissä he kiipesivät hitaasti.
Dans les vallées chaudes, ils écrasaient des nuages de moucherons et de mouches.
Lämpimissä laaksoissa ne läpsyttelivät hyttys- ja kärpäspilviä.
Ils cueillaient des baies sucrées près des glaciers en pleine floraison estivale.
He poimivat makeita marjoja jäätiköiden läheltä täydessä kesäkukinnossa.
Les fleurs qu'ils ont trouvées étaient aussi belles que celles du Southland.
Heidän löytämänsä kukat olivat yhtä ihania kuin Etelämaassa.
Cet automne-là, ils atteignirent une région solitaire remplie de lacs silencieux.
Sinä syksynä he saapuivat yksinäiselle seudulle, joka oli täynnä hiljaisia järviä.
La terre était triste et vide, autrefois pleine d'oiseaux et de bêtes.
Maa oli surullinen ja tyhjä, kerran täynnä lintuja ja eläimiä.
Il n'y avait plus de vie, seulement le vent et la glace qui se formait dans les flaques.
Nyt ei ollut elämää, vain tuuli ja altaisiin muodostuva jää.

Les vagues s'écrasaient sur les rivages déserts avec un son doux et lugubre.
Aallot liplattivat tyhjiä rantoja vasten pehmeällä, surullisella äänellä.

Un autre hiver arriva et ils suivirent à nouveau de vieux sentiers lointains.
Uusi talvi tuli, ja he seurasivat jälleen vanhoja, himmeitä jälkiä.

C'étaient les traces d'hommes qui les avaient cherchés bien avant eux.
Nämä olivat niiden miesten jälkiä, jotka olivat etsineet jo kauan ennen heitä.

Un jour, ils trouvèrent un chemin creusé profondément dans la forêt sombre.
Kerran he löysivät polun, joka johti syvälle pimeään metsään.

C'était un vieux sentier, et ils sentaient que la cabane perdue était proche.
Se oli vanha polku, ja heistä tuntui, että kadonnut mökki oli lähellä.

Mais le sentier ne menait nulle part et s'enfonçait dans les bois épais.
Mutta polku ei johtanut mihinkään ja katosi tiheään metsään.

Personne ne savait qui avait fait ce sentier et pourquoi.
Kuka polun oli tehnyt ja miksi, sitä ei tiennyt kukaan.

Plus tard, ils ont trouvé l'épave d'un lodge caché parmi les arbres.
Myöhemmin he löysivät puiden välistä piilossa olevan majan rauniot.

Des couvertures pourries gisaient éparpillées là où quelqu'un avait dormi.
Mädäntyneet peitot lojuivat hajallaan paikoissa, joissa joku oli kerran nukkunut.

John Thornton a trouvé un fusil à silex à long canon enterré à l'intérieur.
John Thornton löysi sisältä pitkäpiippuisen piilukon.

Il savait qu'il s'agissait d'un fusil de la Baie d'Hudson depuis les premiers jours de son commerce.
Hän tiesi, että kyseessä oli Hudson Bayn ase jo kaupankäynnin alkuajoilta.
À cette époque, ces armes étaient échangées contre des piles de peaux de castor.
Noina päivinä tällaisia aseita vaihdettiin majavannahkapinoihin.
C'était tout : il ne restait aucune trace de l'homme qui avait construit le lodge.
Siinä kaikki – majan rakentaneesta miehestä ei ollut jäljellä mitään johtolankaa.

Le printemps est revenu et ils n'ont trouvé aucun signe de la Cabane Perdue.
Kevät tuli jälleen, eivätkä he löytäneet merkkiäkään Kadonneesta Mökistä.
Au lieu de cela, ils trouvèrent une large vallée avec un ruisseau peu profond.
Sen sijaan he löysivät leveän laakson, jossa oli matala puro.
L'or recouvrait le fond des casseroles comme du beurre jaune et lisse.
Kulta lepäsi pannujen pohjilla kuin sileää, keltaista voita.
Ils s'arrêtèrent là et ne cherchèrent plus la cabane.
He pysähtyivät siihen eivätkä etsineet mökkiä enempää.
Chaque jour, ils travaillaient et trouvaient des milliers de pièces d'or en poudre.
Joka päivä he työskentelivät ja löysivät tuhansia kultapölyä.
Ils ont emballé l'or dans des sacs de peau d'élan, de cinquante livres chacun.
He pakkasivat kullan hirvennahkasäkkeihin, viisikymmentä puntaa kappale.
Les sacs étaient empilés comme du bois de chauffage à l'extérieur de leur petite loge.
Laukut oli pinottu kuin polttopuut heidän pienen majansa ulkopuolella.

Ils travaillaient comme des géants et les jours passaient comme des rêves rapides.
He työskentelivät kuin jättiläiset, ja päivät kuluivat kuin nopeasti unissa.
Ils ont amassé des trésors au fil des jours sans fin.
He kasasivat aarteita loputtomien päivien vieridessä nopeasti.
Les chiens n'avaient pas grand-chose à faire, à part transporter de la viande de temps en temps.
Koirilla ei ollut juurikaan tekemistä, paitsi silloin tällöin kuljettaa lihaa.
Thornton chassait et tuait le gibier, et Buck restait allongé près du feu.
Thornton metsästi ja tappoi riistan, ja Buck makasi tulen ääressä.
Il a passé de longues heures en silence, perdu dans ses pensées et ses souvenirs.
Hän vietti pitkiä tunteja hiljaisuudessa, uppoutuneena ajatuksiinsa ja muistoihinsa.
L'image de l'homme poilu revenait de plus en plus souvent à l'esprit de Buck.
Karvaisen miehen kuva tuli yhä useammin Buckin mieleen.
Maintenant que le travail se faisait rare, Buck rêvait en clignant des yeux devant le feu.
Nyt kun työtä oli vähän, Buck unelmoi räpytellen silmiään tulelle.
Dans ces rêves, Buck errait avec l'homme dans un autre monde.
Noissa unissa Buck vaelsi miehen kanssa toisessa maailmassa.
La peur semblait être le sentiment le plus fort dans ce monde lointain.
Pelko tuntui olevan voimakkain tunne tuossa kaukaisessa maailmassa.
Buck vit l'homme poilu dormir avec la tête baissée.
Buck näki karvaisen miehen nukkuvan pää painuksissa.
Ses mains étaient jointes et son sommeil était agité et interrompu.

Hänen kätensä olivat ristissä, ja hänen unensa oli levotonta ja katkonaista.
Il se réveillait en sursaut et regardait avec crainte dans le noir.
Hän heräsi usein säpsähtäen ja tuijotti pelokkaasti pimeyteen.
Ensuite, il jetait plus de bois sur le feu pour garder la flamme vive.
Sitten hän heitti lisää puuta tuleen pitääkseen liekin kirkkaana.
Parfois, ils marchaient le long d'une plage au bord d'une mer grise et infinie.
Joskus he kävelivät hiekkarantaa pitkin harmaan, loputtoman meren äärellä.
L'homme poilu ramassait des coquillages et les mangeait en marchant.
Karvainen mies poimi äyriäisiä ja söi niitä kävellessään.
Ses yeux cherchaient toujours des dangers cachés dans l'ombre.
Hänen silmänsä etsivät aina varjoista piilossa olevia vaaroja.
Ses jambes étaient toujours prêtes à sprinter au premier signe de menace.
Hänen jalkansa olivat aina valmiina juoksemaan ensimmäisen uhkan merkistä.
Ils rampaient à travers la forêt, silencieux et méfiants, côte à côte.
He hiipivät metsän läpi hiljaa ja varovaisesti, rinnakkain.
Buck le suivit sur ses talons, et tous deux restèrent vigilants.
Buck seurasi hänen kannoillaan, ja molemmat pysyivät valppaina.
Leurs oreilles frémissaient et bougeaient, leurs nez reniflaient l'air.
Heidän korvansa nykivät ja liikkuivat, heidän nenänsä nuuhkivat ilmaa.
L'homme pouvait entendre et sentir la forêt aussi intensément que Buck.
Mies kuuli ja haistoi metsän yhtä tarkasti kuin Buck.

L'homme poilu se balançait à travers les arbres avec une vitesse soudaine.
Karvainen mies syöksyi puiden läpi äkillisellä vauhdilla.
Il sautait de branche en branche, sans jamais lâcher prise.
Hän hyppi oksalta oksalle, otteestaan huolimatta.
Il se déplaçait aussi vite au-dessus du sol que sur celui-ci.
Hän liikkui yhtä nopeasti maanpinnan yläpuolella kuin sen päälläkin.
Buck se souvenait des longues nuits passées sous les arbres, à veiller.
Buck muisti pitkät yöt puiden alla, jolloin hän piti vahtia.
L'homme dormait perché dans les branches, s'accrochant fermement.
Mies nukkui oksissa tiukasti roikkuen yöllä.
Cette vision de l'homme poilu était étroitement liée à l'appel des profondeurs.
Tämä karvaisen miehen näky oli läheisesti sidoksissa syvään kutsuun.
L'appel résonnait toujours à travers la forêt avec une force obsédante.
Kutsu kaikui yhä metsän läpi aavemaisen voimakkaasti.
L'appel remplit Buck de désir et d'un sentiment de joie incessant.
Kutsu täytti Buckin kaipauksella ja levottomalla ilon tunteella.
Il ressentait d'étranges pulsions et des frémissements qu'il ne pouvait nommer.
Hän tunsi outoja mielitekoja ja tunteita, joita hän ei osannut nimetä.
Parfois, il suivait l'appel au plus profond des bois tranquilles.
Joskus hän seurasi kutsua syvälle hiljaiseen metsään.
Il cherchait l'appel, aboyant doucement ou fort au fur et à mesure.
Se etsi kutsuääntä haukkuen hiljaa tai terävästi kulkiessaan.
Il renifla la mousse et la terre noire où poussaient les herbes.
Hän nuuhki sammalta ja mustaa multaa, missä ruohot kasvoivat.

Il renifla de plaisir aux riches odeurs de la terre profonde.
Hän huokaisi ihastuksesta syvän maan rikkaille tuoksuille.
Il s'est accroupi pendant des heures derrière des troncs couverts de champignons.
Hän kyykistyi tuntikausia sienen peittämien runkojen takana.
Il resta immobile, écoutant les yeux écarquillés chaque petit bruit.
Hän pysyi paikallaan, kuunnellen silmät suurina jokaista pientä ääntä.
Il espérait peut-être surprendre la chose qui avait lancé l'appel.
Hän on ehkä toivonut yllättävänsä sen, joka soitti.
Il ne savait pas pourquoi il agissait de cette façon, il le faisait simplement.
Hän ei tiennyt, miksi hän toimi näin – hän yksinkertaisesti ymmärsi.
Les pulsions venaient du plus profond de moi, au-delà de la pensée ou de la raison.
Ne himot tulivat syvältä sisimmästä, ajatuksen tai järjen tuolta puolen.
Des envies irrésistibles s'emparèrent de Buck sans avertissement ni raison.
Vastustamattomat halut valtasivat Buckin varoittamatta tai syytä.
Parfois, il somnolait paresseusement dans le camp sous la chaleur de midi.
Välillä hän torkkui laiskasti leirissä keskipäivän kuumuudessa.
Soudain, sa tête se releva et ses oreilles se dressèrent en alerte.
Yhtäkkiä hänen päänsä nousi ja korvat nousivat pystyyn valppaina.
Puis il se leva d'un bond et se précipita dans la nature sans s'arrêter.
Sitten hän hyppäsi ylös ja syöksyi tauotta erämaahan.
Il a couru pendant des heures à travers les sentiers forestiers et les espaces ouverts.

Hän juoksi tuntikausia metsäpolkuja ja avoimia paikkoja pitkin.
Il aimait suivre les lits des ruisseaux asséchés et espionner les oiseaux dans les arbres.
Hän rakasti seurata kuivia purouomia ja vakoilla lintuja puissa.
Il pouvait rester caché toute la journée, à regarder les perdrix se pavaner.
Hän voisi maata piilossa koko päivän ja katsella peltopyiden tepastelevan ympäriinsä.
Ils tambourinaient et marchaient, inconscients de la présence de Buck.
He rummuttivat ja marssivat tietämättöminä Buckin yhä läsnäolosta.
Mais ce qu'il aimait le plus, c'était courir au crépuscule en été.
Mutta eniten hän rakasti juosta kesähämärässä.
La faible lumière et les bruits endormis de la forêt le remplissaient de joie.
Hämärä valo ja uneliaat metsän äänet täyttivät hänet ilolla.
Il lisait les panneaux forestiers aussi clairement qu'un homme lit un livre.
Hän luki metsän merkkejä yhtä selvästi kuin mies lukee kirjaa.
Et il cherchait toujours la chose étrange qui l'appelait.
Ja hän etsi aina sitä outoa asiaa, joka häntä kutsui.
Cet appel ne s'est jamais arrêté : il l'atteignait qu'il soit éveillé ou endormi.
Tuo kutsu ei koskaan lakannut – se tavoitti hänet sekä valveilla että nukkuessaan.

Une nuit, il se réveilla en sursaut, les yeux perçants et les oreilles hautes.
Eräänä yönä hän heräsi säpsähtäen, silmät terävät ja korvat pystyssä.
Ses narines se contractaient tandis que sa crinière se dressait en vagues.
Hänen sieraimensa nytkähtivät harjan aaltojen pörrössä.

Du plus profond de la forêt, le son résonna à nouveau, le vieil appel.
Syvältä metsästä kuului taas ääni, vanha kutsu.
Cette fois, le son résonnait clairement, un hurlement long, obsédant et familier.
Tällä kertaa ääni kaikui selkeästi, pitkä, kummitteleva, tuttu ulvonta.
C'était comme le cri d'un husky, mais d'un ton étrange et sauvage.
Se oli kuin huskyn huuto, mutta ääneltään outo ja villi.
Buck reconnut immédiatement le son – il avait entendu exactement le même son depuis longtemps.
Buck tunsi äänen heti – hän oli kuullut saman äänen kauan sitten.
Il sauta à travers le camp et disparut rapidement dans les bois.
Hän hyppäsi leirin läpi ja katosi nopeasti metsään.
Alors qu'il s'approchait du bruit, il ralentit et se déplaça avec précaution.
Äänen lähestyessä hän hidasti vauhtia ja liikkui varovasti.
Bientôt, il atteignit une clairière entre d'épais pins.
Pian hän saapui aukiolle tiheiden mäntyjen väliin.
Là, debout sur ses pattes arrière, était assis un loup des bois grand et maigre.
Siellä, kyykyssään pystyssä, istui pitkä, laiha puumainen susi.
Le nez du loup pointait vers le ciel, résonnant toujours de l'appel.
Suden kuono osoitti taivasta kohti, yhä toistaen kutsua.
Buck n'avait émis aucun son, mais le loup s'arrêta et écouta.
Buck ei ollut päästänyt ääntäkään, mutta susi pysähtyi ja kuunteli.
Sentant quelque chose, le loup se tendit, scrutant l'obscurité.
Aistiessaan jotakin susi jännittyi ja etsi pimeyttä.
Buck apparut en rampant, le corps bas, les pieds immobiles sur le sol.
Buck hiipi näkyviin, vartalo matalana, jalat liikkumatta maassa.

Sa queue était droite, son corps enroulé sous la tension.
Hänen häntänsä oli suora ja ruumis jännityksestä tiukasti kiertynyt.
Il a montré à la fois une menace et une sorte d'amitié brutale.
Hän osoitti sekä uhkaa että eräänlaista karua ystävyyttä.
C'était le salut prudent partagé par les bêtes sauvages.
Se oli varovainen tervehdys, jonka villieläimet jakavat.
Mais le loup se retourna et s'enfuit dès qu'il vit Buck.
Mutta susi kääntyi ja pakeni heti nähtyään Buckin.
Buck se lança à sa poursuite, sautant sauvagement, désireux de le rattraper.
Buck lähti takaa-ajoon hyppien villisti, innokkaana saavuttamaan sen.
Il suivit le loup dans un ruisseau asséché bloqué par un embâcle.
Hän seurasi sutta kuivaan puroon, jonka puupato oli tukkinut.
Acculé, le loup se retourna et tint bon.
Nurkkaan ajettuna susi pyörähti ympäri ja pysyi ennallaan.
Le loup grognait et claquait comme un chien husky pris au piège dans un combat.
Susi murahti ja ärähti kuin tappelussa loukkuun jäänyt huskykoira.
Les dents du loup claquaient rapidement, son corps se hérissant d'une fureur sauvage.
Suden hampaat naksahtivat nopeasti, sen ruumis täynnä villiä raivoa.
Buck n'attaqua pas mais encercla le loup avec une gentillesse prudente.
Buck ei hyökännyt, vaan kiersi suden varovaisen ystävällisesti.
Il a essayé de bloquer sa fuite par des mouvements lents et inoffensifs.
Hän yritti estää pakoaan hitailla, vaarattomilla liikkeillä.
Le loup était méfiant et effrayé : Buck le dépassait trois fois.
Susi oli varovainen ja peloissaan – Buck oli sitä kolme kertaa painavampi.

La tête du loup atteignait à peine l'épaule massive de Buck.
Suden pää ulottui tuskin Buckin massiiviseen olkapäähän asti.
À l'affût d'une brèche, le loup s'est enfui et la poursuite a repris.
Susi tähyili aukkoa, karkasi ja takaa-ajo alkoi uudelleen.
Plusieurs fois, Buck l'a coincé et la danse s'est répétée.
Buck ajoi hänet nurkkaan useita kertoja, ja tanssi toistui.
Le loup était maigre et faible, sinon Buck n'aurait pas pu l'attraper.
Susi oli laiha ja heikko, tai muuten Buck ei olisi saanut sitä kiinni.
Chaque fois que Buck s'approchait, le loup se retournait et lui faisait face avec peur.
Joka kerta kun Buck lähestyi, susi pyörähti ympäri ja kääntyi peloissaan häntä kohti.
Puis, à la première occasion, il s'est précipité dans les bois une fois de plus.
Sitten ensimmäisen tilaisuuden tullen hän syöksyi jälleen metsään.
Mais Buck n'a pas abandonné et finalement le loup a fini par lui faire confiance.
Mutta Buck ei luovuttanut, ja lopulta susi alkoi luottaa häneen.
Il renifla le nez de Buck, et les deux devinrent joueurs et alertes.
Hän nuuhki Buckin nenää, ja heistä tuli leikkisiä ja valppaita.
Ils jouaient comme des animaux sauvages, féroces mais timides dans leur joie.
Ne leikkivät kuin villieläimet, raivokkaita mutta ilossaan ujoja.
Au bout d'un moment, le loup s'éloigna au trot avec un calme déterminé.
Hetken kuluttua susi ravaili pois rauhallisen määrätietoisena.
Il a clairement montré à Buck qu'il voulait être suivi.
Hän osoitti selvästi Buckille, että tätä seurattiin.
Ils couraient côte à côte dans l'obscurité du crépuscule.
He juoksivat rinnakkain hämärän hämärtyessä.
Ils suivirent le lit du ruisseau jusqu'à la gorge rocheuse.

He seurasivat purouomaa ylös kallioiseen rotkoon.
Ils traversèrent une ligne de partage des eaux froide où le ruisseau avait pris sa source.
He ylittivät kylmän vedenjakajan siitä, mistä virta oli alkanut.
Sur la pente la plus éloignée, ils trouvèrent une vaste forêt et de nombreux ruisseaux.
Kaukaiselta rinteeltä he löysivät laajan metsän ja monia puroja.
À travers ce vaste territoire, ils ont couru pendant des heures sans s'arrêter.
Tämän valtavan maan halki he juoksivat tuntikausia pysähtymättä.
Le soleil se leva plus haut, l'air devint chaud, mais ils continuèrent à courir.
Aurinko nousi korkeammalle, ilma lämpeni, mutta he jatkoivat juoksuaan.
Buck était rempli de joie : il savait qu'il répondait à son appel.
Buck oli täynnä iloa – hän tiesi vastaavansa kutsumukseensa.
Il courut à côté de son frère de la forêt, plus près de la source de l'appel.
Hän juoksi metsäveljensä rinnalla, lähemmäs kutsun lähdettä.
De vieux sentiments sont revenus, puissants et difficiles à ignorer.
Vanhat tunteet palasivat, voimakkaina ja vaikeasti sivuutettavissa.
C'étaient les vérités derrière les souvenirs de ses rêves.
Nämä olivat totuudet hänen uniemuistojensa takana.
Il avait déjà fait tout cela auparavant, dans un monde lointain et obscur.
Hän oli tehnyt kaiken tämän aiemminkin kaukaisessa ja varjoisassa maailmassa.
Il recommença alors, courant librement avec le ciel ouvert au-dessus.
Nyt hän teki tämän taas, juosten villisti avoimen taivaan alla.
Ils s'arrêtèrent près d'un ruisseau pour boire l'eau froide qui coulait.

He pysähtyivät puroon juomaan kylmää, virtaavaa vettä.
Alors qu'il buvait, Buck se souvint soudain de John Thornton.
Juodessaan Buck muisti yhtäkkiä John Thorntonin.
Il s'assit en silence, déchiré par l'attrait de la loyauté et de l'appel.
Hän istuutui hiljaa, uskollisuuden ja kutsumuksen hurmaamana.
Le loup continua à trotter, mais revint pour pousser Buck à avancer.
Susi jatkoi ravaamistaan, mutta palasi takaisin kannustamaan Buckia eteenpäin.
Il renifla son nez et essaya de le cajoler avec des gestes doux.
Hän nuuhkaisi tämän nenää ja yritti houkutella tätä pehmeillä eleillä.
Mais Buck se retourna et reprit le chemin par lequel il était venu.
Mutta Buck kääntyi ympäri ja lähti takaisin samaa tietä.
Le loup courut à côté de lui pendant un long moment, gémissant doucement.
Susi juoksi pitkään hänen vierellään hiljaa vinkuen.
Puis il s'assit, leva le nez et poussa un long hurlement.
Sitten hän istuutui alas, nosti kuonoaan ja päästi pitkän ulvonnan.
C'était un cri lugubre, qui s'adoucit à mesure que Buck s'éloignait.
Se oli surullinen huuto, joka pehmeni Buckin kävellessä pois.
Buck écouta le son du cri s'estomper lentement dans le silence de la forêt.
Buck kuunteli, kuinka huudon ääni hitaasti vaimeni metsän hiljaisuuteen.
John Thornton était en train de dîner lorsque Buck a fait irruption dans le camp.
John Thornton söi päivällistä, kun Buck ryntäsi leiriin.
Buck sauta sauvagement sur lui, le léchant, le mordant et le faisant culbuter.

Buck hyökkäsi villisti hänen kimppuunsa nuoleskellen, purren ja kaataen häntä.
Il l'a renversé, s'est hissé dessus et l'a embrassé sur le visage.
Hän kaatoi hänet, kiipesi hänen päälleen ja suukotti hänen kasvojaan.
Thornton appelait cela avec affection « jouer le fou du commun ».
Thornton kutsui tätä kiintymyksellä "yleisen typeryksen leikkimiseksi".
Pendant tout ce temps, il maudissait doucement Buck et le secouait d'avant en arrière.
Koko ajan hän kirosi Buckia lempeästi ja ravisteli tätä edestakaisin.
Pendant deux jours et deux nuits entières, Buck n'a pas quitté le camp une seule fois.
Kahteen kokonaiseen päivään ja yöhön Buck ei poistunut leiristä kertaakaan.
Il est resté proche de Thornton et ne l'a jamais quitté des yeux.
Hän pysytteli lähellä Thorntonia eikä koskaan päästänyt tätä näkyvistä.
Il le suivait pendant qu'il travaillait et le regardait pendant qu'il mangeait.
Hän seurasi häntä tämän työskennellessä ja katseli häntä syödessään.
Il voyait Thornton dans ses couvertures la nuit et dehors chaque matin.
Hän näki Thorntonin peittojensa sisällä öisin ja ulkona joka aamu.
Mais bientôt l'appel de la forêt revint, plus fort que jamais.
Mutta pian metsän kutsu palasi, kovempana kuin koskaan ennen.
Buck devint à nouveau agité, agité par les pensées du loup sauvage.
Buck levottomaksi tuli jälleen, ajatusten herättämänä villisusesta.
Il se souvenait de la terre ouverte et de la course côte à côte.

Hän muisti avoimen maan ja rinnakkain juoksemisen.
Il commença à errer à nouveau dans la forêt, seul et alerte.
Hän alkoi jälleen vaeltaa metsään, yksin ja valppaana.
Mais le frère sauvage ne revint pas et le hurlement ne fut pas entendu.
Mutta villiveli ei palannut, eikä ulvontaa kuulunut.
Buck a commencé à dormir dehors, restant absent pendant des jours.
Buck alkoi nukkua ulkona, pysyen poissa päiväkausia kerrallaan.
Une fois, il traversa la haute ligne de partage des eaux où le ruisseau commençait.
Kerran hän ylitti korkean vedenjakajan, josta puro oli alkanut.
Il entra dans le pays des bois sombres et des larges ruisseaux.
Hän astui tumman puun ja leveiden purojen maahan.
Pendant une semaine, il a erré, à la recherche de signes de son frère sauvage.
Viikon ajan hän vaelteli etsien merkkejä villistä veljestään.
Il tuait sa propre viande et voyageait à grands pas, sans relâche.
Hän teurasti oman saaliinsa ja kulki pitkin, väsymättömin askelin.
Il pêchait le saumon dans une large rivière qui se jetait dans la mer.
Hän kalasti lohta leveässä joessa, joka ulottui mereen.
Là, il combattit et tua un ours noir rendu fou par les insectes.
Siellä hän taisteli ja tappoi ötököiden raivostuttaman mustakarhun.
L'ours était en train de pêcher et courait aveuglément à travers les arbres.
Karhu oli kalastanut ja juossut sokkona puiden läpi.
La bataille fut féroce, réveillant le profond esprit combatif de Buck.
Taistelu oli raju ja herätti Buckin syvän taistelutahtoisuuden.
Deux jours plus tard, Buck est revenu et a trouvé des carcajous près de sa proie.

Kaksi päivää myöhemmin Buck palasi ja löysi saaliiltaan ahmoja.
Une douzaine d'entre eux se disputaient la viande avec une fureur bruyante.
Tusina heistä riiteli lihasta äänekkäästi ja raivokkaasti.
Buck chargea et les dispersa comme des feuilles dans le vent.
Buck hyökkäsi ja hajotti heidät kuin lehdet tuuleen.
Deux loups restèrent derrière, silencieux, sans vie et immobiles pour toujours.
Kaksi sutta jäi jäljelle – hiljaa, elottomasti ja liikkumatta ikuisesti.
La soif de sang était plus forte que jamais.
Verenhimo voimistui entisestään.
Buck était un chasseur, un tueur, se nourrissant de créatures vivantes.
Buck oli metsästäjä, tappaja, joka söi eläviä olentoja.
Il a survécu seul, en s'appuyant sur sa force et ses sens aiguisés.
Hän selvisi yksin, luottaen voimiinsa ja teräviin aisteihinsa.
Il prospérait dans la nature, où seuls les plus résistants pouvaient vivre.
Hän viihtyi luonnossa, jossa vain kestävimmät pystyivät elämään.
De là, une grande fierté s'éleva et remplit tout l'être de Buck.
Tästä nousi suuri ylpeys ja täytti koko Buckin olemuksen.
Sa fierté se reflétait dans chacun de ses pas, dans le mouvement de chacun de ses muscles.
Hänen ylpeytensä näkyi jokaisella askeleella, jokaisen lihaksen väreilyssä.
Sa fierté était aussi claire qu'un discours, visible dans la façon dont il se comportait.
Hänen ylpeytensä oli yhtä selkeä kuin sanat, ja se näkyi hänen käyttäytymisessään.
Même son épais pelage semblait plus majestueux et brillait davantage.

Jopa hänen paksu turkkinsa näytti majesteettisemmalta ja kiilsi kirkkaammin.
Buck aurait pu être confondu avec un loup géant.
Buckia olisi voitu erehtyä luulemaan jättimäiseksi metsäsudeksi.
À l'exception du brun sur son museau et des taches au-dessus de ses yeux.
Paitsi ruskea kuonossa ja täplät silmien yläpuolella.
Et la traînée de fourrure blanche qui courait au milieu de sa poitrine.
Ja valkoinen karvajuova, joka kulki hänen rintansa keskeltä.
Il était encore plus grand que le plus grand loup de cette race féroce.
Hän oli jopa suurempi kuin tuon raivokkaan rodun suurin susi.
Son père, un Saint-Bernard, lui a donné de la taille et une ossature lourde.
Hänen isänsä, bernhardiinikoira, antoi hänelle koon ja rotevan rungon.
Sa mère, une bergère, a façonné cette masse en forme de loup.
Hänen äitinsä, paimen, muovasi tuon massan suden kaltaiseksi.
Il avait le long museau d'un loup, bien que plus lourd et plus large.
Hänellä oli suden pitkä kuono, vaikkakin painavampi ja leveämpi.
Sa tête était celle d'un loup, mais construite à une échelle massive et majestueuse.
Hänen päänsä oli suden, mutta rakennettu massiiviseen, majesteettiseen mittakaavaan.
La ruse de Buck était la ruse du loup et de la nature.
Buckin viekkaus oli suden ja erämaan viekkautta.
Son intelligence lui vient à la fois du berger allemand et du Saint-Bernard.
Hänen älykkyytensä tuli sekä saksanpaimenkoiralta että bernhardiinkoiralta.

Tout cela, ajouté à une expérience difficile, faisait de lui une créature redoutable.
Kaikki tämä ja karut kokemukset tekivät hänestä pelottavan olennon.
Il était aussi redoutable que n'importe quelle bête qui parcourait les régions sauvages du nord.
Hän oli yhtä pelottava kuin mikä tahansa pohjoisen erämaassa vaeltava peto.
Ne se nourrissant que de viande, Buck a atteint le sommet de sa force.
Pelkästään lihaa syöden Buck saavutti voimiensa huipun.
Il débordait de puissance et de force masculine dans chaque fibre de son être.
Hän pursui voimaa ja miehistä voimaa jokaisessa solussaan.
Lorsque Thornton lui caressait le dos, ses poils brillaient d'énergie.
Kun Thornton silitti hänen selkäänsä, karvat leimahtivat energiasta.
Chaque cheveu crépitait, chargé du contact du magnétisme vivant.
Jokainen hius rätinöi, latautuneena elävän magnetismin kosketuksesta.
Son corps et son cerveau étaient réglés sur le ton le plus fin possible.
Hänen kehonsa ja aivonsa olivat viritetty parhaalle mahdolliselle sävelkorkeudelle.
Chaque nerf, chaque fibre et chaque muscle fonctionnaient en parfaite harmonie.
Jokainen hermo, säie ja lihas toimivat täydellisessä harmoniassa.
À tout son ou toute vue nécessitant une action, il répondait instantanément.
Kaikkiin ääniin tai näkyihin, jotka vaativat toimenpiteitä, hän reagoi välittömästi.
Si un husky sautait pour attaquer, Buck pouvait sauter deux fois plus vite.

Jos husky hyppäsi hyökkäämään, Buck pystyi hyppäämään kaksi kertaa nopeammin.
Il a réagi plus vite que les autres ne pouvaient le voir ou l'entendre.
Hän reagoi nopeammin kuin muut ehtivät nähdä tai kuulla.
La perception, la décision et l'action se sont produites en un seul instant fluide.
Havainto, päätös ja toiminta tapahtuivat kaikki yhdessä sulavassa hetkessä.
En vérité, ces actes étaient distincts, mais trop rapides pour être remarqués.
Todellisuudessa nämä teot olivat erillisiä, mutta liian nopeita huomatakseen.
Les intervalles entre ces actes étaient si brefs qu'ils semblaient n'en faire qu'un.
Näiden tekojen väliset tauot olivat niin lyhyitä, että ne tuntuivat yhdeltä.
Ses muscles et son être étaient comme des ressorts étroitement enroulés.
Hänen lihaksensa ja olemuksensa olivat kuin tiukasti kierrettyjä jousia.
Son corps débordait de vie, sauvage et joyeux dans sa puissance.
Hänen ruumiinsa sykki elämää, villinä ja iloisena voimassaan.
Parfois, il avait l'impression que la force allait jaillir de lui entièrement.
Välillä hänestä tuntui kuin voima purkautuisi hänestä kokonaan.
« Il n'y a jamais eu un tel chien », a déclaré Thornton un jour tranquille.
"Ei ole koskaan ollut sellaista koiraa", Thornton sanoi yhtenä hiljaisena päivänä.
Les partenaires regardaient Buck sortir fièrement du camp.
Parit katselivat Buckin astelevan ylpeänä leiristä ulos.
« Lorsqu'il a été créé, il a changé ce que pouvait être un chien », a déclaré Pete.

"Kun hänet luotiin, hän muutti sitä, mitä koira voi olla", Pete sanoi.

« Par Jésus ! Je le pense moi-même », acquiesça rapidement Hans.

"Jeesuksen nimeen! Luulenpa niin itsekin", Hans myönsi nopeasti.

Ils l'ont vu s'éloigner, mais pas le changement qui s'est produit après.

He näkivät hänen marssivan pois, mutta eivät sitä muutosta, joka tapahtui sen jälkeen.

Dès qu'il est entré dans les bois, Buck s'est complètement transformé.

Metsään astuttuaan Buck muuttui täysin.

Il ne marchait plus, mais se déplaçait comme un fantôme sauvage parmi les arbres.

Hän ei enää marssinut, vaan liikkui kuin villi aave puiden keskellä.

Il devint silencieux, les pieds comme un chat, une lueur traversant les ombres.

Hänestä tuli hiljainen, kissanjalkainen, välähdys välähti varjojen läpi.

Il utilisait la couverture avec habileté, rampant sur le ventre comme un serpent.

Hän käytti suojaa taitavasti ryömimällä vatsallaan kuin käärme.

Et comme un serpent, il pouvait bondir en avant et frapper en silence.

Ja käärmeen tavoin hän saattoi hypätä eteenpäin ja iskeä hiljaa.

Il pourrait voler un lagopède directement dans son nid caché.

Hän voisi varastaa kiirunan suoraan sen piilopesästä.

Il a tué des lapins endormis sans un seul bruit.

Hän tappoi nukkuvia kaneja äänettömästi.

Il pouvait attraper des tamias en plein vol alors qu'ils fuyaient trop lentement.

Hän voisi napata maaoravat ilmassa, kun ne pakenivat liian hitaasti.
Même les poissons dans les bassins ne pouvaient échapper à ses attaques soudaines.
Edes kalat lammikoissa eivät voineet välttyä hänen äkillisiltä iskuiltaan.
Même les castors astucieux qui réparaient les barrages n'étaient pas à l'abri de lui.
Edes patoja korjaavat ovelat majavat eivät olleet turvassa häneltä.
Il tuait pour se nourrir, pas pour le plaisir, mais il préférait tuer ses propres victimes.
Hän tappoi ruoakseen, ei huvikseen – mutta piti eniten omista tappamisistaan.
Pourtant, un humour sournois traversait certaines de ses chasses silencieuses.
Silti ovela huumori leijui hänen hiljaisten metsästystensä läpi.
Il s'est approché des écureuils, mais les a laissés s'échapper.
Hän hiipi aivan oravien lähelle, vain päästääkseen ne karkuun.
Ils allaient fuir vers les arbres, bavardant dans une rage effrayée.
He aikoivat paeta puiden sekaan, lörpötellen kauhuissaan ja raivoissaan.
À l'arrivée de l'automne, les orignaux ont commencé à apparaître en plus grand nombre.
Syksyn saapuessa hirviä alkoi näkyä runsain määrin.
Ils se sont déplacés lentement vers les basses vallées pour affronter l'hiver.
He siirtyivät hitaasti mataliin laaksoihin kohtaamaan talven.
Buck avait déjà abattu un jeune veau errant.
Buck oli jo kaatanut yhden nuoren, harhailevan vasikan.
Mais il aspirait à affronter des proies plus grandes et plus dangereuses.
Mutta hän kaipasi suurempaa ja vaarallisempaa saalista.
Un jour, à la ligne de partage des eaux, à la tête du ruisseau, il trouva sa chance.

Eräänä päivänä virran latvalla, hän löysi tilaisuutensa.
Un troupeau de vingt orignaux avait traversé des terres boisées.
Metsäisiltä mailta oli ylittänyt tien kaksikymmentä hirveä.
Parmi eux se trouvait un puissant taureau, le chef du groupe.
Heidän joukossaan oli mahtava härkä; ryhmän johtaja.
Le taureau mesurait plus de six pieds de haut et avait l'air féroce et sauvage.
Härkä oli yli kaksi metriä korkea ja näytti raivoisalta ja villiltä.
Il lança ses larges bois, quatorze pointes se ramifiant vers l'extérieur.
Hän heitti leveät sarvensa, joista neljätoista haarautui ulospäin.
Les extrémités de ces bois s'étendaient sur sept pieds de large.
Noiden sarvien kärjet ulottuivat seitsemän jalan levyisiksi.
Ses petits yeux brûlaient de rage lorsqu'il aperçut Buck à proximité.
Hänen pienet silmänsä paloivat raivosta, kun hän huomasi Buckin lähellä.
Il poussa un rugissement furieux, tremblant de fureur et de douleur.
Hän päästi raivoisan karjaisun, täristen raivosta ja tuskasta.
Une pointe de flèche sortait près de son flanc, empennée et pointue.
Läheltä hänen kylkeään törrötti höyhenpeitteinen ja terävä nuolenpää.
Cette blessure a contribué à expliquer son humeur sauvage et amère.
Tämä haava auttoi selittämään hänen rajua, katkeraa mielialaansa.
Buck, guidé par un ancien instinct de chasseur, a fait son mouvement.
Muinaisen metsästysvaiston ohjaamana Buck teki siirtonsa.
Son objectif était de séparer le taureau du reste du troupeau.
Hän pyrki erottamaan härän muusta laumasta.

Ce n'était pas une tâche facile : il fallait de la rapidité et une ruse féroce.
Tämä ei ollut helppo tehtävä – se vaati nopeutta ja hurjaa oveluutta.
Il aboyait et dansait près du taureau, juste hors de portée.
Hän haukkui ja tanssi härän lähellä, juuri kantaman ulkopuolella.
L'élan s'est précipité avec d'énormes sabots et des bois mortels.
Hirvi syöksyi eteenpäin valtavilla kavioilla ja tappavilla sarvilla.
Un seul coup aurait pu mettre fin à la vie de Buck en un clin d'œil.
Yksi isku olisi voinut lopettaa Buckin hengen silmänräpäyksessä.
Incapable de laisser la menace derrière lui, le taureau devint fou.
Koska härkä ei pystynyt jättämään uhkaa taakseen, se suuttui.
Il chargea avec fureur, mais Buck s'échappa toujours.
Hän hyökkäsi raivoissaan, mutta Buck livahti aina karkuun.
Buck simula une faiblesse, l'attirant plus loin du troupeau.
Buck teeskenteli heikkoutta houkutellen hänet kauemmas laumasta.
Mais les jeunes taureaux allaient charger pour protéger le leader.
Mutta nuoret sonnit aikoivat rynnätä takaisin suojellakseen johtajaa.
Ils ont forcé Buck à battre en retraite et le taureau à rejoindre le groupe.
He pakottivat Buckin perääntymään ja härän liittymään takaisin ryhmään.
Il y a une patience dans la nature, profonde et imparable.
Villissä on kärsivällisyyttä, syvää ja pysäyttämätöntä.
Une araignée attend immobile dans sa toile pendant d'innombrables heures.
Hämähäkki odottaa liikkumatta verkossaan lukemattomia tunteja.

Un serpent s'enroule sans tressaillement et attend que son heure soit venue.
Käärme kiemurtelee nykimättä ja odottaa, kunnes on aika.
Une panthère se tient en embuscade, jusqu'à ce que le moment arrive.
Pantteri väijyy, kunnes hetki koittaa.
C'est la patience des prédateurs qui chassent pour survivre.
Tämä on selviytyäkseen metsästävien saalistajien kärsivällisyyttä.
Cette même patience brûlait à l'intérieur de Buck alors qu'il restait proche.
Sama kärsivällisyys paloi Buckin sisällä hänen pysytellessään lähellä.
Il resta près du troupeau, ralentissant sa marche et suscitant la peur.
Hän pysytteli lauman lähellä hidastaen sen kulkua ja herättäen pelkoa.
Il taquinait les jeunes taureaux et harcelait les vaches mères.
Hän kiusoitteli nuoria sonneja ja ahdisteli emolehmiä.
Il a plongé le taureau blessé dans une rage encore plus profonde et impuissante.
Hän ajoi haavoittuneen härän syvemmälle, avuttomampaan raivoon.
Pendant une demi-journée, le combat s'est prolongé sans aucun répit.
Puoli päivää taistelu jatkui ilman minkäänlaista lepoa.
Buck attaquait sous tous les angles, rapide et féroce comme le vent.
Buck hyökkäsi joka suunnasta, nopeasti ja raivokkaasti kuin tuuli.
Il a empêché le taureau de se reposer ou de se cacher avec son troupeau.
Hän esti härkää lepäämästä tai piiloutumasta laumansa kanssa.
Le cerf a épuisé la volonté de l'élan plus vite que son corps.
Buck kulutti hirven tahdon nopeammin kuin sen ruumis.

La journée passa et le soleil se coucha bas dans le ciel du nord-ouest.
Päivä kului ja aurinko laski matalalle luoteistaivaalla.
Les jeunes taureaux revinrent plus lentement pour aider leur chef.
Nuoret sonnit palasivat hitaammin auttamaan johtajaansa.
Les nuits d'automne étaient revenues et l'obscurité durait désormais six heures.
Syksyn yöt olivat palanneet, ja pimeys kesti nyt kuusi tuntia.
L'hiver les poussait vers des vallées plus sûres et plus chaudes.
Talvi painoi heitä alamäkeen turvallisempiin, lämpimämpiin laaksoihin.
Mais ils ne pouvaient toujours pas échapper au chasseur qui les retenait.
Mutta silti he eivät päässeet pakoon metsästäjää, joka pidätteli heitä.
Une seule vie était en jeu : pas celle du troupeau, mais celle de leur chef.
Vain yhden ihmisen henki oli vaakalaudalla – ei lauman, vaan sen johtajan.
Cela rendait la menace lointaine et non leur préoccupation urgente.
Se teki uhkasta etäisen eikä heidän kiireellisestä huolenaiheestaan.
Au fil du temps, ils ont accepté ce prix et ont laissé Buck prendre le vieux taureau.
Ajan myötä he hyväksyivät tämän hinnan ja antoivat Buckin ottaa vanhan härän.
Alors que le crépuscule s'installait, le vieux taureau se tenait debout, la tête baissée.
Hämärän laskeutuessa vanha härkä seisoi pää painuksissa.
Il regarda le troupeau qu'il avait conduit disparaître dans la lumière déclinante.
Hän katseli, kuinka hänen johdattamansa lauma katosi himmenevään valoon.

Il y avait des vaches qu'il avait connues, des veaux qu'il avait autrefois engendrés.
Siellä oli lehmiä, jotka hän oli tuntenut, vasikoita, jotka hän oli kerran siittänyt.
Il y avait des taureaux plus jeunes qu'il avait combattus et dominés au cours des saisons précédentes.
Hän oli taistellut nuorempia sonneja vastaan ja hallinnut niitä menneinä kausina.
Il ne pouvait pas les suivre, car Buck était à nouveau accroupi devant lui.
Hän ei voinut seurata heitä – sillä hänen edessään kyykistyi Buck jälleen.
La terreur impitoyable aux crocs bloquait tous les chemins qu'il pouvait emprunter.
Armoton, hampaiden peittämä kauhu esti kaikki hänen tiensä.
Le taureau pesait plus de trois cents livres de puissance dense.
Härkä painoi yli kolmesataa kiloa tiheää voimaa.
Il avait vécu longtemps et s'était battu avec acharnement dans un monde de luttes.
Hän oli elänyt kauan ja taistellut lujasti kamppailun täyttämässä maailmassa.
Mais maintenant, à la fin, la mort venait d'une bête bien en dessous de lui.
Silti nyt, lopussa, kuolema tuli petoeläimen luota, joka oli paljon hänen alapuolellaan.
La tête de Buck n'atteignait même pas les énormes genoux noueux du taureau.
Buckin pää ei edes noussut härän valtavien, rystysten peittämien polvien tasolle.
À partir de ce moment, Buck resta avec le taureau nuit et jour.
Siitä hetkestä lähtien Buck pysyi härän luona yötä päivää.
Il ne lui a jamais laissé de repos, ne lui a jamais permis de brouter ou de boire.
Hän ei koskaan antanut hänelle lepoa, ei koskaan antanut hänen laiduntaa tai juoda.

Le taureau a essayé de manger de jeunes pousses de bouleau et des feuilles de saule.
Härkä yritti syödä nuoria koivunversoja ja pajunlehtiä.
Mais Buck le repoussa, toujours alerte et toujours attaquant.
Mutta Buck ajoi hänet pois, aina valppaana ja aina hyökkäävänä.
Même dans les ruisseaux qui ruisselaient, Buck bloquait toute tentative assoiffée.
Jopa tihkuvien purojen kohdalla Buck torjui kaikki janoiset yritykset.
Parfois, par désespoir, le taureau s'enfuyait à toute vitesse.
Joskus härkä pakeni epätoivoissaan täyttä vauhtia.
Buck le laissa courir, galopant calmement juste derrière, jamais très loin.
Buck antoi hänen juosta, loikki rauhallisesti aivan takana, ei koskaan kaukana.
Lorsque l'élan s'arrêta, Buck s'allongea, mais resta prêt.
Kun hirvi pysähtyi, Buck kävi makuulle, mutta pysyi valmiina.
Si le taureau essayait de manger ou de boire, Buck frappait avec une fureur totale.
Jos härkä yritti syödä tai juoda, Buck iski täydellä raivolla.
La grosse tête du taureau s'affaissait sous ses vastes bois.
Härän suuri pää painui alemmas valtavien sarviensa alle.
Son rythme ralentit, le trot devint lourd, une marche trébuchante.
Hänen vauhtinsa hidastui, ravi muuttui raskaaksi, kompuroivaksi kävelyksi.
Il restait souvent immobile, les oreilles tombantes et le nez au sol.
Hän seisoi usein paikallaan korvat painuksissa ja kuono maassa.
Pendant ces moments-là, Buck prenait le temps de boire et de se reposer.
Noina hetkinä Buck otti aikaa juoda ja levätä.
La langue tirée, les yeux fixés, Buck sentait que la terre était en train de changer.

Kieli ulkona, silmät kiinteästi, Buck aisti maan muuttuvan.
Il sentit quelque chose de nouveau se déplacer dans la forêt et dans le ciel.
Hän tunsi jotain uutta liikkuvan metsän ja taivaan halki.
Avec le retour des orignaux, d'autres créatures sauvages ont fait de même.
Hirvien palatessa palasivat myös muut villieläimet.
La terre semblait vivante, avec une présence invisible mais fortement connue.
Maa tuntui elävältä ja läsnäolevalta, näkymättömältä mutta vahvasti tunnetulta.
Ce n'était ni par l'ouïe, ni par la vue, ni par l'odorat que Buck le savait.
Buck ei tiennyt tätä kuulo-, näkö- eikä hajuaistimuksen perusteella.
Un sentiment plus profond lui disait que de nouvelles forces étaient en mouvement.
Syvempi aisti kertoi hänelle, että uusia voimia oli liikkeellä.
Une vie étrange s'agitait dans les bois et le long des ruisseaux.
Outoa elämää kuhisi metsissä ja purojen varrella.
Il a décidé d'explorer cet esprit, une fois la chasse terminée.
Hän päätti tutkia tätä henkeä metsästyksen päätyttyä.
Le quatrième jour, Buck a finalement abattu l'élan.
Neljäntenä päivänä Buck sai viimein hirven kaatumaan.
Il est resté près de la proie pendant une journée et une nuit entières, se nourrissant et se reposant.
Hän pysyi saaliin luona koko päivän ja yön, syöden ja leväten.
Il mangea, puis dormit, puis mangea à nouveau, jusqu'à ce qu'il soit fort et rassasié.
Hän söi, nukkui ja söi taas, kunnes oli vahva ja kylläinen.
Lorsqu'il fut prêt, il retourna vers le camp et Thornton.
Kun hän oli valmis, hän kääntyi takaisin leiriä ja Thorntonia kohti.
D'un pas régulier, il commença le long voyage de retour vers la maison.
Tasaisella vauhdilla hän aloitti pitkän paluumatkan kotiin.

Il courait d'un pas infatigable, heure après heure, sans jamais s'égarer.
Hän juoksi väsymätöntä loitsuaan tunti toisensa jälkeen, kertaakaan harhautumatta.
À travers des terres inconnues, il se déplaçait droit comme l'aiguille d'une boussole.
Tuntemattomien maiden läpi hän kulki suoraan kuin kompassin neula.
Son sens de l'orientation faisait paraître l'homme et la carte faibles en comparaison.
Hänen suuntavaistonsa sai ihmisen ja kartan näyttämään heikoilta verrattuna niihin.
Tandis que Buck courait, il sentait plus fortement l'agitation dans la terre sauvage.
Juostessaan Buckin tunsi yhä voimakkaammin villin maan hälinän.
C'était un nouveau genre de vie, différent de celui des mois calmes de l'été.
Se oli uudenlaista elämää, toisin kuin tyynien kesäkuukausien aikana.
Ce sentiment n'était plus un message subtil ou distant.
Tämä tunne ei enää tullut hienovaraisena tai etäisenä viestinä.
Maintenant, les oiseaux parlaient de cette vie et les écureuils en bavardaient.
Nyt linnut puhuivat tästä elämästä ja oravat höpöttivät siitä.
Même la brise murmurait des avertissements à travers les arbres silencieux.
Tuulikin kuiskasi varoituksia hiljaisten puiden läpi.
Il s'arrêta à plusieurs reprises et respira l'air frais du matin.
Useita kertoja hän pysähtyi haistelemaan raikasta aamuilmaa.
Il y lut un message qui le fit bondir plus vite en avant.
Hän luki sieltä viestin, joka sai hänet hyppäämään eteenpäin nopeammin.
Un lourd sentiment de danger l'envahit, comme si quelque chose s'était mal passé.
Raskas vaaran tunne täytti hänet, aivan kuin jokin olisi mennyt pieleen.

Il craignait qu'une catastrophe ne se produise – ou ne soit déjà arrivée.
Hän pelkäsi, että onnettomuus oli tulossa – tai oli jo tullut.
Il franchit la dernière crête et entra dans la vallée en contrebas.
Hän ylitti viimeisen harjanteen ja astui alla olevaan laaksoon.
Il se déplaçait plus lentement, alerte et prudent à chaque pas.
Hän liikkui hitaammin, valppaammin ja varovaisemmin jokaisella askeleella.
À trois milles de là, il trouva une piste fraîche qui le fit se raidir.
Kolmen mailin päässä hän löysi uuden polun, joka kangisti hänet.
Les cheveux le long de son cou ondulaient et se hérissaient d'alarme.
Hänen kaulansa hiukset aaltoilivat ja nousivat pystyyn pelästyksestä.
Le sentier menait directement au camp où Thornton attendait.
Polku johti suoraan leiriin, jossa Thornton odotti.
Buck se déplaçait désormais plus rapidement, sa foulée à la fois silencieuse et rapide.
Buck liikkui nyt nopeammin, hänen askeleensa oli sekä hiljainen että nopea.
Ses nerfs se sont resserrés lorsqu'il a lu des signes que d'autres allaient manquer.
Hänen hermonsa kiristyivät, kun hän luki merkkejä, jotka muut tulisivat olemaan huomaamatta.
Chaque détail du sentier racontait une histoire, sauf le dernier morceau.
Jokainen polun yksityiskohta kertoi tarinan – paitsi viimeinen pala.
Son nez lui parlait de la vie qui s'était déroulée ici.
Hänen nenänsä kertoi hänelle elämästä, joka oli kulunut tällä tiellä.

L'odeur lui donnait une image changeante alors qu'il le suivait de près.
Tuoksu muutti hänen mielikuvaansa hänen seuratessaan aivan kannoilla.
Mais la forêt elle-même était devenue silencieuse, anormalement immobile.
Mutta metsä itse oli hiljentynyt; luonnottoman liikkumaton.
Les oiseaux avaient disparu, les écureuils étaient cachés, silencieux et immobiles.
Linnut olivat kadonneet, oravat olivat piilossa, hiljaa ja liikkumatta.
Il n'a vu qu'un seul écureuil gris, allongé sur un arbre mort.
Hän näki vain yhden harmaaoravan, makaamassa kuolleella puulla.
L'écureuil se fondait dans la masse, raide et immobile comme une partie de la forêt.
Orava sulautui joukkoon, jäykkänä ja liikkumattomana kuin osa metsää.
Buck se déplaçait comme une ombre, silencieux et sûr à travers les arbres.
Buck liikkui kuin varjo, hiljaa ja varmasti puiden läpi.
Son nez se souleva sur le côté comme s'il était tiré par une main invisible.
Hänen nenänsä nytkähti sivulle aivan kuin näkymätön käsi olisi vetänyt häntä.
Il se retourna et suivit la nouvelle odeur jusqu'au plus profond d'un fourré.
Hän kääntyi ja seurasi uutta tuoksua syvälle pensaikkoon.
Là, il trouva Nig, étendu mort, transpercé par une flèche.
Sieltä hän löysi Nigin makaamasta kuolleena, nuolen lävistämänä.
La flèche traversa son corps, laissant encore apparaître ses plumes.
Nuoli lävisti hänen ruumiinsa, höyhenet yhä näkyvissä.
Nig s'était traîné jusqu'ici, mais il était mort avant d'avoir pu obtenir de l'aide.

Nig oli raahannut itsensä sinne, mutta kuoli ennen kuin ehti apuun.
Une centaine de mètres plus loin, Buck trouva un autre chien de traîneau.
Sadan jaardin päässä Buck löysi toisen rekikoiran.
C'était un chien que Thornton avait racheté à Dawson City.
Se oli koira, jonka Thornton oli ostanut Dawson Citystä.
Le chien était en proie à une lutte à mort, se débattant violemment sur le sentier.
Koira kävi kuolemanvaaraa ja rimpuili lujaa polulla.
Buck le contourna sans s'arrêter, les yeux fixés devant lui.
Buck ohitti hänet pysähtymättä, katse eteenpäin tuijotettuna.
Du côté du camp venait un chant lointain et rythmé.
Leirin suunnalta kuului kaukainen, rytmikäs laulu.
Les voix s'élevaient et retombaient sur un ton étrange, inquiétant et chantant.
Äänet nousivat ja laskivat oudolla, aavemaisella, laulavalla sävyllä.
Buck rampa jusqu'au bord de la clairière en silence.
Buck ryömi hiljaa aukion reunalle.
Là, il vit Hans étendu face contre terre, percé de nombreuses flèches.
Siellä hän näki Hansin makaavan kasvot alaspäin, monien nuolien lävistämänä.
Son corps ressemblait à celui d'un porc-épic, hérissé de plumes.
Hänen ruumiinsa näytti piikkisialta, täynnä höyhenpeitteisiä varsia.
Au même moment, Buck regarda vers le pavillon en ruine.
Samalla hetkellä Buck katsoi raunioitunutta majaa kohti.
Cette vue lui fit dresser les cheveux sur la nuque et les épaules.
Näky sai hiukset jäykiksi nousemaan pystyyn hänen niskallaan ja hartioillaan.
Une tempête de rage sauvage parcourut tout le corps de Buck.
Villin raivon myrsky pyyhkäisi läpi koko Buckin ruumiin.

Il grogna à haute voix, même s'il ne savait pas qu'il l'avait fait.
Hän murahti ääneen, vaikka ei tiennyt sitä.
Le son était brut, rempli d'une fureur terrifiante et sauvage.
Ääni oli raaka, täynnä kauhistuttavaa, villiä raivoa.
Pour la dernière fois de sa vie, Buck a perdu la raison au profit de l'émotion.
Viimeisen kerran elämässään Buck menetti järkensä tunteiden tieltä.
C'est l'amour pour John Thornton qui a brisé son contrôle minutieux.
Rakkaus John Thorntonia kohtaan mursi hänen huolellisen itsehillintänsä.
Les Yeehats dansaient autour de la hutte en épicéa détruite.
Yeehatit tanssivat raunioituneen kuusimajan ympärillä.
Puis un rugissement retentit et une bête inconnue chargea vers eux.
Sitten kuului karjunta – ja tuntematon peto ryntäsi heitä kohti.
C'était Buck ; une fureur en mouvement ; une tempête vivante de vengeance.
Se oli Buck; liikkeessä oleva raivo; elävä kostonhimoinen myrsky.
Il se jeta au milieu d'eux, fou du besoin de tuer.
Hän heittäytyi heidän keskelleen, hulluna tappamisen tarpeesta.
Il sauta sur le premier homme, le chef Yeehat, et frappa juste.
Hän hyppäsi ensimmäisen miehen, yeehat-päällikön, kimppuun ja osui naulan kantaan.
Sa gorge fut déchirée et du sang jaillit à flots.
Hänen kurkkunsa revittiin auki ja veri pursui virtana.
Buck ne s'arrêta pas, mais déchira la gorge de l'homme suivant d'un seul bond.
Buck ei pysähtynyt, vaan repäisi yhdellä loikalla seuraavan miehen kurkun irti.
Il était inarrêtable : il déchirait, taillait, ne s'arrêtait jamais pour se reposer.

Hän oli pysäyttämätön – repi, viilsi, eikä koskaan pysähtynyt lepäämään.
Il s'élança et bondit si vite que leurs flèches ne purent l'atteindre.
Hän syöksyi ja hyppäsi niin nopeasti, etteivät heidän nuolensa osuneet häneen.
Les Yeehats étaient pris dans leur propre panique et confusion.
Yeehatit olivat oman paniikkinsa ja hämmennyksensä vallassa.
Leurs flèches manquèrent Buck et se frappèrent l'une l'autre à la place.
Heidän nuolensa osuivat toisiinsa ohi Buckin.
Un jeune homme a lancé une lance sur Buck et a touché un autre homme.
Yksi nuori heitti keihään Buckiin ja osui toiseen mieheen.
La lance lui transperça la poitrine, la pointe lui transperçant le dos.
Keihäs lävisti hänen rintansa ja iski selkäänsä.
La terreur s'empara des Yeehats et ils se mirent en retraite.
Kauhu valtasi Yeehatit, ja he murtautuivat täyteen perääntymiseen.
Ils crièrent à l'Esprit Maléfique et s'enfuirent dans les ombres de la forêt.
He huusivat Pahaa Henkeä ja pakenivat metsän varjoihin.
Vraiment, Buck était comme un démon alors qu'il poursuivait les Yeehats.
Buck oli todellakin kuin demoni ajaessaan Yeehateja takaa.
Il les poursuivit à travers la forêt, les faisant tomber comme des cerfs.
Hän juoksi heidän perässään metsän läpi ja kaatoi heidät kuin peurat.
Ce fut un jour de destin et de terreur pour les Yeehats effrayés.
Siitä tuli kohtalon ja kauhun päivä peloissaan oleville Yeehateille.

Ils se dispersèrent à travers le pays, fuyant au loin dans toutes les directions.
He hajaantuivat pitkin maata, pakenivat kauas joka suuntaan.

Une semaine entière s'est écoulée avant que les derniers survivants ne se retrouvent dans une vallée.
Kokonainen viikko kului ennen kuin viimeiset eloonjääneet tapasivat laaksossa.

Ce n'est qu'alors qu'ils ont compté leurs pertes et parlé de ce qui s'était passé.
Vasta sitten he laskivat tappionsa ja puhuivat tapahtuneesta.

Buck, après s'être lassé de la chasse, retourna au camp en ruine.
Väsyttyään takaa-ajosta Buck palasi raunioituneeseen leiriin.

Il a trouvé Pete, toujours dans ses couvertures, tué lors de la première attaque.
Hän löysi Peten, yhä huopissaan, kuolleena ensimmäisessä hyökkäyksessä.

Les signes du dernier combat de Thornton étaient marqués dans la terre à proximité.
Thorntonin viimeisen kamppailun merkit näkyivät läheisessä mullassa.

Buck a suivi chaque trace, reniflant chaque marque jusqu'à un point final.
Buck seurasi jokaista jälkeä ja nuuhki jokaisen merkin viimeiseen pisteeseen asti.

Au bord d'un bassin profond, il trouva le fidèle Skeet, allongé immobile.
Syvän lammen reunalla hän löysi uskollisen Skeetin makaamasta liikkumatta.

La tête et les pattes avant de Skeet étaient dans l'eau, immobiles dans la mort.
Skeetin pää ja etutassut olivat vedessä, liikkumattomina kuollessa.

La piscine était boueuse et contaminée par les eaux de ruissellement provenant des écluses.
Uima-allas oli mutainen ja tahraantunut sulkulaatikoiden valumavesistä.

Sa surface nuageuse cachait ce qui se trouvait en dessous, mais Buck connaissait la vérité.
Sen pilvinen pinta peitti alleen sen, mitä sen alla oli, mutta Buck tiesi totuuden.
Il a suivi l'odeur de Thornton dans la piscine, mais l'odeur ne menait nulle part ailleurs.
Hän seurasi Thorntonin hajua altaaseen asti – mutta haju ei johtanut minnekään muualle.
Aucune odeur ne menait à l'extérieur, seulement le silence des eaux profondes.
Ulos ei kuulunut hajua – vain syvän veden hiljaisuus.
Toute la journée, Buck resta près de la piscine, arpentant le camp avec chagrin.
Koko päivän Buck pysytteli altaan lähellä ja käveli edestakaisin leirissä surun murtamana.
Il errait sans cesse ou restait assis, immobile, perdu dans ses pensées.
Hän vaelteli levottomasti tai istui hiljaa, vaipuneena raskaisiin ajatuksiin.
Il connaissait la mort, la fin de la vie, la disparition de tout mouvement.
Hän tunsi kuoleman; elämän lopun; kaiken liikkeen katoamisen.
Il comprit que John Thornton était parti et ne reviendrait jamais.
Hän ymmärsi, että John Thornton oli poissa eikä koskaan palaisi.
La perte a laissé en lui un vide qui palpitait comme la faim.
Menetys jätti häneen tyhjän tilan, joka jyskyttää kuin nälkä.
Mais c'était une faim que la nourriture ne pouvait apaiser, peu importe la quantité qu'il mangeait.
Mutta ruoka ei voinut helpottaa tätä nälkää, vaikka hän söisi kuinka paljon tahansa.
Parfois, alors qu'il regardait les Yeehats morts, la douleur s'estompait.
Ajoittain, kun hän katsoi kuolleita Yeehateja, kipu laantui.
Et puis une étrange fierté monta en lui, féroce et complète.

Ja sitten hänen sisällään nousi outo ylpeys, raju ja täydellinen.
Il avait tué l'homme, le gibier le plus élevé et le plus dangereux de tous.
Hän oli tappanut ihmisen, korkeimman ja vaarallisimman pelin kaikista.
Il avait tué au mépris de l'ancienne loi du gourdin et des crocs.
Hän oli tappanut uhmaten muinaista nuijan ja hampaiden lakia.
Buck renifla leurs corps sans vie, curieux et pensif.
Buck nuuhki heidän elottomia ruumiitaan uteliaana ja mietteliäänä.
Ils étaient morts si facilement, bien plus facilement qu'un husky dans un combat.
Ne olivat kuolleet niin helposti – paljon helpommin kuin husky taistelussa.
Sans leurs armes, ils n'avaient aucune véritable force ni menace.
Ilman aseitaan heillä ei ollut todellista voimaa tai uhkaa.
Buck n'aurait plus jamais peur d'eux, à moins qu'ils ne soient armés.
Buck ei koskaan enää peläisi heitä, elleivät he olisi aseistettuja.
Ce n'est que lorsqu'ils portaient des gourdins, des lances ou des flèches qu'il se méfiait.
Vain silloin, kun heillä oli nuijat, keihäät tai nuolet, hän varoi.

La nuit tomba et une pleine lune se leva au-dessus de la cime des arbres.
Yö laskeutui, ja täysikuu nousi korkealle puiden latvojen yläpuolelle.
La pâle lumière de la lune baignait la terre d'une douce lueur fantomatique, comme le jour.
Kuun haalea valo kylpi maan pehmeässä, aavemaisessa loisteessa kuin päivällä.
Alors que la nuit s'approfondissait, Buck pleurait toujours au bord de la piscine silencieuse.
Yön pimetessä Buck suri yhä hiljaisen lammen rannalla.

Puis il prit conscience d'un autre mouvement dans la forêt.
Sitten hän huomasi metsässä erilaisen hälinän.
L'agitation ne venait pas des Yeehats, mais de quelque chose de plus ancien et de plus profond.
Liian voimakas ääni ei tullut Yeehatien suvusta, vaan jostakin vanhemmasta ja syvemmästä.
Il se leva, les oreilles dressées, le nez testant la brise avec précaution.
Hän nousi seisomaan, korvat pystyssä, nenä testasi varovasti tuulta.
De loin, un cri faible et aigu perça le silence.
Kaukaa kuului heikko, terävä kiljahdus, joka rikkoi hiljaisuuden.
Puis un chœur de cris similaires suivit de près le premier.
Sitten samanlaisten huutojen kuoro seurasi aivan ensimmäisen perässä.
Le bruit se rapprochait, devenant plus fort à chaque instant qui passait.
Ääni lähestyi, voimistuen hetki hetkeltä.
Buck connaissait ce cri : il venait de cet autre monde dans sa mémoire.
Buck tunsi tämän huudon – se tuli tuosta toisesta maailmasta, joka oli hänen muistoissaan.
Il se dirigea vers le centre de l'espace ouvert et écouta attentivement.
Hän käveli avoimen tilan keskelle ja kuunteli tarkkaan.
L'appel retentit, multiple et plus puissant que jamais.
Kutsu kajahti, moniäänisenä ja voimakkaampana kuin koskaan.
Et maintenant, plus que jamais, Buck était prêt à répondre à son appel.
Ja nyt, enemmän kuin koskaan ennen, Buck oli valmis vastaamaan kutsuunsa.
John Thornton était mort et il ne lui restait plus aucun lien avec l'homme.
John Thornton oli kuollut, eikä hänessä ollut enää mitään sidettä ihmiseen.

L'homme et toutes ses prétentions avaient disparu : il était enfin libre.
Ihminen ja kaikki inhimilliset vaatimukset olivat poissa – hän oli vihdoin vapaa.
La meute de loups chassait de la viande comme les Yeehats l'avaient fait autrefois.
Susilauma jahtasi lihaa kuten Yeehatit aikoinaan.
Ils avaient suivi les orignaux depuis les terres boisées.
He olivat seuranneet hirviä alas metsämailta.
Maintenant, sauvages et affamés de proies, ils traversèrent sa vallée.
Nyt he ylittivät laaksonsa, villinä ja saalista nälkäisinä.
Ils arrivèrent dans la clairière éclairée par la lune, coulant comme de l'eau argentée.
Kuun valaisemaan aukioon ne saapuivat, virtaten kuin hopeinen vesi.
Buck se tenait immobile au centre, les attendant.
Buck seisoi keskellä liikkumattomana ja odotti heitä.
Sa présence calme et imposante a stupéfié la meute et l'a plongée dans un bref silence.
Hänen tyyni, suuri läsnäolonsa hiljensi lauman hetkeksi.
Alors le loup le plus audacieux sauta droit sur lui sans hésitation.
Sitten rohkein susi hyppäsi suoraan häntä kohti epäröimättä.
Buck frappa vite et brisa le cou du loup d'un seul coup.
Buck iski nopeasti ja mursi suden kaulan yhdellä iskulla.
Il resta immobile à nouveau tandis que le loup mourant se tordait derrière lui.
Hän seisoi jälleen liikkumattomana, kuoleva susi kiertyi hänen takanaan.
Trois autres loups ont attaqué rapidement, l'un après l'autre.
Kolme muuta sutta hyökkäsi nopeasti, yksi toisensa jälkeen.
Chacun d'eux s'est retiré en sang, la gorge ou les épaules tranchées.
Jokainen perääntyi verta vuotaen, kurkku tai hartiat viillettyinä.

Cela a suffi à déclencher une charge sauvage de toute la meute.
Se riitti laukaisemaan koko lauman villiin rynnäköön.
Ils se précipitèrent ensemble, trop impatients et trop nombreux pour bien frapper.
He ryntäsivät sisään yhdessä, liian innokkaina ja tungoksissa iskeäkseen hyvin.
La vitesse et l'habileté de Buck lui ont permis de rester en tête de l'attaque.
Buckin nopeus ja taito antoivat hänelle mahdollisuuden pysyä hyökkäyksen edellä.
Il tournait sur ses pattes arrière, claquant et frappant dans toutes les directions.
Hän pyörähti takajaloillaan, napsahti ja iski joka suuntaan.
Pour les loups, cela donnait l'impression que sa défense ne s'était jamais ouverte ou n'avait jamais faibli.
Susien mielestä tämä tuntui siltä, ettei hänen puolustuslinjansa koskaan avautunut tai horjunut.
Il s'est retourné et a frappé si vite qu'ils ne pouvaient pas passer derrière lui.
Hän kääntyi ja iski niin nopeasti, etteivät he päässeet hänen taakseen.
Néanmoins, leur nombre l'obligea à céder du terrain et à reculer.
Siitä huolimatta heidän lukumääränsä pakotti hänet antamaan periksi ja perääntymään.
Il passa devant la piscine et descendit dans le lit rocheux du ruisseau.
Hän ohitti altaan ja laskeutui kiviseen purouomaan.
Là, il se heurta à un talus abrupt de gravier et de terre.
Siellä hän törmäsi jyrkkään sora- ja maapenkereeseen.
Il s'est retrouvé coincé dans un coin coupé lors des fouilles des mineurs.
Hän livahti nurkkaan kaivostyöläisten vanhan kaivun aikana.
Désormais protégé sur trois côtés, Buck ne faisait face qu'au loup de devant.

Nyt kolmelta suunnalta suojattuna Buck kohtasi vain etummaisen suden.
Là, il se tenait à distance, prêt pour la prochaine vague d'assaut.
Siinä hän seisoi loitolla, valmiina seuraavaan hyökkäysaaltoon.
Buck a tenu bon si farouchement que les loups ont reculé.
Buck piti pintansa niin raivokkaasti, että sudet vetäytyivät.
Au bout d'une demi-heure, ils étaient épuisés et visiblement vaincus.
Puolen tunnin kuluttua he olivat uupuneita ja näkyvästi tappion kokeneita.
Leurs langues pendaient, leurs crocs blancs brillaient au clair de lune.
Heidän kielensä roikkuivat ulkona, heidän valkoiset kulmahampaansa loistivat kuunvalossa.
Certains loups se sont couchés, la tête levée, les oreilles dressées vers Buck.
Muutamat sudet makasivat alas päät pystyssä, korvat höröllään Buckia kohti.
D'autres restaient immobiles, vigilants et observant chacun de ses mouvements.
Muut seisoivat paikoillaan, valppaina ja tarkkailivat hänen jokaista liikettään.
Quelques-uns se sont dirigés vers la piscine et ont bu de l'eau froide.
Muutama käveli uima-altaalle ja joi kylmää vettä.
Puis un loup gris, long et maigre, s'avança doucement.
Sitten yksi pitkä, laiha harmaa susi hiipi lempeästi eteenpäin.
Buck le reconnut : c'était le frère sauvage de tout à l'heure.
Buck tunnisti hänet – se oli se villi veli edelliseltä päivältä.
Le loup gris gémit doucement, et Buck répondit par un gémissement.
Harmaa susi vinkui hiljaa, ja Buck vastasi vinkumalla.
Ils se touchèrent le nez, tranquillement et sans menace ni peur.
He koskettivat neniään hiljaa ja ilman uhkaa tai pelkoa.

Ensuite est arrivé un loup plus âgé, maigre et marqué par de nombreuses batailles.
Seuraavaksi tuli vanhempi susi, laiha ja monien taisteluiden arpeuttama.
Buck commença à grogner, mais s'arrêta et renifla le nez du vieux loup.
Buck alkoi murahtaa, mutta pysähtyi ja nuuhki vanhan suden kuonoa.
Le vieux s'assit, leva le nez et hurla à la lune.
Vanha istuutui, nosti kuonoaan ja ulvoi kuulle.
Le reste de la meute s'assit et se joignit au long hurlement.
Loput laumasta istuutuivat alas ja liittyivät pitkään ulvontaan.
Et maintenant, l'appel est venu à Buck, indubitable et fort.
Ja nyt kutsu tuli Buckille, kiistatta ja voimakkaasti.
Il s'assit, leva la tête et hurla avec les autres.
Hän istuutui alas, nosti päätään ja ulvoi muiden kanssa.
Lorsque les hurlements ont cessé, Buck est sorti de son abri rocheux.
Kun ulvonta lakkasi, Buck astui ulos kivisestä suojastaan.
La meute se referma autour de lui, reniflant à la fois gentiment et avec prudence.
Lauma sulkeutui hänen ympärilleen nuuhkien sekä ystävällisesti että varovaisesti.
Les chefs ont alors poussé un cri et se sont précipités dans la forêt.
Sitten johtajat kiljahtivat ja syöksyivät metsään.
Les autres loups suivirent, hurlant en chœur, sauvages et rapides dans la nuit.
Muut sudet seurasivat perässä kuorossa ulvoen, villisti ja nopeasti yössä.
Buck courait avec eux, à côté de son frère sauvage, hurlant en courant.
Buck juoksi heidän kanssaan, villin veljensä rinnalla, ulvoen juostessaan.

Ici, l'histoire de Buck fait bien de se terminer.
Tässä Buckin tarina päättyy hyvin.

Dans les années qui suivirent, les Yeehats remarquèrent d'étranges loups.
Seuraavina vuosina Yeehatit huomasivat outoja susia.
Certains avaient du brun sur la tête et le museau, du blanc sur la poitrine.
Joillakin oli ruskea päässä ja kuonossa, valkoinen rinnassa.
Mais plus encore, ils craignaient une silhouette fantomatique parmi les loups.
Mutta vielä enemmän he pelkäsivät susien joukossa olevaa aavemaista hahmoa.
Ils parlaient à voix basse du Chien Fantôme, chef de la meute.
He puhuivat kuiskaten Aavekoirasta, lauman johtajasta.
Ce chien fantôme était plus rusé que le plus audacieux des chasseurs Yeehat.
Tällä aavekoiralla oli enemmän oveluutta kuin rohkeimmallakaan Yeehat-metsästäjällä.
Le chien fantôme a volé dans les camps en plein hiver et a déchiré leurs pièges.
Aavekoira varasteli leireiltä syvän talven aikana ja repi niiden ansat auki.
Le chien fantôme a tué leurs chiens et a échappé à leurs flèches sans laisser de trace.
Aavekoira tappoi heidän koiransa ja pakeni heidän nuoliensa läpi jäljettömiin.
Même leurs guerriers les plus courageux craignaient d'affronter cet esprit sauvage.
Jopa heidän urheimmat soturinsa pelkäsivät kohdata tämän villin hengen.
Non, l'histoire devient encore plus sombre à mesure que les années passent dans la nature.
Ei, tarina synkkenee entisestään vuosien vieriessä erämaassa.
Certains chasseurs disparaissent et ne reviennent jamais dans leurs camps éloignés.
Jotkut metsästäjät katoavat eivätkä koskaan palaa kaukaisiin leireihinsä.
D'autres sont retrouvés la gorge arrachée, tués dans la neige.

Toiset löydetään kurkku auki revittyinä, surmattuina lumesta.
Autour de leur corps se trouvent des traces plus grandes que celles que n'importe quel loup pourrait laisser.
Niiden ruumiiden ympärillä on jälkiä – suurempia kuin mikään susi pystyisi tekemään.
Chaque automne, les Yeehats suivent la piste de l'élan.
Joka syksy yeehatit seuraavat hirven jälkiä.
Mais ils évitent une vallée avec la peur profondément gravée dans leur cœur.
Mutta he välttelevät yhtä laaksoa, jonka pelko on kaiverrettu syvälle heidän sydämiinsä.
Ils disent que la vallée a été choisie par l'Esprit du Mal pour y vivre.
He sanovat, että Paha Henki on valinnut laakson kodikseen.
Et quand l'histoire est racontée, certaines femmes pleurent près du feu.
Ja kun tarina kerrotaan, jotkut naiset itkevät tulen ääressä.
Mais en été, un visiteur vient dans cette vallée tranquille et sacrée.
Mutta kesällä yksi vierailija saapuu tuohon hiljaiseen, pyhään laaksoon.
Les Yeehats ne le connaissent pas et ne peuvent pas le comprendre.
Yeehatit eivät tiedä hänestä eivätkä voineet ymmärtää.
Le loup est un grand loup, revêtu de gloire, comme aucun autre de son espèce.
Susi on suuri, loistokkaasti pukeutunut, ainutlaatuinen.
Lui seul traverse le bois vert et entre dans la clairière de la forêt.
Hän yksin ylittää vihreän metsän ja astuu metsäaukiolle.
Là, la poussière dorée des sacs en peau d'élan s'infiltre dans le sol.
Siellä hirvennahkasäkeistä tihkuu kultaista pölyä maaperään.
L'herbe et les vieilles feuilles ont caché le jaune du soleil.
Ruoho ja vanhat lehdet ovat peittäneet keltaisen auringolta.
Ici, le loup se tient en silence, réfléchissant et se souvenant.
Tässä susi seisoo hiljaa, miettii ja muistelee.

Il hurle une fois, longuement et tristement, avant de se retourner pour partir.
Hän ulvoo kerran – pitkään ja murheellisesti – ennen kuin kääntyy lähteäkseen.
Mais il n'est pas toujours seul au pays du froid et de la neige.
Silti hän ei ole aina yksin kylmän ja lumen maassa.
Quand les longues nuits d'hiver descendent sur les basses vallées.
Kun pitkät talviyöt laskeutuvat alempien laaksojen ylle.
Quand les loups suivent le gibier à travers le clair de lune et le gel.
Kun sudet seuraavat riistaa kuunvalossa ja pakkasessa.
Puis il court en tête du peloton, sautant haut et sauvagement.
Sitten hän juoksee lauman kärjessä hyppien korkealle ja villisti.
Sa silhouette domine les autres, sa gorge est animée par le chant.
Hänen hahmonsa kohoaa muiden yläpuolelle, kurkku elossa laulusta.
C'est le chant du monde plus jeune, la voix de la meute.
Se on nuoremman maailman laulu, lauman ääni.
Il chante en courant, fort, libre et toujours sauvage.
Hän laulaa juostessaan – vahvana, vapaana ja ikuisesti villinä.

www.ingramcontent.com/pod-product-compliance
Lightning Source LLC
Chambersburg PA
CBHW010754040426
42333CB00063B/2795